高墩桥梁随机地震响应研究

贾宏宇　郑史雄　著

科学出版社

北京

内 容 简 介

本书基于随机振动的虚拟激励法，详细研究了多维多点平稳/非平稳空间地震激励在有限元软件中的实现问题，并采用精细积分法进一步提升随机地震作用下复杂桥梁结构动力响应的计算效率；引入矩阵的概率分析理论为复杂结构动力可靠性计算提供了快速方法；在上述理论及计算方法的基础上，研究了空间地震作用下高墩桥梁动力响应规律和梁体之间碰撞概率，建立了地震动强度与梁体间隙宽度的关系。

本书是随机振动及桥梁抗震相关课程的参考书，可供高等院校土木工程专业高年级本科生及研究生参考和学习，也可供对随机振动和桥梁抗震方向感兴趣的高校师生、科研工作者及工程技术人员阅读参考。

图书在版编目(CIP)数据

高墩桥梁随机地震响应研究 / 贾宏宇，郑史雄著. —北京：科学出版社，2023.6

ISBN 978-7-03-075628-2

Ⅰ. ①高… Ⅱ. ①贾… ②郑… Ⅲ. ①桥梁结构-防震设计 Ⅳ. ①U442.5

中国国家版本馆 CIP 数据核字（2023）第 097036 号

责任编辑：朱小刚 / 责任校对：彭 映
责任印制：罗 科 / 封面设计：陈 敬

科 学 出 版 社 出版
北京东黄城根北街16 号
邮政编码：100717
http://www.sciencep.com

四川煤田地质制图印务有限责任公司印刷
科学出版社发行 各地新华书店经销
*

2023 年 6 月第 一 版 开本：B5（720×1000）
2023 年 6 月第一次印刷 印张：10
字数：200 000

定价：128.00 元
（如有印装质量问题，我社负责调换）

前　言

在交通强国战略深入推进的时代背景下，中国公路及铁路网的发展使得公路和铁路不断向偏远地区延伸。恰恰偏远地区多半都以崇山峻岭、山高谷深和地形地质条件复杂著称，特别是近年来，滇西北、藏东南、川西以及东南沿海的公路和铁路交通网络的飞速发展，使得新修建桥梁数量和密度大幅度增加。新建川藏铁路雅安至林芝段起于成雅铁路雅安站，止于拉萨至林芝铁路林芝站，新建正线长度 1011.01km，桥梁总长 119.84km（占线路长度 11.85%），共 89 座。为了跨越高山深谷，大跨度高墩桥梁应运而生，而且数量与日俱增。

通常我国活跃的强地震活动带位于西部地区，并具有断裂带长、震源浅、引发的地震震级大、频率高等特点。一旦再次发生强震，会严重威胁国家经济建设和社会稳定。其中，桥梁工程为生命线工程，对我国整体经济的发展和西部大开发进程以及抗震救灾起着至关重要的作用。基于西部山区的特殊地形、地质和地貌等特点，大跨度高墩桥梁在西部山区桥梁建设中占有绝对的优势。因此，西部高烈度山区大跨度高墩桥梁抗震研究的意义尤为重要。

地震事件具有很强的随机性，从而导致桥梁抗震分析的地震动输入具有随机性。而随机振动理论由于理论复杂，难以应用到实际工程之中。因此，本书采用虚拟激励法，考虑地震动空间性、多维性和非平稳性对大跨度高墩桥梁动力响应的影响，同时为了进一步提高虚拟激励法的计算效率，引入了精细积分法和改进精细积分法，并与通用有限元结合，形成了多维多点地震作用下高墩桥梁地震响应的快速模拟技术。此外，对高墩桥梁抗震设计进行参数分析，得到了一些重要结论，可为同类桥梁抗震设计提供参考。

本书由西南交通大学土木工程学院桥梁工程系贾宏宇副教授和郑史雄教授撰写，西南交通大学机械工程学院博士研究生彭奇慧，土木工程学院硕士研究生游刚、岳伟勤、吴芮、游四方、魏宏超和翟一坤等参与了部分图表绘制及公式编辑工作。

本书得到了西南交通大学研究生教材（专著）经费建设项目（SWJTU-ZZ2022-003）、国家自然科学基金项目（52178169）、陆地交通地质灾害防治技术国家工程研究中心、西南交通大学抗震工程技术四川省重点实验室的支持，在此表示感谢。

限于作者水平，书中难免存在疏漏或不足之处，恳请读者批评指正，在此先表感谢，作者邮箱：Hongyu1016@swjtu.edu.cn、Zhengsx@swjtu.edu.cn。

目　　录

第 1 章　绪　论

1.1　大跨度高墩桥梁发展的必然性

随着交通强国战略的推进，中国经济腾飞[1,2]，四川、重庆和贵州等西部各省市经济也得到突飞猛进的发展，但发展规模却受限于西部相对落后的交通状况。西部大部分地区属于山区，山高谷深，地形复杂，因此在西部修建公路和铁路路网首先就面临要跨越深切峡谷的挑战，从而需要修建大量的高墩桥梁[3,4]。

高墩桥梁结构复杂，需要正确的受力分析为高墩桥梁安全提供保障。随着有限元技术和大量商用工程软件的应用与开发，大跨度高墩桥梁在施工和成桥状态的受力分析的准确性方面得到了强有力的支持。同样，在世界各国，经济相对发达的城市一般都地势平坦，水源丰富，交通便利，而山区城镇一般都处于相对落后的状态。为了促进经济发展的平衡和山区丰富矿产资源的开发，首先需要解决偏远山区的交通问题，从而促进了跨越山区宽沟、深谷的大跨度高墩桥梁的不断涌现。随着国家“十四五”对西部经济发展的进一步推进，将会有更多高墩桥梁修建，针对大跨度高墩桥梁进行系列研究，能为后续新建的高墩桥梁相关设计提供参考[5,6]。

1.1.1　国外大跨度高墩桥梁的发展

20 世纪 30 年代国外发达国家就开始了大跨度高墩桥梁的相关研究，主要集中在预应力混凝土、分段悬臂施工方法和高强钢丝提供预应力等方面。随着前期技术的成熟，在 1950 年前后几年里，德国修建的 500 多座桥梁中，有 350 座都是预应力混凝土桥梁。后来，工程师弗莱西奈对预应力桥梁进行分段预制施工研究，乌利希·芬斯特瓦尔德采用预应力混凝土现浇平衡悬臂施工法成功修建了跨越兰河的预应力桥。随着预应力技术和悬臂施工法的发展，大跨度高墩、超高墩桥梁的出现成为一种可能。故在 60～70 年代，大跨度高墩桥梁在国外得到了长足发展和快速推广。时至今日，由于国外经济已经发展到一定水平，近年来新修桥梁越来越少，也导致新修建高墩桥梁比较少[7,8]。据不完全统计，国外部分大跨度高墩桥梁如表 1-1 所示。

表 1-1 国外部分大跨度高墩桥梁

桥梁	最高墩高/m	建成年份	国家
“欧洲”大桥	181	1963	奥地利
明达耳大桥	126	1966	联邦德国
松谷溪大桥	113	1974	美国
科赫尔大桥	149	1979	联邦德国
门道大桥	64.5	1985	澳大利亚
奥波托桥大桥	66.5	1991	葡萄牙
米约大桥	245	2005	法国
圣马科斯大桥	208	2013	墨西哥

1963～2013 年，国外的大跨度高墩桥梁得到了迅速发展，具有代表性的大跨度高墩桥梁有奥地利的“欧洲”大桥和澳大利亚的门道大桥等，如图 1-1～图 1-4 所示。最近的二十年，发达国家的桥梁建设基本已经饱和，当今主要任务是对既有桥梁的检修和加固处理。

图 1-1 “欧洲”大桥

图 1-2 门道大桥

图 1-3 米约大桥

图 1-4 圣马科斯大桥

1.1.2 国内大跨度高墩桥梁的发展

对大跨度高墩桥梁的研究，我国起步较晚，但是进展迅猛。随着国家对西部开发进程的加快，西部交通也发生了翻天覆地的变化。我国幅员辽阔，领土面积达 960 多万平方公里，这使得全国各地自然特性相差悬殊，情况十分复杂。尤其是西南艰险山区，地形复杂，山高谷深，在该区域修建铁路，不可避免地需要跨越深沟深谷，基于特殊的地形因素，我国 95%的大跨度高墩桥梁集中在该地区。同时大跨度高墩桥梁以刚度大、跨越能力强等优点而见长，故大跨度超高墩桥梁在所有修建桥梁中占相当重要的地位。

目前，国内最大墩高的铁路桥梁是宜万线的渡口河特大桥，设计速度 160km/h，主桥为(72+128+72)m 的双线预应力混凝土连续刚构桥，最高主墩 128m。为满足横向刚度要求，主墩横向采用双边坡呈扫帚形桥墩；最大跨度铁路刚构桥是襄渝线的牛角坪双线特大桥，主桥为(100+192+100)m 预应力混凝土连续刚构桥，最高主墩 98m，也采用扫帚形桥墩。在建渝利铁路蔡家沟双线特大桥，设计速度 200km/h，主桥为(80+3×144+80)m 预应力混凝土连续刚构桥，建筑高度接近 200m，最大墩高 139m，采用 A 字形桥墩，建成后为目前世界最高铁路桥墩。在此桥的修建过程中，结合大桥设计开展了 A 字形高墩大跨度混凝土连续刚构桥设计技术研究，解决大桥设计中的系列技术问题；内昆线李子沟特大桥，设计速度 120km/h，主桥为(72+3×128+72)m 预应力混凝土刚构-连续组合梁单线桥，最高主墩 107m；渝怀线黄草乌江特大桥，主桥为(96+168+96)m 预应力混凝土连续刚构双线桥；重庆枢纽遂渝引入新北碚嘉陵江主桥为(94+168+84)m 预应力混凝土连续刚构双线桥，设计速度 200km/h，采用无砟轨道。

在公路方面的高墩桥梁，国内典型的连续刚构公路大跨桥梁有：湖北沪蓉西高速公路龙潭河特大桥，最高主墩 178m，双壁墩，其主桥为(106+3×200+106)m 五跨预应力混凝土连续刚构桥；双河口特大桥，最高主墩 114.9m，其主桥为(106+200+106)m 的曲线连续刚构桥；贵州洋水河特大桥，主墩高(息烽岸) 185.8m，其主桥为(2×40+122+230+8×40)m 连续刚构 T 型梁；贵州省六盘水市北盘江特大桥，最大墩高 176m，主桥为(82.5+220+290+220+82.5)m 预应力混凝土斜腿连续刚构桥，引桥为(5×30+3×30+4×30)m 先简支后结构连续的预应力混凝土 T 型梁；四川雅安腊八斤大桥，10 号墩高达 182.5m，主桥为(105+2×200+105)m 变截面连续刚构梁；四川凉山金阳河特大桥，6 号墩高 196m，是目前同类型连续刚构桥世界第一高，主桥为(106+2×200+115+40)m 的连续刚构桥。

高速铁路曲线半径大(速度 350/250km/h 客运专线铁路最小曲线半径推荐值为 8000～10000m，一般情况下不小于 7000m，困难条件下不小于 5500m)，一般采用无砟轨道。受线路技术标准制约，为绕避地形控制点，不可避免地将采用高墩、大跨度结构桥梁，正在设计的贵广、长昆客运专线，成贵铁路有多座高墩、大跨度结构桥梁，其墩高超过 50m 的高墩桥梁如表 1-2 所示。

表 1-2 贵广、长昆客运专线和成贵铁路高墩桥梁

序号	桥梁名称	最大墩高/m	序号	桥梁名称	最大墩高/m
1	莫家寨双线特大桥	85	19	北盘江特大桥	176
2	朝利河双线特大桥	72.5	20	岔河大桥	—
3	幸福源双线特大桥	79	21	张家屯 1 号大桥	—
4	下庄特大桥	62	22	两河特大桥	111
5	菠萝庄特大桥	—	23	毛家营特大桥	—
6	凉冲 2 号大桥	63	24	小塘特大桥	—
7	箐杆河大桥	70	25	祠堂湾双线特大桥	—
8	铜鼓山特大桥	—	26	坡高头 1#双线大桥	—
9	小寨坡特大桥	62.5	27	越溪河双线大桥	—
10	猫场特大桥	63	28	火炭沟 2 号双线大桥	—
11	小岩头特大桥	—	29	南广河双线大桥	—
12	石头寨特大桥	—	30	花家坝双线特大桥	—
13	圣泉公路立交特大桥	51	31	香坝河双线大桥	107
14	三桥大桥	—	32	小河双线大桥	—
15	三桥立交特大桥	—	33	落脚河双线特大桥	—
16	克地坝陵河特大桥	104	34	干沟双线特大桥	67
17	白虎沟大桥	—	35	西溪河大桥	60
18	平寨双线特大桥	139	36	泗里口浔江双线特大桥	—

贵广、长昆客运专线和成贵铁路的高墩、大跨度结构桥梁可归纳为以下几种典型类型，这几种典型高墩结构桥梁的主要特点如下[9]。

1. 大跨度拱桥

大跨度拱桥是跨越 U 形宽大且深切的沟谷常采用的桥型且采取一跨跨过深谷的方法。根据所需跨度，选择采用下承式钢筋混凝土(钢管混凝土)拱桥的结构类型，长昆客运专线北盘江特大桥、成贵铁路西溪河大桥即属于这种结构类型。下承式钢筋混凝土(钢管混凝土)拱桥具有整体刚度大、施工方案成熟等特点，在山区铁路的建设中得到了广泛应用，成为跨越 200m 以上沟谷的主要结构型式。受温度变化、风荷载等因素影响，大跨度拱桥将发生较大的结构变形，大桥设计除需满足施工、运营期间的强度要求，还应研究高速轨道变形要求、桥梁刚度限值；合理的桥上轨道类型；采用无砟轨道，合理的成桥线型；减小桥梁风振影响的措施等。

2. 预应力混凝土高墩、大跨度连续结构桥梁

预应力混凝土连续结构桥梁以其整体刚度大、施工方法成熟等特点，在山区高速铁路桥梁建设中得到较多的使用，尤其是跨越 V 形河谷，受线路标高控制，需采用高墩结构，当桥梁跨度不太大时，一般采用预应力混凝土连续结构桥梁，跨越河谷。长昆客运专线、成贵铁路有大量这种结构的桥梁。当两岸边坡差别较大时，其主墩往往墩高差别较大。

3. 长联预应力混凝土高墩、大跨度连续结构桥梁

跨越宽大河谷的高墩、大跨度桥梁采用长联连续结构跨越河谷，整联桥中有多个高墩。

4. 长大高墩简支结构桥梁

当跨越宽大河谷，桥墩普遍较高时，采用多跨简支结构桥梁的型式。

中国西部具有代表性的几座大跨度高墩桥梁如图 1-5～图 1-8 所示。

图 1-5　龙潭河特大桥

图 1-6　洛河特大桥

图 1-7　腊八斤大桥

图 1-8　贵州新寨河特大桥

1.1.3 大跨度高墩桥梁抗震研究的必要性

地震一直是困扰人类的重大自然灾害之一，近几十年以来，全球发生许多大地震，平均每年发生 8 级以上地震的次数超过 1 次，如印度尼西亚 2004 年 12 月 8.9 级地震、苏门答腊 2005 年 3 月 8.7 级地震、秘鲁 2007 年 8 月 8.0 级地震、中国汶川 2008 年 5 月 8.0 级地震、智利 2010 年 2 月 8.8 级特大地震、日本 2011 年 3 月 9.0 级地震、苏门答腊 2012 年 4 月 8.6 级地震、智利 2014 年 4 月 8.0 级地震、日本 2015 年 5 月 8.0 级地震、新西兰 2016 年 11 月 8.0 级地震、斐济群岛地区 2018 年 8 月 8.1 级地震、美国阿拉斯加州以南海域 2021 年 7 月 8.1 级地震等，给人类生命和财产带来巨大损失[10]。我国位于世界两大地震带——环太平洋地震带与欧亚地震带之间，受太平洋板块、印度板块和菲律宾海板块的挤压，地震断裂带十分发育。近年来，地球各板块运动较为活跃，我国也进入了新一轮地震活跃期。20 世纪以来，中国共发生 6 级以上地震近 800 次，遍布除贵州、浙江两省和香港特别行政区以外所有的省、自治区、直辖市。

中国地震活动频度高、强度大、震源浅、分布广，是一个震灾严重的国家。1900 年以来，中国死于地震的人数达 55 万之多，占全球地震死亡人数的 53%；1949 年以来，100 多次破坏性地震袭击了 22 个省(自治区、直辖市)，其中涉及东部地区 14 个省份，造成 27 万余人丧生，占全国各类灾害死亡人数的 54%，地震成灾面积达 30 多万平方公里，房屋倒塌达 700 万间。地震及其他自然灾害的严重性构成中国的基本国情之一[11]。

1.2 随机振动理论在大跨度桥梁中的应用

目前，对于桥梁结构的抗震分析方法有反应谱法、时程分析法和随机振动法。

反应谱法是当前世界上应用最广泛的抗震分析方法，是一种基于随机理论的近似方法。相对于静力法，反应谱法科学地考虑了结构动力特性与场地运动特性，很容易得到结构响应的最大值。但是，反应谱法基于弹性理论，不能反映大跨度桥梁地震波输入的相位差即行波效应、非线性效应、桩-土-结构相互作用效应等实际问题。

时程分析法在计算方法上相对简单，同时也是公认的精确分析法，可直接运用 Newmark 法、Wilson-θ 法等数值求解方法对动力方程进行求解；能有效地解决多点激励、非线性和桩-土-结构相互作用等问题；能计算结构弹塑性内力及构件从开裂到结构倒塌全过程；可得到结构在地震作用下每一个时刻的响应。但是，时程分析法的计算结果非常依赖于地震波的选择，同一地震烈度的不同波计算出来的结果可能相差 10 倍且非常耗时，在缺乏实际地震记录的情况下，时程分析法仅作为反应谱法的一种补充。

随机振动法是一种基于随机振动理论的先进抗震分析方法，是抗震分析方法发展的必然趋势。随机振动法可充分考虑地震发生的概率统计特性，1998 年已经在欧洲桥梁抗震规范中体现[12]，我国 2008 年颁布的《公路桥梁抗震设计细则》(JTG/T B02-01—2008)也引入随机振动法[13]。在实际应用分析中，其以功率谱作为分析的核心在频域内进行，故又称功率谱法。学术界和工程界早已重视利用随机振动法考虑多点输入的研究。

随机振动理论已成为目前研究的热点，国内外学者对此进行了相关研究。胡聿贤等[14]、刘季等[15]、王光远[16]、李国豪[17]、李杰等[18]、薛素铎等[19]、Krenk 等[20]、Gasparini[21]、Zerva[22]、Dumandglu 等[23]、Harichandran 等[24]、Lee 等[25]、Masri[26]、Kiureghian 等[27]、Ernesto 等[28]、Hao 等[29]、Zanardo 等[30]国内外学者在随机振动领域做出了重大贡献，并取得相应成果。但是，对于复杂的大跨度结构，再考虑多点多维激励，传统的随机振动理论的功率谱法计算结果用完全二次型组合(complete quadratic combination，CQC)表达计算量巨大，很难用于实际工程计算。因此，很多学者如 Clough 等[31]、Crandall 等[32]、Newland[33]、Nigam[34]采用简化的平方和开平方根(square root of the sum of the squares，SRSS)组合方式，但是这忽略了相关项的影响，对于频率密集的大跨度复杂结构，这显然是不能满足要求的。

1.2.1 虚拟激励法在大跨度桥梁中的应用

虚拟激励法是用于提高随机振动计算分析速度的高效精确方法，该方法不但与经典随机振动理论解有相同的精度，而且对于复杂问题，计算效率能提高 2～4 个数量级[35]。

虚拟激励法将平稳随机振动分析转化为简谐振动分析，将非平稳随机振动分析转换为确定性瞬态时程分析，使得随机振动这门抽象难懂的学科深入浅出，不拘泥于严谨的数学论证，更着力于物理概念和计算力学方法，推动了随机振动方法在实际工程中的应用[36]。鉴于虚拟激励法的高效性和精确性，国内外学者对该方法进行了大量的应用研究，进一步促使随机振动理论推向工程实际应用。范立础等[37]以南京长江二桥南汊桥为工程背景，基于平稳随机地震动场理论，考虑了地震动空间效应对大跨度斜拉桥地震响应特征的影响，运用高效的虚拟激励法计算了结构的随机响应特征，主要结论为：考虑空间效应的地震响应与一致激励作用下相差 40%；若只考虑行波效应单一空间因素，则结果偏于保守；局部场地效应对地震响应影响很大，需特别关注；对于不同的复杂桥梁的抗震分析，应该根据具体问题进行详细的抗震分析。Li 等[38]和 Lin 等[39-41]将虚拟激励法应用到复杂高层建筑结构和大跨度桥梁结构中，并求解地震作用以及海洋平台受随机波浪作用的三维随机响应。Xu 等[42]用虚拟激励法进行大跨度桥梁风振分析，延伸了虚拟激励法的使用范围。Lu 等[43]和 Zhang 等[44-45]将虚拟激励法进一步扩展到地震-车-桥梁耦合振动领域，分析了车-桥系统遭受水平地震作用、行波效应作用的非平稳随机响应。虚拟激励法在时域内处理车-桥系统振动是一种高效的方法，丁阳等[46-48]对跨度空间网格结构进行了详细的多维多点随机响应分析，考虑地震动的非平稳激励、部分相干效应等因素对大跨度网格结构地震响应的影响，认为当以拟静力响应为主的网格构件对结构的抗震设计起控制作用时，必须考虑部分相干效应，提出的虚拟激励构造算法的改进可大幅度减少计算量。Li 等[49,50]将多维多点虚拟激励法扩展到研究地震作用下的输电塔系统的地震随机响应，建立了输电塔系统在地震作用下响应的计算简化模型，并验证了分析的正确性，为我国远程输电事业做出了贡献。赵灿晖等[51-53]对净跨为 336.28m、净矢高为 77.27m 的某大跨度钢管混凝土拱桥进行了多维多点地震激励作用下的平稳随机响应分析，认为：由于对称振型被激发，纵向多点激励下拱肋各截面内力会明显增大；对于大跨度钢管混凝土拱桥，竖向多点激励效应不应该被忽略；多维地震动输入时，需要考虑多点激励效应，否则会低估结构响应；通过激励功率谱的分解，将一维虚拟激励法推广到三维多点激励，成为考虑了平稳、非平稳地震激励的快速模拟方法。陈兵[54]对牛角坪特大桥和西藏拉萨柳梧大桥进行了平稳、非平稳地震激励下考虑桩-土相互作用时的随机响应分析，认为：局部场地效应对梁、墩的轴力和顺桥向弯矩影响较大，局部场地效应比行波效应和部分相干效应的影响都要大，对于地质条件相差较大的情况应该考虑场地效应；忽略桩-土效应结构偏于不安全，行波效应对轴力贡献较大。石永久等[55]运用绝对位移直接求解动力方程，相比于传统的方法，不需要将绝对位移分解为拟静力位移项和相对动力位移项，直接求解法概念简洁、计算量小，适用于结构非线性计算，同时引入 Hansteen 等提出的静力法，对直接法进行了改进，使其少数低阶振型就能满足精度要求。王成博等[56]运用数值分析方法模拟了某四跨预应力连续刚构桥在空间地震作用下三维激励与一致激励结构响应的异同，认为一致激励不能用于抗震设计，应考虑地震动的时空变化效应。虚拟激励法在大跨度桥梁中的应用已经成为随机振动领域研究的热点，除上述学者研究之外，还有李建俊等[57]、叶继红等[58,59]、刘春城等[60]、张文首等[61]。

1.2.2 虚拟激励法与通用有限元软件 ANSYS 的结合

虚拟激励法概念明确，其矩阵表达形式易于编程实现，但是对于复杂的大跨度结构，编程非常耗时，而且并非每一个工程师都能很好地掌握编程技术，这使得虚拟激励法在实际工程应用中受到阻碍，不利于这种先进方法的推广，同时也相当于阻碍了随机振动法这种抗震方法的实际应用，进而延缓了抗震方法的发展。然而，通用有限元软件如 ANSYS、Abaqus、MSC、OpenSEES 等有着强大的前后处理功能，却没有虚拟激励法模块，若将虚拟激励法与这些通用有限元软件结合，势必节约大量的编程时间，有利于随机振动理论的应用和在实际工程中的推广。

国内学者就虚拟激励法与通用有限元软件 ANSYS 的结合进行了研究探索，取得了不少成绩。江洋等[62]将虚拟激励法的表达形式修改为容易在 ANSYS 中编程的形式，然后通过 ANSYS 参数化设计语言(ANSYS parametric design language，APDL)的二次开发，扩展了 ANSYS 多点输入计算的功能，为地震多点输入研究提供了一个平台，通过简单算例分析得出的结果和理论解基本一致，验证了方法的准确性和可行性。但是其计算模型比较简单，仅为双输入单输出模型，也未考虑相干效应和多维地震动，同时需要将绝对位移分解为拟静力位移项和相对动力位移项，对于复杂大跨度结构，地震荷载的输入相当烦琐，故有待进一步研究。李永华等[63]运用绝对位移求解的方法在 ANSYS 中实现了杭州市某 6 幢弧形主塔楼及其附属结构的多点平稳激励地震反应分析，没有考虑激励的相关性和非平稳性，但是在虚拟激励法与有限元软件结合的道路上迈进了一步，推动了随机振动理论的发展，使得虚拟激励法可以在 ANSYS 中进行平稳激励下的多点激励分析及行波效应分析等。苏成等[64]采用时域显示法对广州亚运会自行车馆进行了随机振动分析，获得了良好的计算精度和计算效率，为大跨度复杂结构随机分析提供了一条有效途径，通过计算验证了传统反应谱法计算结果偏于保守，采用精细积分格式大大提高了计算效率。贾宏宇等[6,65]以 ANSYS 谐响应分析模块为平台，在结构有限元模型各支撑处激励方向上置大质量块后，直接将地震虚拟激励荷载施加于大质量块上，运用绝对位移直接求解运动方程，与传统虚拟激励法相比，该方法不必将绝对位移分解为拟静力位移项和相对动力位移项，避免了求解静力影响矩阵的烦琐工作量，能更高效地实现多自由度大跨度多维多点虚拟激励荷载在通用有限元软件中的输入与分析，而且不需要编制专门的计算程序，使得工程师更容易接受与运用。

以上研究均为平稳随机振动范畴，均未涉及非平稳地震动激励，本书将在第 2、3 章分别进行平稳、非平稳地震激励的大跨度复杂结构随机响应分析，以及在通用有限元软件 ANSYS 中的快速模拟，并通过数值算例验证其计算精度。

1.3　引入精细积分法直接求解完全非平稳随机振动的虚拟激励法

为了进一步提高直接求解多维多点非平稳虚拟激励法的计算效率以及推广非平稳虚拟激励法在实际工程中的应用，引入精细积分法并与多维多点激励直接求解的虚拟激励法相结合，运用精细积分法来计算每一个固定频率点下的瞬态分析，仅需计算两个瞬态分析就可以得到所有频率点下的响应时程，可迅速提高计算效率。同时，将该方法用通用有限元软件来实现，这样既提高了计算效率，又传承了直接求解多维多点非平稳虚拟激励法的所有优点，节约了编程的时间和计算时间，进一步促进了随机振动抗震分析方法在实际工程中的应用。

该方法可以大大提高完全非平稳随机振动的计算效率，可以充分模拟地震动的非平稳性，仅需要两个时程分析就能得到所有频率点下的响应，只需求矩阵的乘积，而不需要在每一个频点求时程分析，这样可以节约非常多的时间，同时不需要工程师自己编写程序，这样既节约了编程时间，又便于工程师掌握该方法，有利于随机振动理论在抗震分析中的应用推广。

1.4 本书主要内容

山区大跨度高墩桥梁作为西部交通重要的组成部分，其安全性受到格外重视。山区大跨度高墩铁路桥梁的抗震性能研究一直是工程界关注的热点问题，尤为重要，但国内外对大跨度高墩铁路桥梁的抗震性能研究甚少。运用随机振动理论对山区大跨度高墩铁路桥梁进行抗震分析是抗震发展的必然趋势，本书在上述研究的基础之上进一步完成以下几个方面的研究。

1. 绝对位移求解多维多点地震激励下结构的平稳随机响应

运用绝对位移直接求解的方法，避免了计算静力影响矩阵的烦琐程序，从理论上将一维多点地震激励模型扩展到三维地震激励模型，基于 APDL 二次开发功能，实现多维多点平稳地震激励在 ANSYS 中的快速模拟，并通过数值算例验证其计算准确性和精度，该方法可详细分析山区大跨度高墩铁路桥梁平稳地震激励作用下的抗震性能，主要研究行波效应、场地效应对大跨度高墩桥梁抗震性能的影响。

2. 绝对位移求解多维多点地震激励下结构的非平稳随机响应

在平稳随机地震激励的基础上，进一步研究非平稳随机地震激励对高墩铁路桥梁抗震性能的影响。首先，从理论上推导在 ANSYS 中模拟实现非平稳随机地震激励的可行性，并用数值算例验证其计算准确性和精度，提出 ANSYS 模拟多维多点非平稳地震作用下大跨度复杂结构随机响应的快速方法，推动随机振动理论在工程中的应用，同时可研究山区大跨度高墩铁路桥梁非平稳地震激励作用下的抗震性能，主要考虑行波效应、场地效应对大跨度高墩桥梁抗震性能的影响。

3. 空间变化场地效应对高墩桥梁非平稳随机响应的影响

由于山区地质条件的复杂性，一般情况下，大跨度高墩桥梁各墩底场地土特性均不相同，不同的场地土对地震波进行的幅值放大或过滤是不一样的，故会引起各墩的地震响应不同进而影响结构抗震性能，根据场地土特性参数的不同，以及不同墩底的不同参数场地土类型组合，详细全面地研究场地效应对大跨度高墩铁路桥梁随机响应的影响。

4. 快速模拟引入精细积分法的非均匀调制非平稳随机振动

提出精细积分法并与多维多点激励直接求解的虚拟激励法相结合，运用精细积分法来计算每一个固定频率点下的瞬态响应，仅需计算两个瞬态响应就可以得到所有频率点下的响应时程，可迅速提高计算效率。同时，将该方法用通用有限元软件来实现，这样既能提高计算效率，又传承了直接求解多维多点非平稳虚拟激励法的所有优点，节约了编程和计算时间，进一步促进了随机振动的抗震分析方法在实际工程中的应用。同时，首次正确地推导出单自由度结构、受非均匀调制的非平稳随机振动激励时的解析解，可为以后学者研究非均匀调制的非平稳随机振动验证计算精度所用。以山区高墩桥梁为例，建立高墩桥梁三维空间模型，分析非一致场地的空间分布及地形对结构碰撞响应的影响。

5. 地震作用下高墩铁路桥梁梁体碰撞间隙宽度需求机理分析

为了研究不同场地条件对高墩铁路桥梁梁体碰撞间隙需求的影响机理，也为既有桥梁的碰撞间隙宽度评估和新建桥梁碰撞间隙宽度的计算提供理论依据。首先，建立多点激励地震动空间模型，推导场地条件与桥梁墩底处地震加速度的关系；然后，建立高墩铁路桥梁的有限元模型，并推导高墩铁路桥梁梁体碰撞间隙宽度需求量与场地条件和震级的关系；最后，以实际高墩铁路桥梁为依托，研究不同震级、不同场地分布对桥梁碰撞间隙宽度需求的影响，并与实际场地(非一致场地)分布计算结果进行对比分析。研究表明：一致场地分布时，软场地对高墩桥梁碰撞间隙宽度需求的功率谱密度峰值最大，硬场地最小，相差 4～6 倍；实际场地时，间隙宽度的功率谱密度函数相位变化较大，碰撞次数增多；不同震级碰撞间隙宽度需求对比时，实际场地响应均值比硬、中、软一致分布场地分别大 76%、71%、42%。

6. 随机地震激励下高墩桥梁碰撞可靠度分析

在频域范围内提出一种以虚拟激励法为基础的动力可靠度计算方法，以某高墩大跨度桥梁为工程背景，分析高墩桥梁在不同地震强度下的碰撞可靠度。首先选择反应谱的水平加速度作为地震强度衡量指标，且将不同强度指标的反应谱转化为相应的功率谱；然后利用高效的虚拟激励法求解随机振动方程，得到结构响应的均值与均方差值，再基于 Davenport 理论获得结构峰值响应的期望和标准差；最后根据首次超越理论计算梁体碰撞可靠度。研究表明：当地震动加速度小于 0.22g 时，梁体之间不发生碰撞，动力可靠度为 1.0；当加速度大于 0.22g 时，梁体碰撞动力可靠度下降明显，即在强震作用下，梁体发生碰撞。

7. 地震作用下梁体碰撞间隙宽度的概率分析方法

基于随机振动理论和矩阵系统可靠度运算方法提出一套评价桥梁系统间隙需求宽度的概率方法。首先，建立空间地震激励下的桥梁碰撞间隙需求概率模型；然后，建立桥梁梁体碰撞的有限元模型，推导震级与梁体间隙宽度超越概率的关系；最后，基于矩阵系统运算方法得到桥梁系统所有碰撞处(梁体与梁体、梁体与桥台)各碰撞间隙宽度和桥梁系统碰撞概率之间的关系。研究表明：随着震级增加，间隙宽度需求呈非线性增加；梁体-桥台碰撞需求基本一致，梁体-梁体的碰撞概率比梁体-桥台碰撞概率要大约 20%；当震级为 7 时，三个碰撞点均发生碰撞的超越概率约为 63%，至少两处发生碰撞的概率为 95%，至少一处发生碰撞的概率为 100%。

8. 基于实际场地土层分布的高墩连续刚构桥梁端碰撞概率分析：非线性分析

研究实际场地土层对高墩大跨度连续刚构桥梁在地震作用下梁端碰撞概率的影响，将高墩连续刚构桥梁端伸缩缝宽度按变量进行取值并建立对应的有限元模型样本；基于 DEEPSOIL 软件考虑实际土层分布对从基岩传播到桥墩和桥台基础的地震波的过滤作用；提出一种以基岩峰值加速度为强度指标的多点地震激励下梁体碰撞概率分析方法，基于该方法对高墩连续刚构桥梁进行多点地震激励下的增量动力非线性分析，并与未考虑实际土层过滤影响(一致激励)的结构响应进行对比分析。研究表明：随着基岩峰值加速度增加，一致激励时梁端伸缩缝宽度需求值逐渐大于考虑土层过滤作用(多点激励)的值且最大相差 2.71m；随着伸缩缝宽度和峰值加速度的同时增加，多点激励作用下单个桥台处发生碰撞和两个桥台同时发生碰撞的概率都逐渐小于一致激励。确定高墩大跨度连续刚构桥梁的伸缩缝宽度取值时，考虑实际场地土层分布是非常必要的。

第 2 章　绝对位移求解多维多点地震激励下结构的平稳随机响应

2.1　平稳随机响应的虚拟激励法基本原理

2.1.1　平稳随机响应的常规算法

设激励为 $\{x(t)\}=\{x_1(t),x_2(t),\cdots,x_n(t)\}^{\mathrm{T}}$，激励的平均值、自相关函数、自功率谱密度以及结构的频率响应函数矩阵 $[H(\omega)]$、脉冲响应函数矩阵 $[h(t)]$ 等均为已知。同时，设结构响应为 $\{y(t)\}=\{y_1(t),y_2(t),\cdots,y_m(t)\}^{\mathrm{T}}$，$[H(\omega)]$ 和 $[h(t)]$ 为 $m\times n$ 矩阵。

1. 响应平均值计算

利用杜阿梅尔积分公式 $x(t)=\int_{-\infty}^{+\infty}p(t-\theta)h(\theta)\mathrm{d}\theta$，用时域内的激励将响应表示为

$$\{y(t)\}=\int_{-\infty}^{+\infty}[h(\theta)]\{x(t-\theta)\}\mathrm{d}\theta \tag{2-1}$$

同时对等式两边取平均，可得

$$\begin{aligned}E\{y(t)\}&=E\left[\int_{-\infty}^{+\infty}[h(\theta)]\big\{x(t-\theta)\big\}\mathrm{d}\theta\right]\\&=\int_{-\infty}^{+\infty}[h(\theta)]E\{x(t-\theta)\}\mathrm{d}\theta\\&=\int_{-\infty}^{+\infty}[h(\theta)]\mathrm{d}\theta E\{x(t)\}\end{aligned} \tag{2-2}$$

或写为

$$\{m_y\}=[H(0)]\{m_x\} \tag{2-3}$$

2. 响应相关矩阵计算

t 和 $t+\tau$ 时刻响应运用杜阿梅尔积分可表示为

$$\{y(t)\}=\int_{-\infty}^{+\infty}[h(\theta_1)]\{x(t-\theta_1)\}\mathrm{d}\theta_1 \tag{2-4}$$

$$\{y(t+\tau)\}=\int_{-\infty}^{+\infty}[h(\theta_2)]\{x(t-\theta_2+\tau)\}\mathrm{d}\theta_2 \tag{2-5}$$

响应的相关函数矩阵可表示为

$$\begin{aligned}[R_{yy}(\tau)]&=E[\{y(t)\}\{y(t+\tau)\}^{\mathrm{T}}]\\&=E\left[\int_{-\infty}^{+\infty}\int_{-\infty}^{+\infty}[h(\theta_1)]\{x(t-\theta_1)\}\{x(t-\theta_2+\tau)\}^{\mathrm{T}}[h(\theta_2)]^{\mathrm{T}}\mathrm{d}\theta_1\mathrm{d}\theta_2\right]\\&=\int_{-\infty}^{+\infty}\int_{-\infty}^{+\infty}[h(\theta_1)]E\{x(t-\theta_1)\}\{x(t-\theta_2+\tau)\}^{\mathrm{T}}[h(\theta_2)]^{\mathrm{T}}\mathrm{d}\theta_1\mathrm{d}\theta_2\end{aligned} \tag{2-6}$$

经简化整理可得

$$\left[R_{yy}(\tau)\right]=\int_{-\infty}^{+\infty}[h(\theta_1)]\int_{-\infty}^{+\infty}[R_{xx}(\tau+\theta_1-\theta_2)][h(\theta_2)]^{\mathrm{T}}\mathrm{d}\theta_1\mathrm{d}\theta_2 \tag{2-7}$$

3. 响应与激励互相关矩阵计算

推导过程与上述推导一致，稍作修改可方便得到互相关矩阵如下：

$$\begin{aligned}\left[R_{xy}(\tau)\right]&=E[\{x(t)\}\{y(t+\tau)\}^{\mathrm{T}}]\\&=E\left[\{x(t)\}\int_{-\infty}^{+\infty}\{x(t-\theta+\tau)\}^{\mathrm{T}}[h(\theta)]^{\mathrm{T}}\mathrm{d}\theta\right]\\&=\int_{-\infty}^{+\infty}[R_{xx}(\tau-\theta)][h(\theta)]^{\mathrm{T}}\mathrm{d}\theta\end{aligned} \tag{2-8}$$

同理也可以推导另一互相关表达式为

$$\begin{aligned}\left[R_{yx}(\tau)\right]&=E[\{y(t)\}\{x(t+\tau)\}^{\mathrm{T}}]\\&=E\left[\int_{-\infty}^{+\infty}[h(\theta)]\{x(t-\theta)\}\{x(t+\tau)\}^{\mathrm{T}}\mathrm{d}\theta\right]\\&=\int_{-\infty}^{+\infty}[h(\theta)][R_{xx}(\tau+\theta)]\mathrm{d}\theta\end{aligned} \tag{2-9}$$

4. 响应功率谱矩阵计算

对于单输入 $x(t)$、单输出 $y(t)$ 情况，响应自功率谱密度函数可表示为

$$\begin{aligned}S_{yy}(f)&=\int_{-\infty}^{+\infty}R_{yy}(\tau)\mathrm{e}^{-2\pi\mathrm{i}f\tau}\mathrm{d}\tau\\&=\int_{-\infty}^{+\infty}\left[\int_{-\infty}^{+\infty}h(\theta_1)\int_{-\infty}^{+\infty}h(\theta_2)[R_{xx}(\tau+\theta_1-\theta_2)]\mathrm{d}\theta_1\mathrm{d}\theta_2\right]\mathrm{e}^{-2\pi\mathrm{i}f\tau}\mathrm{d}\tau\\&=\int_{-\infty}^{+\infty}h(\theta_1)\mathrm{e}^{-2\pi\mathrm{i}f\theta_1}\mathrm{d}\theta_1\int_{-\infty}^{+\infty}h(\theta_2)\mathrm{e}^{-2\pi\mathrm{i}f\theta_2}\mathrm{d}\theta_2\\&\quad\cdot\int_{-\infty}^{+\infty}R_{xx}(\tau+\theta_1-\theta_2)\mathrm{e}^{-2\pi\mathrm{i}f(\tau+\theta_1-\theta_2)}\mathrm{d}(\tau+\theta_1-\theta_2)\end{aligned} \tag{2-10}$$

又因频率响应的函数及相关函数傅里叶变换公式如下：

$$H^*(f)=\int_{-\infty}^{+\infty}h(\theta_1)\mathrm{e}^{-2\pi\mathrm{i}f\theta_1}\mathrm{d}\theta_1 \tag{2-11}$$

$$H(f)=\int_{-\infty}^{+\infty}h(\theta_2)\mathrm{e}^{-2\pi\mathrm{i}f\theta_2}\mathrm{d}\theta_2 \tag{2-12}$$

$$S_{xx}(f)=\int_{-\infty}^{+\infty}R_{xx}(\tau+\theta_1-\theta_2)\mathrm{e}^{-2\pi\mathrm{i}f(\tau+\theta_1-\theta_2)}\mathrm{d}(\tau+\theta_1-\theta_2) \tag{2-13}$$

故式(2-10)可进一步简化为

$$S_{yy}(f)=H^*(f)H(f)S_{xx}(f) \tag{2-14}$$

输入与输出的互功率谱为

$$\begin{aligned}S_{xy}(f)&=\int_{-\infty}^{+\infty}R_{xy}(\tau)\mathrm{e}^{-2\pi\mathrm{i}f\tau}\mathrm{d}\tau=\int_{-\infty}^{+\infty}\int_{-\infty}^{+\infty}h(\theta)R_{xx}(\tau-\theta)\mathrm{e}^{-2\pi\mathrm{i}f\tau}\mathrm{d}\theta\mathrm{d}\tau\\&=\int_{-\infty}^{+\infty}h(\theta)\mathrm{e}^{-2\pi\mathrm{i}f\tau}\mathrm{d}\theta\int_{-\infty}^{+\infty}R_{xx}(\tau-\theta)\mathrm{e}^{-2\pi\mathrm{i}f(\tau-\theta)}\mathrm{d}(\tau-\theta)=H(f)S_{xx}(f)\end{aligned} \tag{2-15}$$

同理可得

$$S_{yx}(f)=H^*(f)S_{xx}(f) \tag{2-16}$$

又由

$$f=\omega/(2\pi) \tag{2-17}$$

可得随机振动功率谱法的核心公式如下：

$$S_{yy}(\omega)=|H(\omega)|^2S_{xx}(\omega) \tag{2-18}$$

$$S_{xy}(\omega)=H(\omega)S_{xx}(\omega) \tag{2-19}$$

$$S_{yx}(\omega)=H^*(\omega)S_{xx}(\omega) \tag{2-20}$$

对于多输入 $\{x(t)\}=\{x_1(t),x_2(t),\cdots,x_n(t)\}^{\mathrm{T}}$ 、多输出 $\{y(t)\}=\{y_1(t),y_2(t),\cdots,y_m(t)\}^{\mathrm{T}}$ 的情况，其响应自功率谱表示为

$$[S_{yy}(\omega)]=[H(\omega)]^*[S_{xx}(\omega)][H(\omega)]^{\mathrm{T}} \tag{2-21}$$

输入和响应的互功率谱矩阵表示为

$$[S_{xy}(\omega)]=[S_{xx}(\omega)][H(\omega)]^{\mathrm{T}} \tag{2-22}$$

$$[S_{yx}(\omega)]=[H(\omega)]^*[S_{xx}(\omega)] \tag{2-23}$$

由式(2-21)～式(2-23)可知，响应功率谱矩阵$[S_{yy}(\omega)]$、$[S_{xy}(\omega)]$、$[S_{yx}(\omega)]$的求解，都是激励的功率谱矩阵$[S_{xx}(\omega)]$和频率响应矩阵$H[(\omega)]$相乘得到，不必进行三重积分计算，鉴于这些公式表达简洁、概念明确、计算方便，故在工程中广泛应用。但是对于大型复杂结构，有两方面的原因使得传统的随机振动法效率低下：①需要生成矩阵$H[(\omega)]$；②在每一个离散的频率都需要进行矩阵的乘法运算，这使得传统随机振动法计算效率非常低下。而应用振型叠加法和虚拟激励法可提高计算效率。

2.1.2 平稳随机响应的虚拟激励法

线性系统受到自功率谱密度为$S_{xx}(\omega)$的单点平稳随机激励$x(t)$，根据式(2-18)可得响应功率谱密度函数为

$$S_{yy}(\omega)=|H(\omega)|^2 S_{xx}(\omega) \tag{2-24}$$

当随机激励为单位简谐激励$x(t)=\mathrm{e}^{\mathrm{i}\omega t}$时，其响应为$y(t)=H\mathrm{e}^{\mathrm{i}\omega t}$，若激励为$x(t)=\sqrt{S_{xx}(\omega)}\mathrm{e}^{\mathrm{i}\omega t}$，则响应为$y(t)=H\sqrt{S_{xx}(\omega)}\mathrm{e}^{\mathrm{i}\omega t}$，从而可得$S_{yy}(\omega)=y^* y^{\mathrm{T}}$，这样巧妙地将平稳随机振动分析转化为简谐振动分析[66-68]，这就是构造虚拟激励法的基本思路，类似的构造虚拟激励原理如下：

$$S_{xx} \quad \rightarrow \boxed{H(\omega)} \rightarrow \quad S_{yy}|H|^2 S_{xx} \tag{2-25}$$

$$x=\mathrm{e}^{\mathrm{i}\omega t} \quad \rightarrow \boxed{H(\omega)} \rightarrow \quad y=H\mathrm{e}^{\mathrm{i}\omega t} \tag{2-26}$$

$$\tilde{x}=\sqrt{S_{xx}}\mathrm{e}^{\mathrm{i}\omega t} \quad \rightarrow \boxed{H(\omega)} \rightarrow \quad \tilde{y}=\sqrt{S_{xx}}H\mathrm{e}^{\mathrm{i}\omega t} \tag{2-27}$$

$$\tilde{x}=\sqrt{S_{xx}}\mathrm{e}^{\mathrm{i}\omega t} \quad \rightarrow \boxed{H(\omega)} \begin{array}{l} \rightarrow \quad \tilde{y}_1=\sqrt{S_{xx}}H_1\mathrm{e}^{\mathrm{i}\omega t} \\ \rightarrow \quad \tilde{y}_2=\sqrt{S_{xx}}H_2\mathrm{e}^{\mathrm{i}\omega t} \end{array} \tag{2-28}$$

则$\tilde{x}=\sqrt{S_{xx}}\mathrm{e}^{\mathrm{i}\omega t}$就是虚拟激励荷载，与之对应的响应为虚拟响应$\tilde{y}=\sqrt{S_{xx}}H\mathrm{e}^{\mathrm{i}\omega t}$，只要得到结构的虚拟响应，就能根据下面的公式计算功率谱矩阵：

$$\tilde{y}^*\tilde{y}=|\tilde{y}|^2=|H|^2 S_{xx}=S_{yy} \tag{2-29}$$

$$\tilde{x}^*\tilde{y}=\sqrt{S_{xx}}\mathrm{e}^{-\mathrm{i}\omega t}\cdot\sqrt{S_{xx}}H\mathrm{e}^{\mathrm{i}\omega t}=S_{xx}H=S_{xy} \tag{2-30}$$

$$\tilde{y}^*\tilde{x}=\sqrt{S_{xx}}H^*\mathrm{e}^{-\mathrm{i}\omega t}\cdot\sqrt{S_{xx}}\mathrm{e}^{\mathrm{i}\omega t}=H^*S_{xx}=S_{yx} \tag{2-31}$$

$$\tilde{y}_1{}^*\tilde{y}_2=H_1^*\sqrt{S_{xx}}\mathrm{e}^{-\mathrm{i}\omega t}\cdot H_2\sqrt{S_{xx}}\mathrm{e}^{\mathrm{i}\omega t}=H_1^*S_{xx}H_2=S_{y_1y_2} \tag{2-32}$$

$$\tilde{y}_2{}^*\tilde{y}_1=H_2^*S_{xx}H_1=S_{y_2y_1} \tag{2-33}$$

利用以上各式可得关于功率谱矩阵的下列算式：

$$[S_{yy}]=\{\tilde{y}\}^*\cdot\{\tilde{y}\}^{\mathrm{T}} \tag{2-34}$$

$$[S_{xy}]=\{\tilde{x}\}^*\cdot\{\tilde{y}\}^{\mathrm{T}} \tag{2-35}$$

$$[S_{yx}]=\{\tilde{y}\}^*\cdot\{\tilde{x}\}^{\mathrm{T}} \tag{2-36}$$

虚拟荷载输入后，也可以得到内力、应力、应变的虚拟响应，分别为$\tilde{f}$、$\tilde{\sigma}$、$\tilde{\varepsilon}$，然后利用下列各式计算其各种功率谱密度：

$$S_{ff}=|\tilde{f}|^2,\quad S_{\sigma\sigma}=|\tilde{\sigma}|^2,\quad S_{\varepsilon\varepsilon}=|\tilde{\varepsilon}|^2,\quad S_{\sigma\varepsilon}=\tilde{\sigma}^*\tilde{\varepsilon},\quad S_{yf}=\tilde{y}^*\tilde{f} \tag{2-37}$$

由式(2-41)可知，当 $M_b^{-1} \to 0$ 时， $M_b^{-1} \cdot M_{bs}$、$M_b^{-1} \cdot C_{bs}$、$M_b^{-1} \cdot C_b$、$M_b^{-1} \cdot K_{bs}$、$M_b^{-1} \cdot K_b$ 各项均为 0。则整理可得

$$\ddot{X}_b = \ddot{U}_b \tag{2-42}$$

由此可知只要支撑质量矩阵 M_b 足够大，即在结构总体质量矩阵中支撑质量矩阵处置入一个足够大的数，就能保证支撑处的地面加速度与支撑地震响应加速度相等，从而使得式(2-38)的求解容易很多。在结构有限元软件分析中在支撑处施加大质量块(结构质量的10^6倍)即实现在总体质量矩阵中“置大数”法。

将式(2-42)代入式(2-38)第一项后展开可得

$$M_{ss} \cdot \ddot{X}_s + M_{sb} \cdot \ddot{U}_b + C_{ss} \cdot \dot{X}_s + C_{sb} \cdot \dot{U}_b + K_{ss} \cdot X_s + K_{sb} \cdot U_b = 0 \tag{2-43}$$

将式(2-43)进行移项整理得

$$M_{ss} \cdot \ddot{X}_s + C_{ss} \cdot \dot{X}_s + K_{ss} \cdot X_s = -(M_{sb} \cdot \ddot{U}_b + C_{sb} \cdot \dot{U}_b + K_{sb} \cdot U_b) \tag{2-44}$$

设支撑处虚拟激励荷载为

$$\ddot{\tilde{u}}_b = P \cdot \mathrm{e}^{\mathrm{i}\omega t}, \quad \dot{\tilde{u}}_b = P \cdot \frac{\mathrm{e}^{\mathrm{i}\omega t}}{\omega \mathrm{i}}, \quad \tilde{u}_b = -P \cdot \mathrm{e}^{\mathrm{i}\omega t} / \omega^2 \tag{2-45}$$

其中，P 由 $3m \times 3m$ 功率谱矩阵 $S_0(\omega) = P^* P^{\mathrm{T}}$ 分解得到。

将式(2-45)代入式(2-44)整理可得

$$M_{ss} \cdot \ddot{\tilde{X}}_s + C_{ss} \cdot \dot{\tilde{X}}_s + K_{ss} \cdot \tilde{X}_s = -\left(M_{sb} + C_{sb} \cdot \frac{1}{\mathrm{i}\omega} - K_{sb} \cdot \frac{1}{\omega^2} \right) \cdot P\mathrm{e}^{\mathrm{i}\omega t} \tag{2-46}$$

将等效荷载项中的阻尼项忽略，可得虚拟激励动力方程为

$$M_{ss} \cdot \ddot{\tilde{X}}_s + C_{ss} \cdot \dot{\tilde{X}}_s + K_{ss} \cdot \tilde{X}_s = -\left(M_{sb} - K_{sb} \cdot \frac{1}{\omega^2} \right) \cdot P\mathrm{e}^{\mathrm{i}\omega t} \tag{2-47}$$

式(2-47)可看成在每一个频率ω点处的简谐运动方程。求解式(2-47)很容易得到绝对位移响应的功率谱矩阵：

$$S_{X_s X_s}(\omega) = \tilde{X}_s^* \cdot \tilde{X}_s^{\mathrm{T}} \tag{2-48}$$

响应功率谱求解是随机振动的核心问题，一旦求得响应功率谱，就可以根据文献[35]和[36]的方法求各阶谱矩阵、响应均值和方差等概率特征，同时也可以根据反映的各阶谱矩阵估计结构地震响应峰值。

2.2.2 响应极值计算

对于任意随机虚拟响应量 $\tilde{X}$，根据式(2-48)可得相应的功率谱矩阵 $S_{XX}(\omega)$，第 i 阶谱矩阵表示为

$$\lambda_i = 2\int_0^{\infty} \omega^i S_{XX}(\omega) \mathrm{d}\omega \tag{2-49}$$

随机振动计算结果实际运用中，由于工程师不熟悉谱矩阵表示的结果，主要

关注结构极值响应，Davenport[70]根据水平跨越次数是泊松过程的假定，y_e 和 σ_y 分别为线性响应 $y(t)$ 的极值和标准差，定义极值分布无量纲参数为

$$\eta = \frac{y_e}{\sigma_y} \tag{2-50}$$

平均频率为

$$\nu = \frac{\sqrt{\lambda_2 / \lambda_0}}{2\pi} \tag{2-51}$$

极值的期望值近似为

$$E(\eta) \approx [2\ln(\nu\tau)]^{1/2} + \gamma / [2\ln(\nu\tau)]^{1/2} \tag{2-52}$$

极值期望为

$$E(y_e) = E(\eta)\sigma_y \tag{2-53}$$

其中，τ 为地震动持续时间；$\gamma = 0.5772$ 为欧拉常数。

2.2.3　多维多点地震场模拟与激励功率谱分解

考虑空间变化效应的地震动在本质上是随机的，因此其可用地面各点加速度的功率谱密度函数矩阵(2-54)来表示：

$$[S(\mathrm{i}\omega)] = \begin{bmatrix} S_{11}(\mathrm{i}\omega) & \cdots & S_{1m}(\mathrm{i}\omega) \\ \vdots & & \vdots \\ S_{m1}(\mathrm{i}\omega) & \cdots & S_{mm}(\mathrm{i}\omega) \end{bmatrix} \tag{2-54}$$

其中，$S_{kk}(\omega)$ 为支撑处自功率谱密度函数；$S_{kl}(\mathrm{i}\omega)$ 为支撑间互功率谱密度函数，表示为

$$S_{kl}(\mathrm{i}\omega) = \rho_{kl}(\mathrm{i}\omega)\sqrt{S_{kk}(\omega)S_{ll}(\omega)} \tag{2-55}$$

$S_{kk}(\omega)$ 和 $S_{ll}(\omega)$ 分别为 k 和 l 的自功率谱密度函数，表征支座 k 和 l 的局部场地效应；$\rho_{kl}(\mathrm{i}\omega)$ 为相干函数，其表达式为

$$\rho_{kl}(\mathrm{i}\omega) = |\rho_{kl}(\mathrm{i}\omega)|\exp(-\mathrm{i}\omega d_{kl}^L / \upsilon_{\mathrm{app}}) \tag{2-56}$$

其中，$|\rho_{kl}(\mathrm{i}\omega)|$ 为相干函数 $\rho_{kl}(\mathrm{i}\omega)$ 的模，反映部分相干效应；$\exp(-\mathrm{i}\omega d_{kl}^L / \upsilon_{\mathrm{app}})$ 为 $\rho_{kl}(\mathrm{i}\omega)$ 的幅角，体现行波效应的影响；d_{kl}^L 为支撑 k 和 l 之间的水平距离沿波传播方向的投影；υ_{app} 为地震波视波速。

式(2-54)为一维多点激励功率谱密度函数矩阵，当考虑多维多点同时激励时，需将式(2-54)中任意一点功率谱密度矩阵按式(2-57)扩展：

$$S_{kl}(\mathrm{i}\omega) = \begin{bmatrix} S_{klxx} & S_{klxy} & S_{klxz} \\ S_{klyx} & S_{klyy} & S_{klyz} \\ S_{klzx} & S_{klzy} & S_{klzz} \end{bmatrix} \tag{2-57}$$

其中，x、y 为水平方向分量；z 为竖直方向分量。根据文献[36]的研究，水平方向分量各自功率谱密度相同且完全相关，则

$$S_{xx}(\mathrm{i}\omega)=S_{yy}(\mathrm{i}\omega)=S_{xy}(\mathrm{i}\omega)=S_{yx}(\mathrm{i}\omega) \tag{2-58}$$

水平方向分量与竖直方向分量的互功率谱按式(2-59)计算：

$$S_{xz}(\mathrm{i}\omega)=S_{yz}(\mathrm{i}\omega)=0.6\sqrt{S_{xx}(\mathrm{i}\omega)S_{zz}(\mathrm{i}\omega)}=0.6\sqrt{S_{yy}(\mathrm{i}\omega)S_{zz}(\mathrm{i}\omega)} \tag{2-59}$$

根据式(2-57)～式(2-59)，可以将式(2-54)由原来 $m\times m$ 扩展成 $3m\times 3m$ 的多维多点随机地震动场功率谱密度函数矩阵 $S_0(\mathrm{i}\omega)$。

2.2.4 多维多点功率谱密度函数矩阵分解

对于 $3m\times3m$ 矩阵 $S_0(\mathrm{i}\omega)$ 的分解，这里回到式(2-45)中 P 矩阵的求解，即 $S_0(\mathrm{i}\omega)=P\times P^{\mathrm{T}}$，其中 P 为 $3m\times3r$ 的矩阵；r 为矩阵 $S_0(\mathrm{i}\omega)$ 的秩；上标“*”表示矩阵的共轭；上标“T”表示矩阵的转置。

$$S_0(\omega)=P^*P^{\mathrm{T}}=[\mathrm{e}^{-\mathrm{i}\omega T}]^*[S_{\ddot{x}}][R][S_{\ddot{x}}][\mathrm{e}^{-\mathrm{i}\omega T}] \tag{2-60}$$

其中

$$[\mathrm{e}^{-\mathrm{i}\omega T}]=\mathrm{diag}\left[\mathrm{e}^{-\mathrm{i}\omega T_{1x}}\ \mathrm{e}^{-\mathrm{i}\omega T_{1y}}\ \mathrm{e}^{-\mathrm{i}\omega T_{1z}}\ \mathrm{e}^{-\mathrm{i}\omega T_{2x}}\ \mathrm{e}^{-\mathrm{i}\omega T_{2y}}\ \mathrm{e}^{-\mathrm{i}\omega T_{2z}}\ \cdots\ \mathrm{e}^{-\mathrm{i}\omega T_{mx}}\ \mathrm{e}^{-\mathrm{i}\omega T_{my}}\ \mathrm{e}^{-\mathrm{i}\omega T_{mz}}\right] \tag{2-61}$$

$$[S_{\ddot{x}}]=\mathrm{diag}\left[\sqrt{S_{\ddot{X}_{1x}}}\ \sqrt{S_{\ddot{X}_{1y}}}\ \sqrt{S_{\ddot{X}_{1z}}}\ \sqrt{S_{\ddot{X}_{2x}}}\ \sqrt{S_{\ddot{X}_{2y}}}\ \sqrt{S_{\ddot{X}_{2z}}}\ \cdots\ \sqrt{S_{\ddot{X}_{mx}}}\ \sqrt{S_{\ddot{X}_{my}}}\ \sqrt{S_{\ddot{X}_{mz}}}\right] \tag{2-62}$$

$$[R]=\begin{bmatrix}1 & \cdots & |\rho_{1N}| \\ \vdots & & \vdots \\ |\rho_{N1}| & \cdots & 1\end{bmatrix} \tag{2-63}$$

其中，N=3m；[R]一般为正定或半正定对称矩阵。设其秩为 r，则可通过 LDL^{T} 分解，成为 $m\times r$ 的实矩阵[Q]和其转置的乘积[R]=[Q][Q]^{T}，则式(2-60)可写为

$$S_0(\omega)=P^*P^{\mathrm{T}}=[\mathrm{e}^{-\mathrm{i}\omega T}]^*[S_{\ddot{x}}][Q][Q]^{\mathrm{T}}[S_{\ddot{x}}][\mathrm{e}^{-\mathrm{i}\omega T}] \tag{2-64}$$

则 $P=[\mathrm{e}^{\mathrm{i}\omega T}][S_{\ddot{x}}][Q]$。$P$ 中三项分别表征行波效应、场地效应、相干效应。将其代入式(2-47)就可以求解动力方程。

2.2.5 多维多点虚拟激励法在通用有限元软件中的实现方法

传统的虚拟激励法很难在通用有限元软件中实现，即使能实现也仅限于自由度比较少的结构。传统的虚拟激励法将绝对位移分解为拟静力位移项和相对动力位移项后求解运动方程。在一维多点激励时，求解结构的拟静力位移项和相对动力位移项都要先得到静力影响矩阵，再根据静力影响矩阵确定拟静力位移和自由度方向的虚拟激励荷载来求相对动力位移项，当自由度很多时，虚拟激励荷载加载和求解非常困难，更不用说多维多点激励分析了。根据上述理论推导，在各支撑处附加大质量后，只需在大质量三个方向(两个水平方向和一个竖直方向)上施

加虚拟激励荷载就可实现多维多点虚拟激励。通过该方法虚拟激励荷载的输入从传统的 $3(m+n)$ 次降为 $3m$ 次(一般情况下 m 远小于 n)，使得计算的输入得到简化，从理论上和工程应用上对虚拟激励法在多维多点分析中进行了拓展。通用有限元软件实现虚拟激励法的流程如图 2-1 所示。

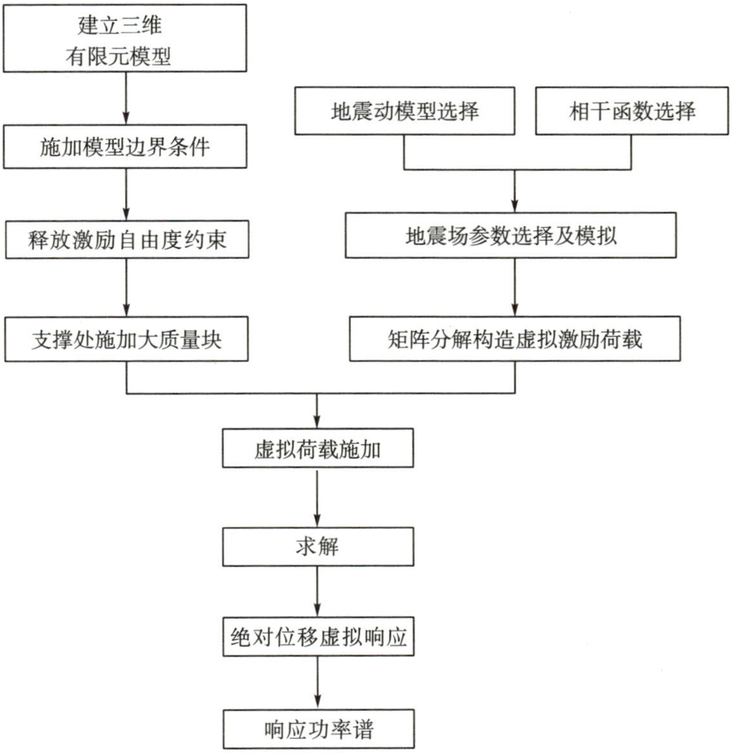

图 2-1　实现虚拟激励法流程框图

根据理论推导，多维多点虚拟激励法在 ANSYS 中的实现需要以下步骤：

(1) 建立结构有限元模型，并在结构 m 个地面支撑处置大质量块。分别在 m 个支撑处利用 MASS21 单元各置一个大质量块 M_b，使其在三个平动方向都有质量效应，并约束各支撑的其他转动自由度。

(2) 结构地面支撑处 3 个激励方向上的随机地震模型及其参数确定。据文献[36]研究，各支撑处自功率谱密度形式相同，纵向、横向和竖向谱强度因子按 1∶0.7225∶0.4225 取值。

(3) 选择相干函数模型，确定相同支撑和不同支撑各分量的相干性取值。据文献[36]研究，对于相同的支撑处，水平方向为完全相干，水平方向与竖直方向相干值取 0.6。对于不同的支撑，相同分量采用相干函数描述，不同分量取范围为 0.2～0.6。

(4)将 $3m\times3m$ 矩阵 S_0 在每一个频率点 ω_i 进行 LDL^{T} 分解，确定多维多点虚拟激励荷载及进行加载。选择合适的频率范围 $[\omega_{\min},\omega_{\max}]$，确定频率步长 $\Delta\omega$，$\omega_1=\omega_{\min}+i\times\Delta\omega\ (i=0,1,2,\cdots,N)$，在每一个频率点 ω_i 进行矩阵分解，即实现式(2-60)。激励荷载为 $P_b=P\mathrm{e}^{\mathrm{i}\omega t}=[\mathrm{e}^{\mathrm{i}\omega T}][S_x][Q]\mathrm{e}^{\mathrm{i}\omega t}$，构造虚拟力荷载为 $F=M_b\times P_b=M_b\times[\mathrm{e}^{\mathrm{i}\omega T}][S_x][Q]$，每一频率点分解后的矩阵维数为 $3m\times3m$，与频率点的个数 N 正好组成 $3m\times3m\times N$ 的三维数组。按列加载计算，即计算每一列虚拟荷载在频率范围 $[\omega_{\min},\omega_{\max}]$ 上的虚拟响应，然后将 $3m$ 列计算的响应按幅值叠加起来就得到结构的虚拟响应，这样就实现了考虑部分相干效应的多维多点虚拟激励法。

(5)利用 ANSYS 谐响应分析模块进行结构虚拟响应求解。通过 ANSYS 谐响应分析模块(ANTYPE、HARMIC)计算按列加载每一个频率点 ω_i 的谐反应，并将 $3m$ 次计算结果按幅值叠加，每一个频率点的谐响应分析结果与对应的频率在二维坐标系中描述出来，为一条曲线，这条随频率变化的曲线就是虚拟响应曲线。

(6)计算功率谱密度函数。ANSYS 命令 ESOL、PLCPLX、PROD 和 PLVAR 联合使用可计算任意单元端节点的响应功率谱密度。

(7)根据随机振动理论计算各阶谱矩阵、响应均值和方差等概率特征，也可以根据响应的各阶谱矩阵估计结构地震响应峰值。

2.3 ANSYS 平稳计算方法验证

2.3.1 单自由度系统一维验证

为了验证 ANSYS 计算多维多点平稳虚拟激励的准确性和计算精度，先以单自由度系统为例来验证简单结构在大质量法的基础上计算平稳激励下的响应，并与理论解对比分析，计算模型如图 2-2 所示。

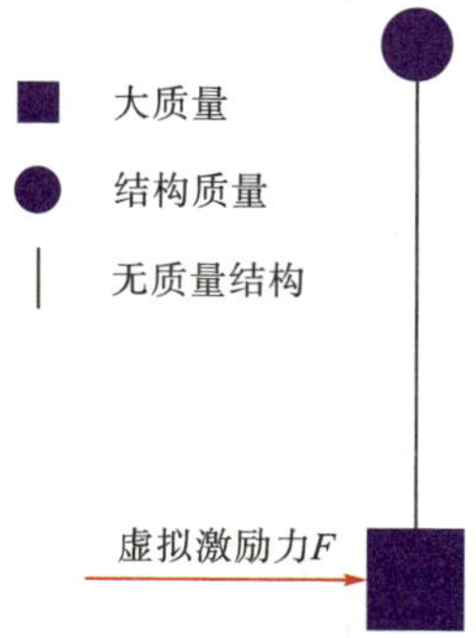

图 2-2 单自由度计算模型

该问题的数学表达式为

$$m\ddot{y}+c\dot{y}+ky=P=-m\ddot{x} \tag{2-65}$$

或

$$\ddot{y}+2\xi\omega_g\dot{y}+\omega_g^2 y=P/m=-\ddot{x} \tag{2-66}$$

其中，$\omega_g^2=k/m$，$2\xi\omega_g=c/m$。

构造虚拟激励水平加速度：

$$\tilde{\ddot{x}}=\sqrt{S}\mathrm{e}^{\mathrm{i}\omega t} \tag{2-67}$$

将式(2-67)代入式(2-66)可得

$$\tilde{\ddot{y}}+2\xi\omega_g\tilde{\dot{y}}+\omega_g^2\tilde{y}=-\sqrt{S}\mathrm{e}^{\mathrm{i}\omega t} \tag{2-68}$$

由式(2-68)可知，其右端为简谐荷载，易得其解析解为

$$\tilde{y}=\frac{-\sqrt{S}}{\omega_g^2-\omega^2+2\mathrm{i}\xi\omega_g\omega}\mathrm{e}^{\mathrm{i}\omega t} \tag{2-69}$$

虚拟地面绝对位移为

$$\tilde{x}_g=\tilde{x}+\tilde{y} \tag{2-70}$$

虚拟地面绝对加速度为

$$\begin{aligned}\tilde{\ddot{x}}_g&=\tilde{\ddot{x}}+\tilde{\ddot{y}}\\&=\sqrt{S}\mathrm{e}^{\mathrm{i}\omega t}\left(1+\frac{\omega^2}{\omega_g^2-\omega^2+2\mathrm{i}\xi\omega_g\omega}\right)\\&=\sqrt{S}\mathrm{e}^{\mathrm{i}\omega t}\frac{\omega_g^2+2\mathrm{i}\xi\omega_g\omega}{\omega_g^2-\omega^2+2\mathrm{i}\xi\omega_g\omega}\end{aligned} \tag{2-71}$$

响应加速度自功率谱表达式为

$$S_{\ddot{x}_g}=\tilde{\ddot{x}}_g^*\tilde{\ddot{x}}_g=S\frac{\omega_g^4+4\xi^2\omega_g^2\omega^2}{(\omega_g^2-\omega^2)^2+4\xi^2\omega_g^2\omega^2} \tag{2-72}$$

计算参数取值为$m=1$，$\xi=1$，$k=1$，$S=1$，首先运用 MATLAB 编程得到理论解曲线，然后用 ANSYS 计算同样参数情况下的结构振动响应，结果对比如图 2-3 所示。

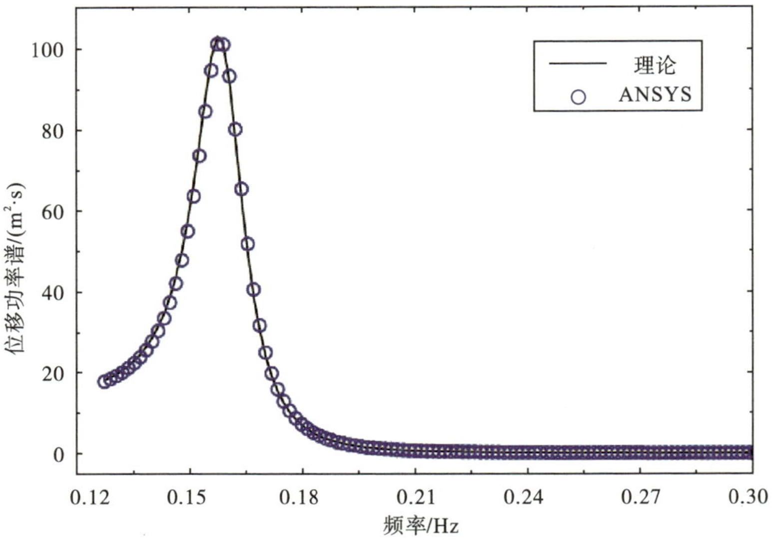

图 2-3 ANSYS 求解与理论解对比

为了进一步对比分析计算精度，设 $P=\frac{|S_2-S_1|}{S_1}\times 100\%$，其中，$S_1$ 为理论解，S_2 为 ANSYS 求解，部分计算结果对比如表 2-1 所示。

表 2-1 理论解与 ANSYS 求解对比

频率/Hz	理论-S_1	ANSYS-S_2	$\|S_2-S_1\|$	P/%
0.127	18.066	17.664	0.402	2.23
0.131	19.524	19.042	0.482	2.47
0.132	20.465	19.931	0.534	2.61
0.135	22.907	22.240	0.667	2.91
0.137	24.489	23.733	0.756	3.09
0.142	31.411	30.251	1.160	3.69
0.143	34.763	33.399	1.364	3.92
0.148	50.123	47.803	2.320	4.63
0.154	88.375	84.576	3.799	4.30
0.156	97.974	94.674	3.300	3.37
0.158	103.09	101.14	1.950	1.89
0.159	101.00	100.99	0.010	0.01
0.161	91.540	93.259	1.719	1.88
0.169	30.211	31.629	1.418	4.69
0.170	23.783	24.842	1.059	4.45

续表

频率/Hz	理论-S_1	ANSYS-S_2	$\|S_2-S_1\|$	P/%
0.172	18.896	19.685	0.789	4.18
0.178	8.329	8.586	0.257	3.09
0.180	6.945	7.143	0.198	2.85
0.188	3.115	3.176	0.061	1.96
0.189	2.700	2.749	0.049	1.81
0.191	2.352	2.391	0.039	1.66
0.193	2.058	2.090	0.032	1.55
0.194	1.808	1.834	0.026	1.44
0.196	1.594	1.615	0.021	1.32
0.197	1.411	1.428	0.017	1.20
0.199	1.253	1.267	0.014	1.12
0.201	1.116	1.128	0.012	1.08
0.202	0.997	1.006	0.009	0.90
0.204	0.893	0.901	0.008	0.90
0.205	0.802	0.808	0.006	0.75
0.207	0.722	0.727	0.005	0.69
0.217	0.402	0.403	0.001	0.25
0.218	0.367	0.368	0.001	0.27
0.220	0.336	0.336	0.000	0.00
0.221	0.307	0.308	0.001	0.33
0.223	0.282	0.282	0.000	0.00
0.225	0.259	0.259	0.000	0.00
0.226	0.238	0.238	0.000	0.00

由图 2-3 可知，ANSYS 计算的结果与理论解几乎重合，从而有效证明了 ANSYS 完成虚拟激励法运算的准确性和精度。从表 2-1 可以看出，在系统自振频率 0.169Hz 附近，二者计算的相差最大百分比不超过 5%，能满足工程应用。自振频率为 0.79Hz 时，P=19.19%，虽然结果相差比较大，但是从计算结果本身来看，计算数值结果都非常小，已经达到 10^{-6} 量级，故可以忽略不计。

ANSYS 软件中用到的关键命令 APDL 主要涉及模态分析和谐响应分析两部分。第一部分模态分析与一般 ANSYS 结构模态分析一样，下面程序只需要根据结构自由度选择计算模态数量，即选择参数 NMODE 的值，而其他参数不变。

```
/SOLU
ANTYPE, MODAL
MODOPT, LANB, NMODE
```

```
MXPAND,NMODE，，，YES
SOLVE
FINISH
```

第二部分谐响应分析，首先删除施加大质量节点 NODE 在地震激励方向上的约束 UY(根据具体情况而定，作者选择地震激励方向为 UY)。其次选择分析类型 ANTYPE 为谐响应分析 HARMIC；选择谐响应分析方法选项 HROPT，选择 FULL；确定阻尼比 RATIO 值，一般情况其值为 0.05；选择圆频率范围(与功率谱对应)，作者采用频率范围为 0.8～5，增量为 0.01；地震力选项，FY 表示地震激励力方向(与删除约束方向 UY 对应)，SQRT(1)表示地震功率谱值的平方根(式(2-68))，这里功率谱值取 1，若功率谱是圆频率的函数，则需要改写为 SQRT(S(W))，在 ANSYS 中增加一层*DO 循环，就能实现功率谱随频率变化的关系，LM 表示施加的质量值；HARFRQ 选项确定激励频率 FREQB，W/(2*3.1415)表示从圆频率转化为自振频率(2π 关系)，因为 ANSYS 频域计算采用的是自振频率。

```
/SOLU
DDELE, NODE, UY
ANTYPE,HARMIC
HROPT, FULL
DMPRAT,RATIO
*DO, W, 0.8, 5, 0.01
F, 1, FY, -1*SQRT(1)*LM
HARFRQ, W/(2*3.1415)
SOLVE
*ENDDO
FINISH
```

2.3.2 多维多点激励验证

1. 验证模型介绍

以西部高烈度山区某高速铁路刚构桥为背景，全桥长 360m，跨径布置为(90+180+90)m，两墩分别为高 65m、105m 的等截面矩形墩。主梁采用等截面预应力混凝土箱型梁，其中梁高 3.5m、宽 13m。该桥三维有限元数值模型如图 2-4 所示，梁墩固结，墩底六个自由度都被约束，桥台处约束竖向位移。

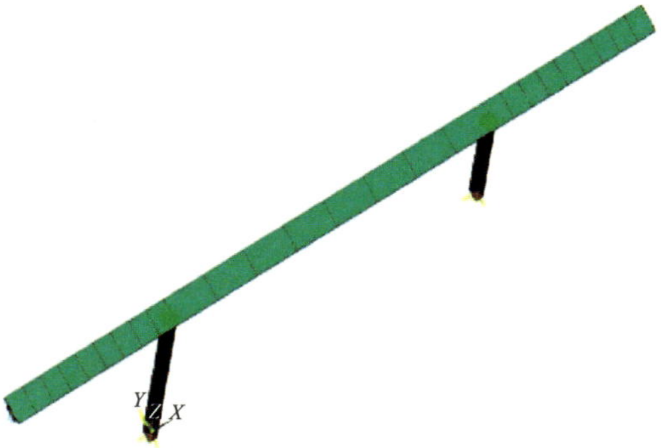

图 2-4 三维有限元数值模型

2. 地震动模型选取及其参数确定

本节选用胡聿贤和周锡元提出的修正 Kanai-Tajimi 加速度随机模型：

$$S(\omega)=\frac{1+4\xi_g^2(\omega/\omega_g)^2}{\left[1-(\omega/\omega_g)^2\right]^2+4\xi_g^2(\omega/\omega_g)^2}\cdot\frac{\omega^6}{\omega^6+\omega_c^6}\cdot S_0 \tag{2-73}$$

其中，S_0 为谱强度因子；ω_g、ξ_g 分别为场地特征频率和阻尼比；ω_c 为控制低频含量参数。根据文献[36]和[48]进行参数取值，ω_g=13.96(rad/s)，ξ_g=0.8，ω_c=6π，S_0=7.123cm^2/s^3。

相干函数模型选用屈铁军等提出的实用模型[70-73]：

$$\left|\rho_{kl}(d,\omega)\right|=\mathrm{e}^{-a(\omega)\cdot d^{b(\omega)}} \tag{2-74}$$

其中，$a(\omega)=a_1\omega^2+a_2$，$b(\omega)=b_1\omega+b_2$，$a_1$= 0.00001678，$a_2$ = 0.001219，b_1 = −0.0055，b_2= 0.7674。

3. 验证结果对比分析

为了验证本节方法的准确性，以 ANSYS 为平台，分别以本节方法和 ANSYS 自带的随机振动模块对大跨度刚构桥多维多点激励情况下完全相干效应、部分相干效应、完全不相干效应进行计算及结果对比分析。根据结构自振频率，确定频率积分区间为 $\omega\in[0.1,60]\text{rad/s}$，步长为 0.1rad/s，各阶振型阻尼比均取为 0.05。此处仅列出部分相干效应情况下多维多点激励响应(图 2-5～图 2-7)及计算频率点中出现最大误差的单元(表 2-2)。

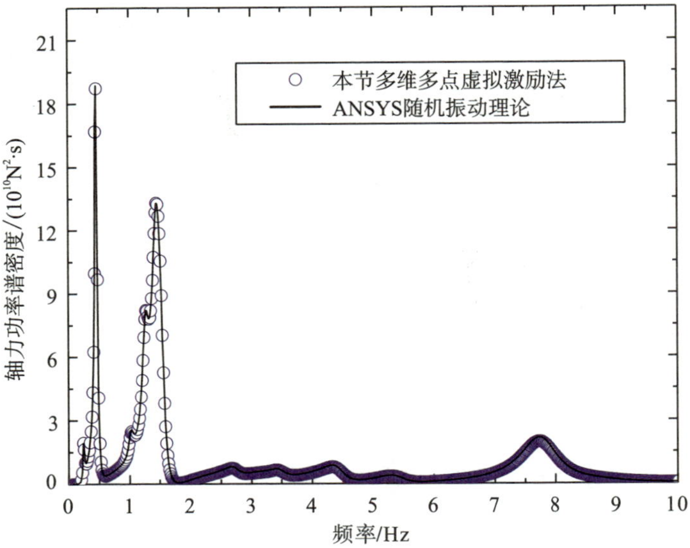

图 2-5 多维多点激励 10 号单元轴力响应功率谱

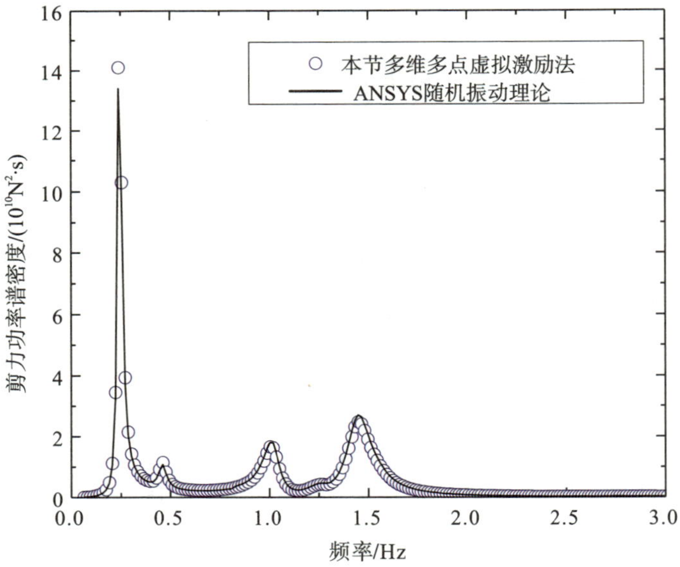

图 2-6 多维多点激励 10 号单元剪力响应功率谱

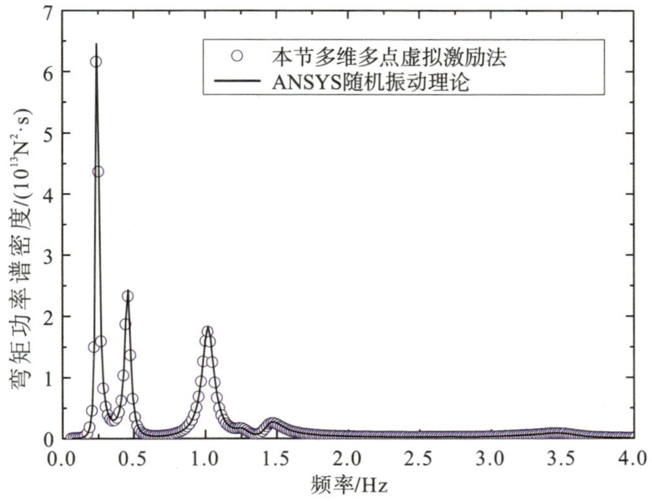

图 2-7　多维多点激励 10 号单元弯矩响应功率谱

表 2-2　不同频率点处轴力、剪力、弯矩功率谱最大误差单元

单元	轴力功率谱			剪力功率谱			弯矩功率谱		
	本节方法	ANSYS	最大误差	本节方法	ANSYS	最大误差	本节方法	ANSYS	最大误差
10	1.93×10^7	1.94×10^7	0.70%	1.41×10^9	1.40×10^9	−0.83%	1.75×10^{13}	1.82×10^{13}	3.85%
51	1.19×10^8	1.19×10^8	0.54%	2.59×10^9	2.67×10^9	2.91%	8.22×10^8	8.14×10^8	−1.01%

表 2-2 列出了两种方法计算所有单元中在不同频率点相差最大的 10 号和 51 号单元的轴力、剪力、弯矩响应功率谱，从表 2-2 可见两种方法的计算最大误差均未超过 ±4%，而其他单元的误差基本上均在 ±1% 以内，可得两种方法计算结果吻合得较好。

从图 2-5～图 2-7 可以看出，本节多维多点虚拟激励法求解和 ANSYS 随机振动理论求解结果吻合较好，从而说明基于 APDL 的 ANSYS 二次开发能够实现多维多点虚拟激励相干效应的计算，且能达到非常高的精度。直接求解法没有改变传统虚拟激励法的计算原理，故和传统虚拟激励法同样高效、精确。直接求解法将传统虚拟激励法的虚拟荷载项由 $3(m+n)$ 次降为只由支撑处加载的 $3m$ 次(一般情况下 m 远小于 n)，使得计算的输入得到简化，在一定程度上对虚拟激励法在多维多点激励分析中的运用起到了拓展作用，为工程师所接受。

本节的多维多点虚拟激励法和 ANSYS 随机振动理论都能得到精确解，误差来源主要有：

(1) 矩阵计算、数值积分等数值计算过程中产生的误差；

(2) ANSYS 在输入地震动加速度功率谱时只能输入 50 个频率点，而用虚拟激励法可输入任意多个频率点从而可充分描述地震动加速度功率谱曲线，所以虚拟激励法的计算较 ANSYS 随机振动算法更为精确。

2.4 结　论

通过多维多点地震激励下结构平稳随机响应的理论分析及数值模拟计算，可得如下结论：

(1) 在 ANSYS 中通过在支撑节点上施加大质量块(一般为结构总质量的 10^5～10^8 倍)的方法来实现直接求解的多维多点虚拟激励法在理论上和实际工程应用中是可行的。将多维多点的虚拟激励荷载直接加载到对应大质量块上，在每一个频率点 ω_i 进行谐响应分析就可方便地得到结构虚拟响应及响应功率谱密度函数。

(2) 将虚拟荷载矩阵按列加载计算，计算每一列虚拟荷载在频率范围 $[\omega_{\min}, \omega_{\max}]$ 内的虚拟响应，然后将 $3m$ 列计算的响应按幅值叠加起来就得到结构的虚拟响应，实现了考虑部分相干效应的多维多点虚拟激励。

(3) 运用 ANSYS 分析多维多点虚拟激励部分相干效应，方便快捷，不用编制专业的计算程序，便于工程师所接受，为虚拟激励法在工程中的应用起到了推动作用。

(4) 基于 APDL 的 ANSYS 的二次开发能够实现多维多点虚拟激励的相干效应的计算且能达到非常高的精度，满足工程要求。

第3章　绝对位移求解多维多点地震激励下结构的非平稳随机响应

3.1　非平稳随机响应的虚拟激励法基本原理

考虑 m 个地面支撑以及结构 n 个自由度，运动方程可写为[69]

$$\begin{bmatrix} M_{ss} & M_{sb} \\ M_{bs} & M_{bb} \end{bmatrix} \begin{Bmatrix} \ddot{X}_s \\ \ddot{X}_b \end{Bmatrix} + \begin{bmatrix} C_{ss} & C_{sb} \\ C_{bs} & C_{bb} \end{bmatrix} \begin{Bmatrix} \dot{X}_s \\ \dot{X}_b \end{Bmatrix} + \begin{bmatrix} K_{ss} & K_{sb} \\ K_{bs} & K_{bb} \end{bmatrix} \begin{Bmatrix} X_s \\ X_b \end{Bmatrix} = \begin{Bmatrix} 0 \\ P_b \end{Bmatrix} \tag{3-1}$$

式(3-1)中考虑地震动的平动激励，即两个水平方向分量和一个竖直方向分量。式中，$X_b = \{x_1, x_2, \cdots, x_{3m}\}^{\mathrm{T}}$ 为支撑处地面的强迫位移；$X_s = \{x_1, x_2, \cdots, x_{3n}\}^{\mathrm{T}}$ 为所有节点位移；$P_b = \{p_1, p_2, \cdots, p_{3m}\}^{\mathrm{T}}$ 为作用在支撑点处的地震力；M、C 和 K 分别为质量矩阵、阻尼矩阵和刚度矩阵；下标 b 和 s 分别表示结构支撑和非支撑自由度。

将绝对位移 X_s 分解为拟静力位移 Y_s 和相对动力位移 Y_r 的和：

$$\begin{Bmatrix} X_s \\ X_b \end{Bmatrix} = \begin{Bmatrix} Y_s \\ X_b \end{Bmatrix} + \begin{Bmatrix} Y_r \\ 0 \end{Bmatrix} \tag{3-2}$$

拟静力位移满足下列方程：

$$\begin{bmatrix} K_{ss} & K_{sb} \\ K_{bs} & K_{bb} \end{bmatrix} \begin{Bmatrix} Y_s \\ X_b \end{Bmatrix} = \begin{Bmatrix} 0 \\ P_b \end{Bmatrix} \tag{3-3}$$

因此

$$\{Y_s\} = -[K_s]^{-1}[K_{sb}]\{X_b\} = [F]\{X_b\} \tag{3-4}$$

式中

$$[F] = -[K_s]^{-1}[K_{sb}] \tag{3-5}$$

将式(3-2)和式(3-4)代入式(3-1)得

$$\begin{aligned} [M_{ss}]\{\ddot{Y}_r\} + [C_{ss}]\{\dot{Y}_r\} + [K_{ss}]\{Y_r\} = {} & [M_{ss}][K_{ss}]^{-1}[K_{sb}]\{\ddot{X}_b\} \\ & + ([C_{ss}][K_{ss}]^{-1}[K_{sb}] - [C_{sb}])\{\dot{X}_b\} \end{aligned} \tag{3-6}$$

据文献[55]，和惯性项 $[M_{ss}][K_{ss}]^{-1}[K_{sb}]\{\ddot{X}_b\}$ 对响应的贡献相比，速度项 $([C_{ss}][K_{ss}]^{-1}[K_{sb}] - [C_{sb}])\{\dot{X}_b\}$ 可以忽略，则式(3-6)可简化为

$$[M_{ss}]\{\ddot{Y}_r\}+[C_{ss}]\{\dot{Y}_r\}+[K_{ss}]\{Y_r\}=[M_{ss}][K_{ss}]^{-1}[K_{sb}]\{\ddot{X}_b\}=[F]\{\ddot{X}_b\} \tag{3-7}$$

由式(3-4)、式(3-7)分别计算得出拟静力位移和相对动力位移后代入式(3-2)就可得到结构总位移。

在复杂结构多点多维随机地震反应中，对于 m 个地面支撑的三维离散线性复杂结构，在地震波传播方向上的地面加速度可表示为 $3m$ 维列向量：

$$\{\ddot{X}_b\}=\{\ddot{u}_{1x},\ddot{u}_{1y},\ddot{u}_{1z},\ddot{u}_{2x},\ddot{u}_{2y},\ddot{u}_{2z},\cdots,\ddot{u}_{mx},\ddot{u}_{my},\ddot{u}_{mz}\}^{\mathrm{T}} \tag{3-8}$$

对于均匀调制非平稳激励，地面支撑处的加速度可表示为

$$\ddot{X}_b(t)=G(t)\cdot\{\ddot{U}_b(t)\} \tag{3-9}$$

式中，$\{\ddot{U}_b(t)\}$ 为平稳随机过程向量；$G(t)$ 为确定性的时间调制函数，且

$$G(t)=\mathrm{diag}[G_{1x}(t),G_{1y}(t),G_{1z}(t),G_{2x}(t),G_{2y}(t),G_{2z}(t),\cdots,G_{mx}(t),G_{my}(t),G_{mz}(t)] \tag{3-10}$$

实际计算时，均假定各向地震动时间调谐函数一致，即

$$G_{mx}(t)=G_{my}(t)=G_{mz}(t)=G_g(t) \tag{3-11}$$

考虑空间变化效应的地震动在本质上是随机的，因此可用地面各点加速度的功率谱密度函数矩阵(3-12)来表示：

$$[S(\mathrm{i}\omega)]=\begin{bmatrix} S_{11}(\mathrm{i}\omega) & S_{12}(\mathrm{i}\omega) & S_{13}(\mathrm{i}\omega) & \cdots & S_{1m}(\mathrm{i}\omega) \\ S_{21}(\mathrm{i}\omega) & S_{22}(\mathrm{i}\omega) & S_{23}(\mathrm{i}\omega) & \cdots & S_{2m}(\mathrm{i}\omega) \\ S_{31}(\mathrm{i}\omega) & S_{32}(\mathrm{i}\omega) & S_{33}(\mathrm{i}\omega) & \cdots & S_{3m}(\mathrm{i}\omega) \\ \vdots & \vdots & \vdots & & \vdots \\ S_{m1}(\mathrm{i}\omega) & S_{m2}(\mathrm{i}\omega) & S_{m3}(\mathrm{i}\omega) & \cdots & S_{mm}(\mathrm{i}\omega) \end{bmatrix} \tag{3-12}$$

其中，$S_{mm}(\mathrm{i}\omega)$ 为支撑处自功率谱密度函数；$S_{kl}(\mathrm{i}\omega)$ 为支撑间互功率谱密度函数，表示为

$$S_{kl}(\mathrm{i}\omega)=\rho_{kl}(\mathrm{i}\omega)\sqrt{S_{kk}(\omega)S_{ll}(\omega)} \tag{3-13}$$

$S_{kk}(\omega)$ 和 $S_{ll}(\omega)$ 分别为 k 和 l 的自功率谱密度函数，表征支座 k 和 l 的局部场地效应；$\rho_{kl}(\mathrm{i}\omega)$ 为相干函数，其表达式为

$$\rho_{kl}(\mathrm{i}\omega)=|\rho_{kl}(\mathrm{i}\omega)|\exp(-\mathrm{i}\omega d_{kl}^L/\upsilon_{\mathrm{app}}) \tag{3-14}$$

其中，$|\rho_{kl}(\mathrm{i}\omega)|$ 为相干函数 $\rho_{kl}(\mathrm{i}\omega)$ 的模，反映部分相干效应；$\exp(-\mathrm{i}\omega d_{kl}^L/\upsilon_{\mathrm{app}})$ 为 $\rho_{kl}(\mathrm{i}\omega)$ 的幅角，体现行波效应的影响；d_{kl}^L 为支撑 k 和 l 之间的水平距离沿波传播方向的投影；υ_{app} 为地震波视波速。

式(3-12)为一维多点激励功率谱密度函数矩阵，当考虑多维多点同时激励时需将式(3-12)中任意一点功率谱密度矩阵按式(3-15)扩展：

$$S_{kl}(\mathrm{i}\omega)=\begin{bmatrix} S_{klxx} & S_{klxy} & S_{klxz} \\ S_{klyx} & S_{klyy} & S_{klyz} \\ S_{klzx} & S_{klzy} & S_{klzz} \end{bmatrix} \tag{3-15}$$

其中，x、y 为水平方向分量，z 为竖直方向分量，根据文献[36]的研究，水平方向分量各自功率谱密度相同且完全相关，即

$$S_{xx}(\mathrm{i}\omega)=S_{yy}(\mathrm{i}\omega)=S_{xy}(\mathrm{i}\omega)=S_{yx}(\mathrm{i}\omega) \tag{3-16}$$

水平方向与竖直方向分量的互功率谱按式(3-17)计算：

$$S_{xz}(\mathrm{i}\omega)=S_{yz}(\mathrm{i}\omega)=0.6\sqrt{S_{xx}(\mathrm{i}\omega)S_{zz}(\mathrm{i}\omega)}=0.6\sqrt{S_{yy}(\mathrm{i}\omega)S_{zz}(\mathrm{i}\omega)} \tag{3-17}$$

根据式(3-15)～式(3-17)可将式(3-12)由原来的 $m\times m$ 扩展成 $3m\times 3m$ 的多维多点随机地震动场功率谱密度函数矩阵 $S_0(\mathrm{i}\omega)$。

将 $3m\times 3m$ 矩阵 $S_0(\mathrm{i}\omega)$ 分解成 $S_0(\mathrm{i}\omega)=P^*P^{\mathrm{T}}$ 的形式，其中 P 为 $3m\times r$ 矩阵，r 为矩阵 $S_0(\mathrm{i}\omega)$ 的秩；上标“*”表示矩阵的共轭；上标“T”表示矩阵的转置。

$$S_0(\omega)=P^*P^{\mathrm{T}}=S(\omega)[G(t)][V]^*\{q_0\}\{q_0\}^{\mathrm{T}}[V]^{\mathrm{T}}[G(t)]^{\mathrm{T}} \tag{3-18}$$

其中

$$[V]=\mathrm{diag}[\mathrm{e}^{-\omega T_{1x}}\ \mathrm{e}^{-\omega T_{1y}}\ \mathrm{e}^{-\omega T_{1z}}\ \mathrm{e}^{-\omega T_{2x}}\ \mathrm{e}^{-\omega T_{2y}}\ \mathrm{e}^{-\omega T_{2z}}\cdots\mathrm{e}^{-\omega T_{mx}}\ \mathrm{e}^{-\omega T_{my}}\ \mathrm{e}^{-\omega T_{mz}}] \tag{3-19}$$

$$[R]=\{q_0\}\{q_0\}^{\mathrm{T}}=\begin{bmatrix}1 & |\rho_{12}| & \cdots & |\rho_{1N}|\\ |\rho_{21}| & 1 & \cdots & |\rho_{2N}|\\ \vdots & \vdots & & \vdots\\ |\rho_{N1}| & |\rho_{N2}| & \cdots & 1\end{bmatrix} \tag{3-20}$$

$N=3m$，$[R]$ 一般为正定或半正定对称矩阵。

完全相干时，$[R]$ 为所有元素为 1 的方阵，虚拟激励荷载为

$$P=[G(t)][V]\{q_0\}\sqrt{S(\omega)}\mathrm{e}^{\mathrm{i}\omega t} \tag{3-21}$$

部分相干时，虚拟激励荷载为

$$P=[G(t)][V]\{\varphi\}_j\sqrt{\alpha_j S(\omega)}\mathrm{e}^{\mathrm{i}\omega t} \tag{3-22}$$

其中，$[R]$ 的秩大于 1，将 $[R]$ 分解为所有非零特征值 α_j 及相应的归一化特征向量 $\{\varphi\}_j(j=1,2,\cdots,r,\quad r\leqslant 3m)$，它们满足：

$$[R]\{\varphi\}_j=\alpha_j\{\varphi\}_j,\quad \{\varphi\}_j^{\mathrm{T}}\{\varphi\}_j^*=\delta_{ij},\quad j=1,2,\cdots,r \tag{3-23}$$

则 $[R]$ 可表示为

$$[R]=\sum_{j=1}^{r}\alpha_j\{\varphi\}_j^*\{\varphi\}_j^{\mathrm{T}} \tag{3-24}$$

虚拟激励构造完成后，将式(3-21)或式(3-22)代入式(3-7)可得

$$\left\{\ddot{\tilde{X}}_b(\omega,t)\right\}=P \tag{3-25}$$

由式(3-25)可得虚拟地面位移为

$$\left\{\tilde{X}_b(\omega,t)\right\}=-\frac{1}{\omega^2}\cdot\left\{\ddot{\tilde{X}}_b(\omega,t)\right\}=-\frac{1}{\omega^2}\cdot P \tag{3-26}$$

将式(3-26)代入式(3-4)可得拟静力位移虚拟响应为

$$\{\tilde{Y}_s\}=[F]\{\tilde{X}_b\} \tag{3-27}$$

将式(3-25)代入式(3-7)计算可得每一个频率点下相对动力位移的虚拟响应为

$$\tilde{Y}_r(\omega,t)=\sum_{j=1}^{r}\tilde{y}_j=\sum_{j=1}^{r}\sqrt{\alpha_j S(\omega)}I_j(t) \tag{3-28}$$

式中

$$I_j(t)=\int_0^t h(t-\tau)G(\tau)V\{\varphi\}_j\mathrm{e}^{\mathrm{i}\omega t}\mathrm{d}\tau \tag{3-29}$$

位移响应功率谱密度函数为

$$S_{X_sX_s}(\omega,t)=\left[\tilde{Y}_s(\omega,t)+\tilde{Y}_r(\omega,t)\right]^*\left[\tilde{Y}_s(\omega,t)+\tilde{Y}_r(\omega,t)\right]^{\mathrm{T}} \tag{3-30}$$

由式(3-26)、式(3-28)推导可知，传统虚拟激励法将非平稳随机响应的功率谱密度函数的计算转化为(虚拟)确定性外荷载作用下的瞬态动力响应分析。在数值计算时，需将绝对位移分解为拟静力位移项和相对动力位移项，拟静力位移和相对动力位移的求解都要求解静力影响矩阵[F]，且涉及矩阵求逆，影响计算效率。由于现有通用有限元软件中没有现成的虚拟激励法计算模块，工程人员需要投入大量的时间和精力在程序的编程和计算上，从而延缓了先进的虚拟激励法在实际工程中的应用。

3.2 多维多点非平稳虚拟激励法在 ANSYS 中的实现理论及方法

3.2.1 非平稳虚拟激励法在 ANSYS 中的实现理论

将式(3-1)按第二项展开可得

$$M_{bs}\cdot\ddot{X}_s+M_{bb}\cdot\ddot{X}_b+C_{bs}\cdot\dot{X}_s+C_{bb}\cdot\dot{X}_b+K_{bs}\cdot X_s+K_{bb}\cdot X_b=P_b \tag{3-31}$$

又因支撑地震力等于支撑质量与地面加速度的乘积，即 $P_b=M_{bb}\cdot\ddot{u}_b$，则式(3-31)可写为

$$M_{bs}\cdot\ddot{X}_s+M_{bb}\cdot\ddot{X}_b+C_{bs}\cdot\dot{X}_s+C_{bb}\cdot\dot{X}_b+K_{bs}\cdot X_s+K_{bb}\cdot X_b=M_{bb}\cdot\ddot{u}_b \tag{3-32}$$

式(3-32)两边乘以 M_{bb}^{-1} 可得

$$M_{bb}^{-1}\cdot(M_{bs}\cdot\ddot{X}_s+M_{bb}\cdot\ddot{X}_b+C_{bs}\cdot\dot{X}_s+C_{bb}\cdot\dot{X}_b+K_{bs}\cdot X_s+K_{bb}\cdot X_b)=M_{bb}^{-1}\cdot M_{bb}\cdot\ddot{u}_b \tag{3-33}$$

当 $M_{bb}^{-1}\to 0$ 时，$M_{bb}^{-1}\cdot M_{bs}$、$M_{bb}^{-1}\cdot C_{bs}$、$M_{bb}^{-1}\cdot C_{bb}$、$M_{bb}^{-1}\cdot K_{bs}$、$M_{bb}^{-1}\cdot K_{bb}$ 均为零，得

$$\ddot{X}_b=\ddot{u}_b \tag{3-34}$$

由此可知，只要支撑质量矩阵 M_{bb} 足够大，即在结构总体质量矩阵中支撑质量矩阵处置入一个足够大的数，就能保证支撑处的地面加速度与支撑地震响应加速度相等，从而使得式(3-1)的求解容易许多，即在结构支撑处施加大质量块(结

构质量的 10^5～10^8 倍)，可方便、快捷地实现大跨度复杂结构非平稳多维多点激励响应分析。

由式(3-34)可知，将式(3-25)的虚拟荷载直接加载到附有大质量块支撑处可方便实现荷载的输入，从而实现绝对位移直接求解运动方程，避免了求解静力影响矩阵的烦琐。

结构虚拟响应为

$$\tilde{y}_j = \sqrt{\alpha_j S(\omega)} I_j(t) \tag{3-35}$$

其中

$$I_j(t) = \int_0^t h(t-\tau) G(\tau) V\{\varphi\}_j \mathrm{e}^{\mathrm{i}\omega t} \mathrm{d}\tau \tag{3-36}$$

位移功率谱密度函数为

$$S_{X_s X_s}(\omega, t) = \sum_{j=1}^{r} \tilde{y}_j^* \tilde{y}_j^{\mathrm{T}} = \sum_{j=1}^{r} I_j^* I_j^{\mathrm{T}} \alpha_j S(\omega) \tag{3-37}$$

3.2.2　非平稳虚拟激励法在 ANSYS 中的实现方法

对于复杂结构，其自由度相当多，这使得传统虚拟激励荷载加载和求解非常耗时，更不用说多维多点非平稳激励分析了。如果还需自己编写程序计算，那么虚拟激励法很难在实际工程中进行推广应用。根据上述理论推导，在各支撑处附加大质量块后，只需在大质量块三个方向(两个水平方向和一个竖直方向)上施加虚拟激励荷载就可实现非平稳多维多点虚拟激励。通过该方法，虚拟激励荷载的输入从传统的 $3(m+n)$ 次降为 $3m$ 次(一般情况下 m 远小于 n)，使得计算的输入得到简化。从理论和工程应用上对虚拟激励法在复杂结构非平稳多维多点分析中进行拓展，在 ANSYS 中实现多维多点虚拟激励法的流程如图 3-1 所示。

根据上述理论推导，非平稳多维多点虚拟激励法在 ANSYS 中的快速模拟步骤如下[71]：

(1)建立结构有限元模型，并在结构 m 个地面支撑处置大质量块。分别在 m 个支撑处利用 MASS21 单元各置大质量块 M_b，使其在平动方向都有质量效应，并约束各支撑的其他转动自由度。

(2)选择地面支撑处 3 个激励方向上的随机地震模型和调制函数。据文献[14]研究，各支撑处自功率谱密度形式相同，纵向、横向和竖向谱强度因子按 1∶0.7225∶0.4225 取值。

(3)选择相干函数模型，确定相同支撑和不同支撑各分量的相干性取值。据文献[14]研究，相同支撑处，水平方向为完全相干，水平方向与竖直方向相干值取 0.6。不同支撑，相同分量采用相干函数描述，不同分量取值范围为 0.2～0.6。

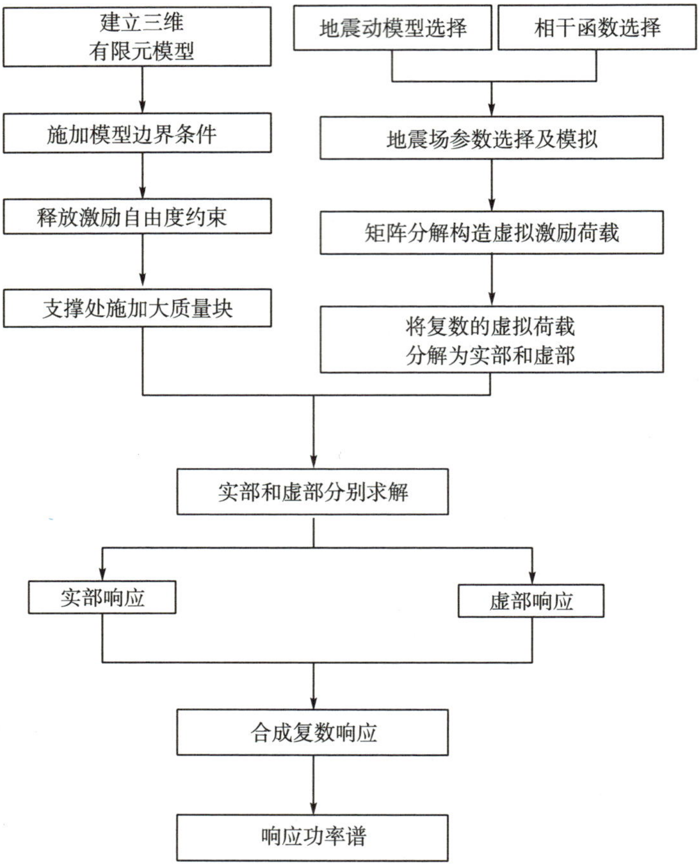

图 3-1　实现非平稳虚拟激励流程图

(4) 将 $3m\times3m$ 矩阵 S_0 在每一个频率点 ω_i 进行 LDL^{T} 分解，确定多维多点虚拟激励荷载并进行加载。选择合适的频率范围[$\omega_{\min}$，$\omega_{\max}$]，确定频率步长 $\Delta\omega$，$\omega_1=\omega_{\min}+i\times\Delta\omega$，$i$=0,1,2,…,$N$。在每个频率点 ω_i 进行矩阵分解，实现式(3-18)。激励荷载为 $P_b=[G(t)][V]\{\varphi\}_j\sqrt{\alpha_j S(\omega)}\mathrm{e}^{\mathrm{i}\omega t}$，构造虚拟力荷载 $F=M_b\times P_b=M_b\times[G(t)][V]\{\varphi\}_j\sqrt{\alpha_j S(\omega)}\mathrm{e}^{\mathrm{i}\omega t}$，每一频率点分解后的矩阵维数为 $3m\times3m$，与频率点的个数 N 正好组成 $3m\times3m\times N$ 三维数组。按列加载计算，即计算每一列虚拟荷载在频率范围[$\omega_{\min}$, $\omega_{\max}$]上的虚拟响应，然后将 $3m$ 列计算的响应按幅值叠加起来就得到结构的虚拟响应，这样就实现了考虑部分相干效应的多维多点虚拟激励。

(5) ANSYS 瞬态分析模块求解结构虚拟响应。通过 ANSYS 瞬态分析模块，分别进行复荷载实部、虚部在每一个频率点 ω_i 时地震持续时间内的时程分析，然后将每一个频率点处 $3m$ 次计算结果分别叠加，即可得到结构以复数形式表示的响应 y。

(6) 计算时变功率谱密度函数。将复数形式表示的响应 y 求模后平方，就得到结构时变功率谱函数。

(7) 根据随机振动理论计算各阶谱矩阵、响应均值和方差等概率特征，也可以根据响应的各阶谱矩阵估计结构地震响应峰值。

3.3　ANSYS 非平稳计算方法验证

3.3.1　单自由度系统一维验证

为了验证 ANSYS 计算多维多点非平稳虚拟激励的准确性和计算精度，先以 Caughey 给出的单自由度体系受白噪声激励响应的解析解来检验 ANSYS 计算非平稳虚拟激励响应的计算精度。

该问题的数学表达式为[72]

$$\ddot{y}+2\xi\omega_0\ddot{y}+\omega_0^2 y=f(x)=g(t)x(t) \tag{3-38}$$

$$y(0)=\dot{y}(0)=0 \tag{3-39}$$

$$g(t)=\begin{cases}1, & t\geqslant 0\\ 0, & t<0\end{cases} \tag{3-40}$$

Caughey 给出的时变响应功率谱解析解和运用虚拟激励法求解得到的结果一致，且前者解析解表达烦琐，故这里用虚拟激励法表示，即

$$S_{yy}(\omega,t)=|H|^2\left\{\left[\exp(-\varepsilon t)\left(\frac{\varepsilon}{\omega_\varepsilon}\sin(\omega_\varepsilon t)+\cos(\omega_\varepsilon t)\right)-\cos(\omega t)\right]^2+\left[\exp(-\varepsilon t)\left(\frac{\omega}{\omega_\varepsilon}\sin(\omega_\varepsilon t)\right)-\sin(\omega t)\right]^2\right\}S_{xx}(\omega) \tag{3-41}$$

其中，$H=(\omega_0^2-\omega^2+2\mathrm{i}\xi\omega_0\omega)^{-1}$，$\varepsilon=\xi\omega_0$，$\omega_\varepsilon=\omega_0\sqrt{1-\xi^2}$。参数取值 $m=1.0$、$k=1.0$、$\xi=0.05$ 时，取 $\omega=0.5,1.5,15(\mathrm{rad/s})$，响应时变功率谱曲线如图 3-2～图 3-4 所示。

由图 3-2～图 3-4 分析可知，本节利用 ANSYS 二次开发后计算结果与 Caughey 所给出的理论解基本一致，故本节所提方法在准确性和计算精度上能满足工程应用要求。计算误差的主要来源在于 ANSYS 计算时，结构阻尼采用的瑞利阻尼是由阻尼比(0.05)换算而来，由选择感兴趣频率范围不一致而造成。

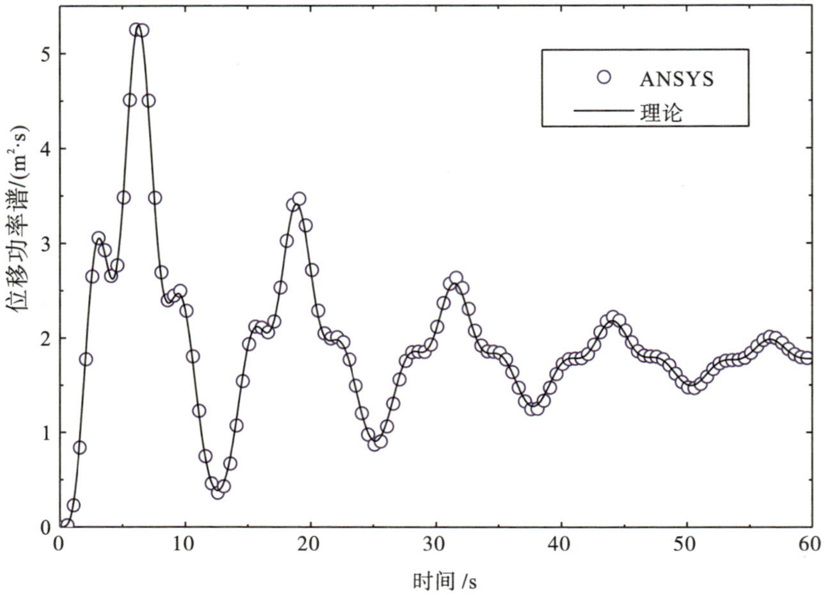

图 3-2 位移响应功率谱(ω=0.5rad/s)

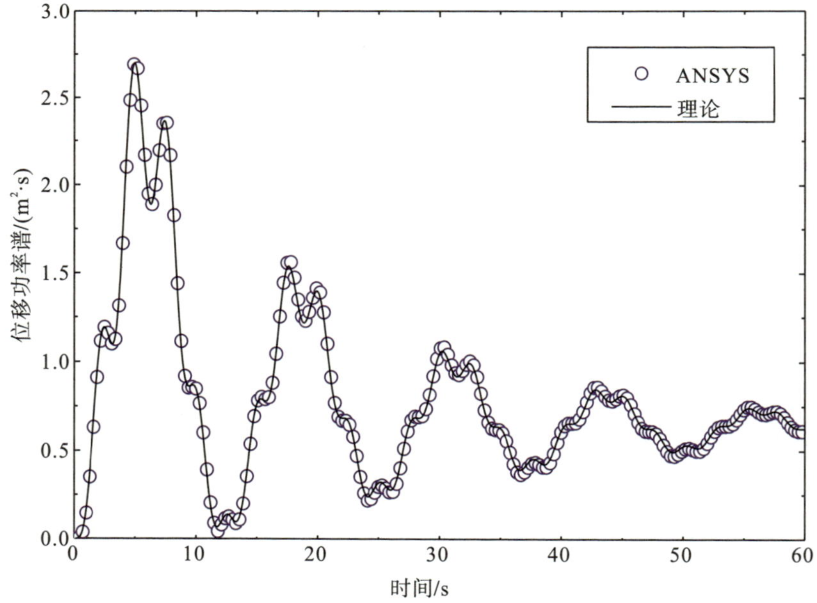

图 3-3 位移响应功率谱(ω=1.5rad/s)

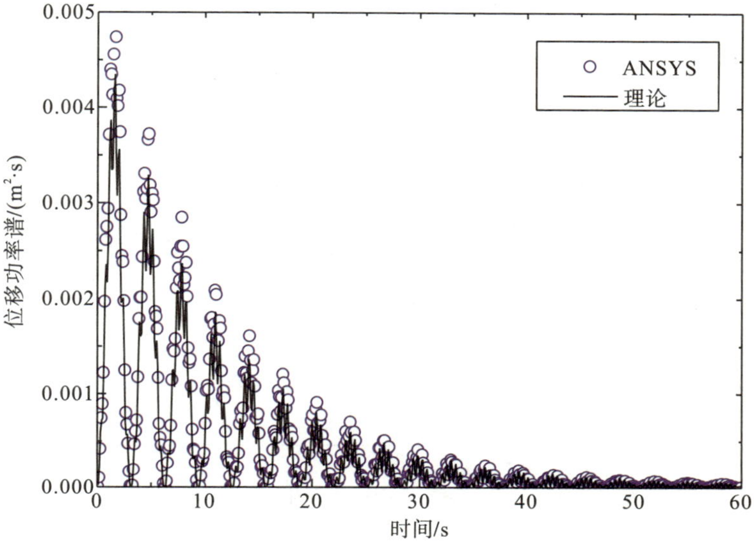

图 3-4　位移响应功率谱(ω=15rad/s)

图 3-2～图 3-4 只取了部分激励频率下的时变功率谱响应的对比，下面将进一步比较 ANSYS 求解和理论解在所有激励频率点下的时变功率谱和时变均方根对比，如图 3-5～图 3-7 所示。

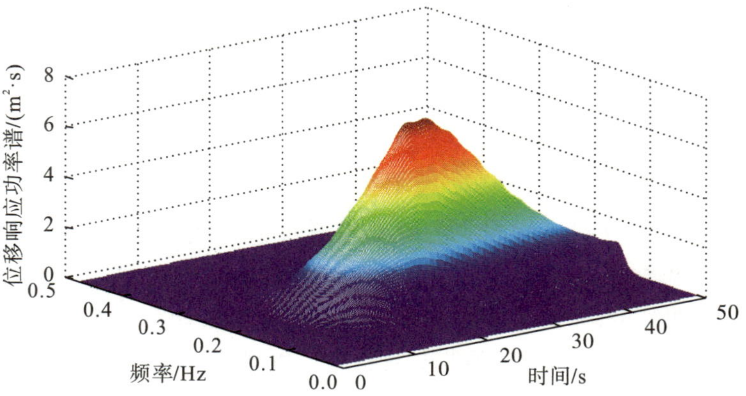

图 3-5　ANSYS 位移响应功率谱

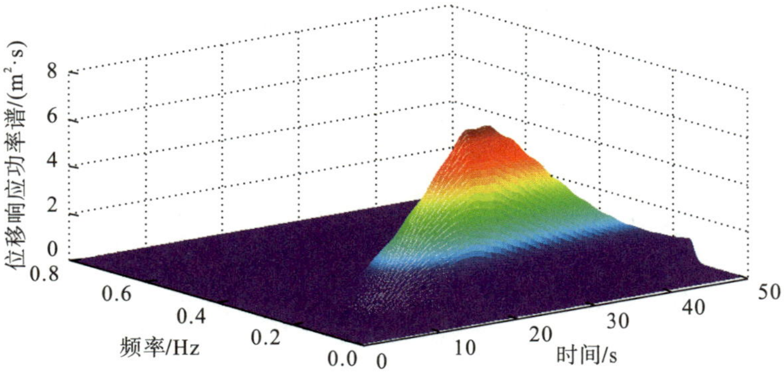

图 3-6 理论位移响应功率谱

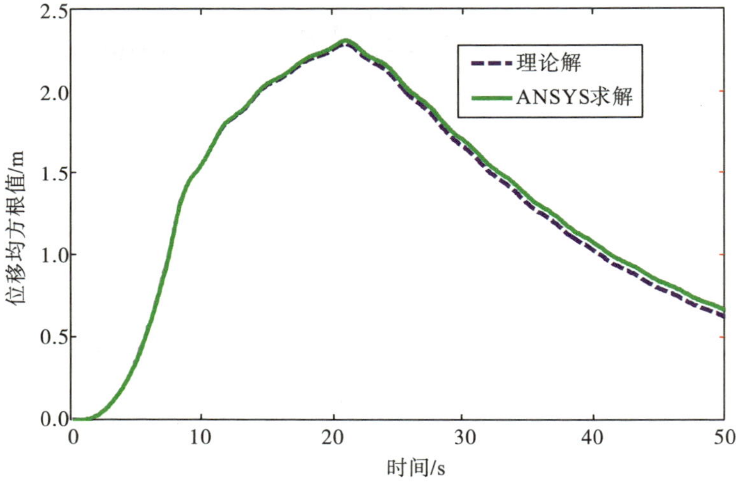

图 3-7 时变均方根对比

由图 3-5 和图 3-6 可知，ANSYS 计算的三维功率谱和理论解一致，沿每一个频率点积分后，就得到位移响应的时变均方根值如图 3-7 所示，由图可知，ANSYS 计算结果与理论解吻合得较好，进一步证明了该方法的正确性和精确性。

关于非平稳随机地震激励下单自由度结构动力响应计算，涉及 ANSYS 的关键 APDL 命令以及 MATLAB 数据处理程序。以单自由度结构在非平稳地震激励下的响应为例，涉及的程序分为两部分：第一部分为 MATLAB 程序采用杜阿梅尔积分求解单自由度结构受均匀调制非平稳激励的响应，即为理论解(式(3-38))；第二部分为 ANSYS 求解单自由度结构在均匀调制非平稳激励下响应的虚拟激励法以及 MATLAB 数据处理程序。

第一部分　理论解 MATLAB 程序

```
%----------------杜阿梅尔积分求响应函数-------------------
%----------- 验证 ANSYS 虚拟激励法的求解结果 ---------------
%-------------------- 结构参数确定 -----------------------
k=1;           %---------结构刚度
m=1;           %---------结构质量
%*********************************************
dampr=0.05;             %---------阻尼比
Wstar=0.1;              %---------开始频率
Wend=5;                 %---------结束频率
Wincr=0.01;             %---------频率步长
%*********************************************
%-------------------- 地震时间参数 -----------------------
Tstar=0.1;              %---------地震开始时间
Tend=50;                %---------地震结束时间
Tincr=0.1;              %---------地震时间步长
%*********************************************
%------------------- 定义功率谱矩阵 ----------------------
Mm=length(Tstar: Tincr: Tend);
Mn=length(Wstar: Wincr: Wend);
Sy=zeros(Mm, Mn);
%------------------ 均匀调制函数参数 ---------------------
t1=7.1;
t2=19.5;
c=0.16;
%*********************************************
ii=1;
UU=[];
SSW=[];
for W=Wstar: Wincr: Wend
W
%------ Clough 和 Penzien 修正 Kanai-Tajimi 模型 ----------
Wg=15;                  %----------场地特征频率
Eg=0.6;                 %----------场地阻尼比
```

```
Wf=1.5;                    %---------控制低频含量参数
Ef=0.6;
S0=1;                      %---------谱强度因子
W1=1+4*((Eg)^2)*(W/Wg)^2;
W2=(1-(W/Wg)^2)^2+4*((Eg)^2)*(W/Wg)^2;
W3=W^4;
W4=(W^2-Wf^2)^2+4*((Ef)^2)*(W^2)*(Wf)^2;
SS=(W1/W2)*(W3/W4)*S0;
UU=[UU, SS];
% ----------------------------------------------------
wn=sqrt(k/m);
wd=wn*sqrt(1-(dampr)^2);
ti=1;
lstep=0.01;  %----------杜阿梅尔积分循环积分步长
SSt=[];
  for t=Tstar: Tincr: Tend
      I=0;
      for tt=0: lstep: t   %----杜阿梅尔积分循环
          if tt<=t1
               g=(tt/t1)^2;
          elseif tt<=t2
             g=1;
          else
             g=exp(-c*(tt-t2));
          end
          h=1/(m*wd)*exp(-(dampr*wn)*(t-tt))*sin(wd*(t-tt));
          II=h*g*exp(i*W*tt)*lstep;
          I=I+II;
      end
      SSt=[SSt, SS*conj(I)*I]; %---每一个频率点下的一个时变功率谱
  end
  SSW=[SSW, SSt'];
end
% --------------------时变功率谱 -----------------------
t=Tstar: Tincr: Tend;
W=Wstar: Wincr: Wend;
```

```
[tt，ww]=meshgrid(t，W);
figure
%mesh(tt'，ww'，SS)
%hold on
mesh(tt'，ww'，abs(SSW))
%surf(tt'，ww'，SS)
xlabel('时间/s')
ylabel('频率/Hz')
zlabel('功率谱(S)')
%-------------------- 计算时变方差 -----------------------
[m n]=size(SSW);
msv=[];
for mm=1: m
msvv=2*sqrt(trapz(W，abs(SSW(mm，：))))；%msvv=sqrt(2*
trapz(W，abs(SSW(mm，：))))
msv=[msv，msvv];
end
plot(t，msv)
```

第二部分 ANSYS 求解程序及 MATLAB 数据处理程序

```
!---------- 大质量法探索(书中例子)经典例子命令--------------
FINISH
/CLEAR
/CONFIG，NRES，200000
/FILNAME，NONSTATIONARITY，1
/CLEAR
SM=1
LM=1e5      !-----------------------------大质量
AREA=1
IZZ=1
IYY=1
IXX=1
/PREP7
ET，1，BEAM4
ET，2，MASS21
```

```
MP, GXY, 1, 1
MP, EX, 1, 1/3
MP, DENS, 1, 0
R, 1, AREA, IZZ, IYY, 1, , ,
RMORE, , IXX
R, 2, , SM          !---Y 向施加质量
R, 3, , LM,         !---Y 向施加质量
N, 1
N, 2, 1, 0, 0
N, 3, 0.25
N, 4, 0.75
TYPE, 1
MAT, 1
REAL, 1
E, 1, 3$E, 3, 4$E, 4, 2
TYPE, 2
REAL, 2
E, 2
REAL, 3
E, 1
allsel
gplot
FINISH
!==========================================
/SOLU
d, 1, all
DDELE, 1, UY
finish
! ------------------- 非平稳虚拟激励 ----------------------
tt=25               !-----------地震持续时间
dt=0.1              !-----------时间步长
WSTR=0.1            !-----------开始频率
WEND=3              !-----------截止频率
dw=0.01             !-----------频率步长
*DIM, WW, , WEND/dw
*DIM, GG, , tt/dt
```

```
*DO，W，WSTR，WEND，dw    !------------激励控制
!--------------------时程分析-------------------------
/SOLU
ANTYPE，TRANS
TRNOPT，FULL              !---指定为完全瞬态分析
DELTIM，dt，dt/10，dt*10
ALPHAD，0.0455
BETAD，0.05
OUTRES，ALL，ALL          !----------------输出基本项
TIMINT，on                !----------------打开时间积分效应
OUTRES，ALL，ALL          !----------------输出所有项
KBC，0                    !-----设置加载方式为线性加载
!-----------------------
!--------Clough 和 Penzien 修正 Kanai-Tajimi 模型----------
Wg=15               !场地特征频率
Eg=0.6              !场地阻尼比
Wf=1.5              !控制低频含量参数
Ef=0.6
S0=1                !谱强度因子
W1=1+4*((Eg)**2)*(W/Wg)**2
W2=(1-(W/Wg)**2)**2+4*((Eg)**2)*(W/Wg)**2
W3=W**4
W4=(W**2-Wf**2)**2+4*((Ef)**2)*(W**2)*(Wf)**2
SS=(W1/W2)*(W3/W4)*S0
!-----------------定义和读入时程曲线-----------------
*DO，I，1，tt/dt
  t=dt*I
!-----------------均匀调制函数输入-------------------
t1=7.1
t2=19.5
cc=0.16
FF=cos(W*t)      !-------FF 表示实部和虚部，分别计算后响应求和
!FF=sin(W*t)
TIME，t
*if，t，le，t1，then
   g=(t/t1)**2
```

```
*elseif, t, gt, t1, and, t, le, t2, then
   g=1
*else
   g=exp(-cc*(t-t2))
*endif
F, 1, Fy, LM*g*sqrt(SS)*FF
solve
!-----------------------------------------
*ENDDO
FINISH
!----------------时程后处理-------------------
/POST26
NSOL, 3, 2, U, Y
NSOL, 4, 1, U, Y
/GRID, 1
PLCPLX, 0
PLVAR, 3                              !----------虚拟激励位移响应
!PROD, 4, 3, 3, , , , , 1, 1, 1       !----------变量相乘
!ABS, 5, 4
!PLVAR, 5                             !----------输出功率谱
!INT1, 6, 5,                          !----------对时间积分
!PLVAR, 6
*DIM, C3C%W%, , tt/dt
*DIM, C4C%W%, , tt/dt
VGET, C3C%W%, 3
VGET, C4C%W%, 4
*CFOPEN, C3C%W%, DAT
*VWRITE, SEQU, C3C%W%(1)
(F8.0, 3X, F10.4)
*CFCLOS
*CFOPEN, C4C%W%, DAT
*VWRITE, SEQU, C4C%W%(1)
(F8.0, 3X, F10.4)
*CFCLOS
FINISH
*ENDDO
```

MATLAB 后处理命令如下：

```
%=======================================
%----------非平稳虚拟激励(相对位移)-------------
%--------------读入实部响应值------------------
tt=25;                    %-------地震持续时间
dt=0.1;                   %-------时间步长
WSTR=0.11;                %-------激励开始频率
WEND=3;                   %-------激励截止频率
dw=0.01;                  %-------频率步长
filepath='I: \ansys\';    %-------文件夹的路径
Cdata=[];
Cdata2=[];
for ii=WSTR*(1/dw): (WEND/dw) %---(WEND/dw)读入的文件的个数
f=load([filepath 'C3C' num2str(ii*dw)'.dat']);
f=f(: , 2);
Cdata=[Cdata, f];
ff=load([filepath 'C4C' num2str(ii*dw)'.dat']);
ff=ff(: , 2);
Cdata2=[Cdata2, ff];
end
%--------------读入实部响应值------------------
tt=25;                       %----------地震持续时间
dt=0.1;                      %----------时间步长
WSTR=0.11;                   %----------激励开始频率
WEND=3;                      %----------激励截止频率
dw=0.01;                     %----------频率步长
filepath='I: \ansys\';       %----------文件夹的路径
Sdata=[];
Sdata2=[];
for ii=WSTR*(1/dw): (WEND/dw)%(WEND/dw)读入的文件的个数
f=load([filepath 'S3S' num2str(ii*dw)'.dat']);
f=f(: , 2);
Sdata=[Sdata, f];
ff=load([filepath 'S4S' num2str(ii*dw)'.dat']);
ff=ff(: , 2);
Sdata2=[Sdata2, ff];
```

```
end
%----------------虚拟响应进行组合---------------
y=(Cdata-Cdata2)+i*(Sdata-Sdata2);
Sy=conj(y).*y;
%--------------------------------------------
t=0.1: 0.1: 25;
w=0.11: 0.01: 3;
[tt, ww]=meshgrid(t, w);
figure
%mesh(tt', ww', SS)
%hold on
mesh(tt', ww', Sy)
%surf(tt', ww', SS)
xlabel('时间/s')
ylabel('频率/Hz')
zlabel('功率谱(S)')

%---------积分求时变均方值-----------
[m n]=size(Sy);
msv=[];
for mm=1: m
msvv=2*sqrt(trapz(w, Sy(mm, : )));
msv=[msv, msvv];
end
plot(t, msv)
```

3.3.2 多维多点激励分析

1. 计算模型及参数确定

对于多维多点非平稳激励的计算模型，选用和第 2 章多维多点平稳激励相同的计算模型，模型矮墩和高墩分别编号为 1、2，地震动模型及参数选择如下。

选用胡聿贤和周锡元的修正 Kanai-Tajimi 加速度随机模型：

$$S(\omega)=\frac{1+4\xi_g^2(\omega/\omega_g)^2}{\left[1-(\omega/\omega_g)^2\right]^2+4\xi_g^2(\omega/\omega_g)^2}\frac{\omega^6}{\omega^6+\omega_c^6}S_0 \tag{3-42}$$

其中，S_0 为谱强度因子；ω_g、ξ_g 分别为场地特征频率和阻尼比；ω_c 为控制低频含量参数。根据文献[36]取值，ω_g=13.96rad/s，ξ_g=0.8，ω_c=6π，S_0=7.123cm^2/s^3。

相干函数模型选用屈铁军等的实用模型[73]：

$$\left|\rho_{kl}(d,\omega)\right|=\mathrm{e}^{-a(\omega)\cdot d^{b(\omega)}} \tag{3-43}$$

其中，$a(\omega)=a_1\omega^2+a_2$，$b(\omega)=b_1\omega+b_2$，$a_1$=0.00001678，$a_2$=0.001219，$b_1$=−0.0055，$b_2$=0.7674。

调制函数模型常选用三段时间包络函数表征非平稳性，如式(3-43)所示。根据文献[74]各参数取值为 t_1=7.1，t_2=19.5，c=0.16。

$$g(t)=\begin{cases}(t/t_1)^2, & 0\leqslant t\leqslant t_1\\ 1, & t_1<t\leqslant t_2\\ \mathrm{e}^{-c(t-t_2)}, & t>t_2\end{cases} \tag{3-44}$$

2. 计算结果及分析

根据结构自振频率，确定激励频率积分区间为 $\omega\in[0,50]$rad/s，步长为 0.1rad/s，阻尼比取 0.05。在此列出多维多点非平稳激励完全相干效应情况下地震响应，如图 3-8～图 3-12 所示。

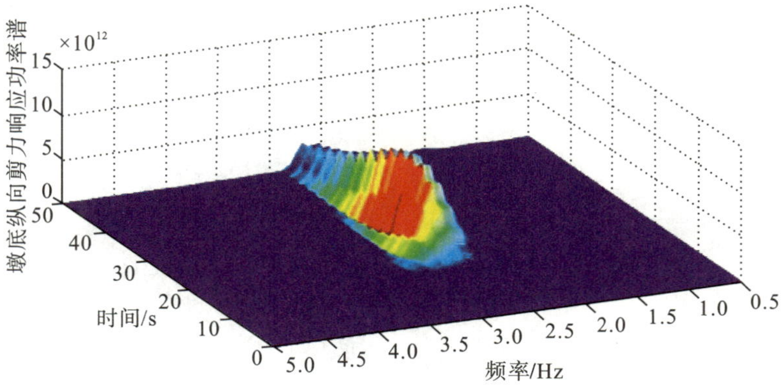

图 3-8　1 号墩底纵向剪力响应功率谱

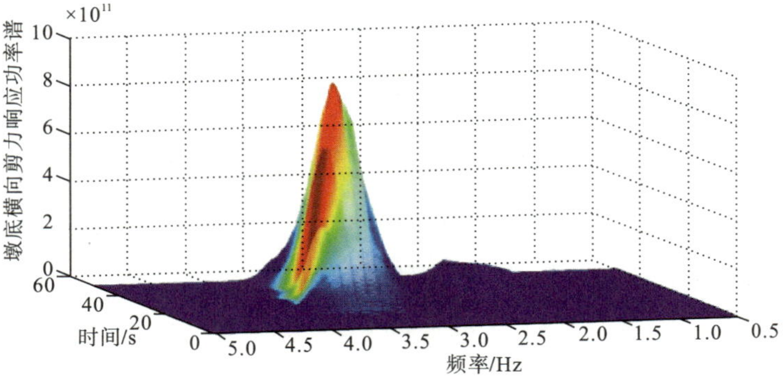

图 3-9　1 号墩底横向剪力响应功率谱

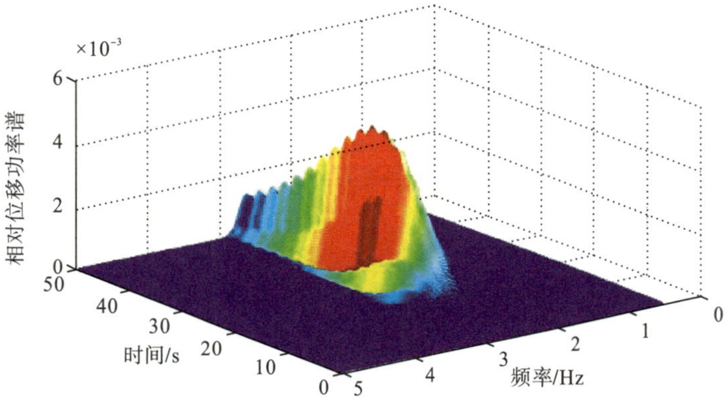

图 3-10　2 号墩顶相对位移响应功率谱

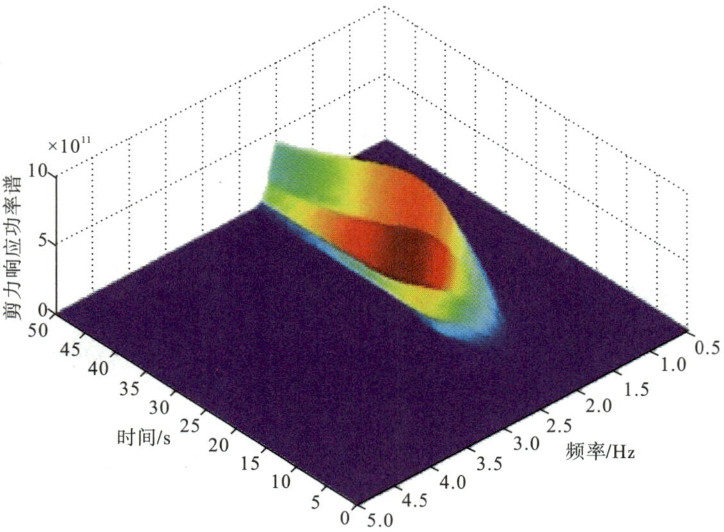

图 3-11　2 号墩顶剪力响应功率谱

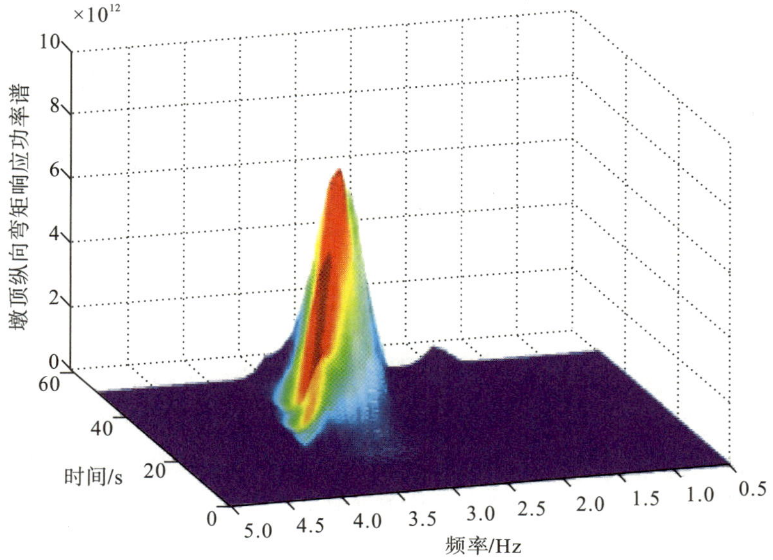

图 3-12　2 号墩顶弯矩响应功率谱

由图 3-8～图 3-12 可以看出每一个固定激励频率点处的响应随时间变化的三维图形，且体现了响应的非平稳性。将非平稳激励转换为一系列确定性外力作用下运动方程的瞬态解，提高了随机振动响应的计算效率，避免了求解静力影响矩阵的烦琐，高效地将多维多点非平稳虚拟激励法与通用有限元软件结合，在考虑地震动非平稳特性的基础上，还节约了自编程序的时间。

3.4　结　　论

通过理论分析及数值模拟计算，可得如下结论：

(1) 相比于传统的多维多点虚拟激励法，本章采用的方法避免了将绝对位移分解为拟静力位移项和相对动力位移项，从而避免了求解静力影响矩阵，在保证计算精度的前提下，提高了求解效率。将传统虚拟激励法的虚拟荷载项由 $3(m+n)$ 次降为只由支撑处加载的 $3m$ 次（一般情况下 m 远小于 n）使得计算的输入得到简化，能更高效地实现多自由度大跨度结构多维多点非平稳虚拟激励荷载在通用有限元软件中的输入与分析，不需要编制专门的计算程序。

(2) 选择合适的时间和频率积分步长，运用 ANSYS 二次开发计算非平稳随机振动有足够的计算精度，误差在工程实践接受的范围以内。

(3) 运用本章的方法可直接考虑支撑处的场地效应和支撑间的相干效应、行波效应等，与传统的虚拟激励法是等效的。

第 4 章　空间变化场地效应对高墩桥梁非平稳随机响应的影响

我国西部地区地形地貌复杂，高山峡谷多，且绝大多数位于强震影响区，随着我国西部公、铁两路路网的建设与发展，需要建设大量的山区桥梁，山区桥梁的特点是高桥墩较多，不同墩的墩高差异大。另外，西部山区地震烈度高，场地复杂，地震作用分布不均，地震对结构的破坏很大。另外，西部山区经济还相对落后，交通迂回运输能力极差，桥梁一旦受损，将对救援等产生巨大的影响，导致很大的次生经济损失。因此，针对交通生命线中重要节点的桥梁进行深入抗震研究具有重要意义[4]。

运用随机振动理论来研究空间变化的场地效应对高墩桥梁地震响应的影响是众多学者研究的热点，同时耗时的非平稳计算也成为难点。场地效应是由各支点处局部场地特性的不同而造成的，对桥梁随机振动响应影响不可忽略且是山区高墩大跨度桥梁抗震分析不可回避的问题。山区地形复杂，山高谷深，场地条件变化较大，一般桥梁采用的高墩大跨度刚构桥墩各处场地条件均不相同。同时，西南山区又位于地震高烈度区，高墩桥梁在西部交通中起着生命线工程作用，对山区高墩桥梁的精细抗震分析显得尤为重要[75]。

4.1　考虑场地效应非平稳随机响应的虚拟激励法基本原理

考虑空间变化效应的地震动在本质上是随机的，因此可用地面各点加速度的功率谱密度函数即矩阵(4-1)来表示：

$$[S(\mathrm{i}\omega)]=\begin{bmatrix} S_{11}(\mathrm{i}\omega) & S_{12}(\mathrm{i}\omega) & S_{13}(\mathrm{i}\omega) & \cdots & S_{1m}(\mathrm{i}\omega) \\ S_{21}(\mathrm{i}\omega) & S_{22}(\mathrm{i}\omega) & S_{23}(\mathrm{i}\omega) & \cdots & S_{2m}(\mathrm{i}\omega) \\ S_{31}(\mathrm{i}\omega) & S_{32}(\mathrm{i}\omega) & S_{33}(\mathrm{i}\omega) & \cdots & S_{3m}(\mathrm{i}\omega) \\ \vdots & \vdots & \vdots & & \vdots \\ S_{m1}(\mathrm{i}\omega) & S_{m2}(\mathrm{i}\omega) & S_{m3}(\mathrm{i}\omega) & \cdots & S_{mm}(\mathrm{i}\omega) \end{bmatrix} \tag{4-1}$$

其中，对角线上 $S_{mm}(\mathrm{i}\omega)$ 为支撑处自功率谱密度函数；$S_{kl}(\mathrm{i}\omega)$ 为支撑间互功率谱密度函数，表示为

$$S_{kl}(\mathrm{i}\omega)=\rho_{kl}(\mathrm{i}\omega)\sqrt{S_{kk}(\omega)S_{ll}(\omega)} \tag{4-2}$$

$S_{kk}(\omega)$ 和 $S_{ll}(\omega)$ 分别为 k 和 l 的自功率谱密度函数，表征支座 k 和 l 的局部场地效应；$\rho_{kl}(\mathrm{i}\omega)$ 为相干函数，其表达式为

$$\rho_{kl}(\mathrm{i}\omega)=\left|\rho_{kl}(\mathrm{i}\omega)\right|\exp(-\mathrm{i}\omega d_{kl}^{L}/\upsilon_{\mathrm{app}}) \tag{4-3}$$

其中，$\left|\rho_{kl}(\mathrm{i}\omega)\right|$ 为相干函数 $\rho_{kl}(\mathrm{i}\omega)$ 的模，反映部分相干效应；$\exp(-\mathrm{i}\omega d_{kl}^{L}/\upsilon_{\mathrm{app}})$ 为 $\rho_{kl}(\mathrm{i}\omega)$ 的幅角，体现行波效应的影响，d_{kl}^{L} 为支撑 k 和 l 之间的水平距离沿波传播方向的投影；υ_{app} 为地震波视波速。

式(4-1)为一维多点激励功率谱密度函数矩阵，当考虑多维多点同时激励时需将式(4-1)中任意一点功率谱密度矩阵按式(4-4)扩展：

$$S_{kl}(\mathrm{i}\omega)=\begin{bmatrix} S_{klxx} & S_{klxy} & S_{klxz} \\ S_{klyx} & S_{klyy} & S_{klyz} \\ S_{klzx} & S_{klzy} & S_{klzz} \end{bmatrix} \tag{4-4}$$

其中，S_{klxx}、S_{klyy}、S_{klzz} 为同一支撑处三个方向的自功率谱密度，不同支撑处各方向自功率谱密度函数的取值可表征各支撑处的场地条件，通过非平稳随机响应计算后就可以得到各种场地取值对结构随机响应的影响，非平稳计算具体理论参考第 3 章。

4.2　地震动模型介绍及参数确定

对于地面运动加速度的功率谱密度函数模型，国内外很多学者根据实际地震动加速度记录进行了研究，并给出了各种地面运动的功率谱密度函数模型[76-83]，如下所述。

Housner 将地震激励简化为平稳脉冲系列，同时将加速度功率谱密度函数假设为白噪声，即为定值

$$S(\omega)=S_0 \tag{4-5}$$

该模型数学概念明确，为以后模型的发展奠定了基础。

日本 Kanai 和 Tajimi 等学者提出过滤白噪声随机地震动平稳功率谱密度模型：

$$S(\omega)=\frac{1+4\xi_g^2(\omega/\omega_g)^2}{\left[1-(\omega/\omega_g)^2\right]^2+4\xi_g^2(\omega/\omega_g)^2}\cdot S_0 \tag{4-6}$$

其中，ω_g 和 ξ_g 分别为场地土的卓越角频率和阻尼比；S_0 为谱强度因子。Kanai-Tajimi 功率谱密度函数夸大了低频区地震动的能量，这对比较柔的建筑物地震反应分析会导致不合理的结果，当 $\omega=0$ 时，该模型功率谱值等于谱强度因子，而

实际地震记录谱等于零；同时，按此模型不能求出地震地面位移、速度以及加速度的导数的有限方差，当 $\omega=0$ 时，速度谱和位移谱均出现奇异点，使得地面速度和位移无解。

胡聿贤和周锡元于 1962 年提出了修正 Kanai-Tajimi 功率谱模型：

$$S(\omega)=\frac{1+4\xi_g^2(\omega/\omega_g)^2}{\left[1-(\omega/\omega_g)^2\right]^2+4\xi_g^2(\omega/\omega_g)^2}\cdot\frac{\omega^6}{\omega^6+\omega_c^6}\cdot S_0 \tag{4-7}$$

其中，S_0 为谱强度因子；ω_g、ξ_g 分别为场地特征频率和阻尼比；ω_c 为控制低频含量参数。

该模型通过引入参数 ω_c 有效地将 Kanai-Tajimi 功率谱模型低频分量进行了合理的缩减。

Ruiz 和 Penzien 于 1969 年提出了另一种修正 Kanai-Tajimi 功率谱模型：

$$S(\omega)=\frac{1+4\xi_g^2(\omega/\omega_g)^2}{\left[1-(\omega/\omega_g)^2\right]^2+4\xi_g^2(\omega/\omega_g)^2}\cdot\frac{\omega^4}{(\omega^2-\omega_f^2)^2+4\xi_f^2\omega_f^2\omega^2}\cdot S_0 \tag{4-8}$$

其中，S_0 为谱强度因子；ω_g、ξ_g 分别为场地特征频率和阻尼比；ω_f、ξ_f 为低通滤波器的两个参数，其目的是消减模型中的低频成分。

欧进萍等假定基岩加速度谱为马尔可夫有色谱，修正 Kanai-Tajimi 功率谱模型，从而反映基岩地震动的可变频率特性：

$$S(\omega)=\frac{1+4\xi_g^2(\omega/\omega_g)^2}{\left[1-(\omega/\omega_g)^2\right]^2+4\xi_g^2(\omega/\omega_g)^2}\cdot\frac{1}{1+(\omega/\omega_h)^2}\cdot S_0 \tag{4-9}$$

其中，ω_h 为反映基岩谱特性的参数，一般取值 ω_h=8πrad/s；ω_g、ξ_g、S_0 分别为场地特征频率、阻尼比、谱强度因子。

杜修力和陈厚群综合运用地震学中低频模拟方法与工程学中高频模拟方法来模拟地震动的频谱特性，该模型能较好地反映长周期地震动特性：

$$S(\omega)=\frac{1+4\xi_g^2\omega^2/\omega_g^2}{\left[1-(\omega/\omega_g)^2\right]^2+4\xi_g^2\omega^2/\omega_g^2}\cdot\frac{1}{1+(D\omega)^2}\cdot\frac{\omega^4}{(\omega^2+\omega_0^2)^2}\cdot S_0 \tag{4-10}$$

其中，$\frac{1}{1+(D\omega)^2}$ 为低通滤波器传递函数；$\frac{\omega^4}{(\omega^2+\omega_0^2)^2}$ 为高通滤波器传递函数；$\omega_0\approx 1.83\text{rad/s}$，为低频拐角频率；$D=1/(28\pi)$，为与震源有关的参数；$\xi_g$、$\omega_g$ 为场地土的卓越阻尼比和频率；S_0 为谱强度因子。

以上列出了较为典型的地震动加速度功率谱模型，一般情况下，每一个地震动加速度模型及其参数只适合描述研究该功率谱模型时所选择的地震动记录，如专门研究场地响应对结构随机响应的影响，只需按场地分类选择不同参数进行随机振动计算，这也是随机振动理论的优点所在。

4.3　高墩桥梁工程背景及参数确定

4.3.1　工程背景

本节以中国西部贵州省某高墩大跨度连续刚构桥梁为依托，其全长 466m，孔跨结构为(88+168+88)m 预应力连续刚构+(33+56+33)m 预应力混凝土连续梁，跨珠江水系北盘江支流岔河，该支流河道蜿蜒曲折，河谷深切宽缓，呈 V 字形，河中常年有水，河床宽 15～25m，水深不足 1m。两端岸坡陡坡上基岩多出露，缓坡及坡麓地带则多为第四系覆土覆盖，缓坡地带多被垦为旱地，植被不发育，坡上灌木零星散布。该桥最高墩高为 103m，最高墩编号为 2 号，其左侧墩为 1 号，右侧高墩编号依次为 3、4、5。1、2 号高墩采用空心矩形变截面形式，其他高墩均采用空心椭圆变截面形式，该桥立面图和主梁截面分别如图 4-1 和图 4-2 所示。

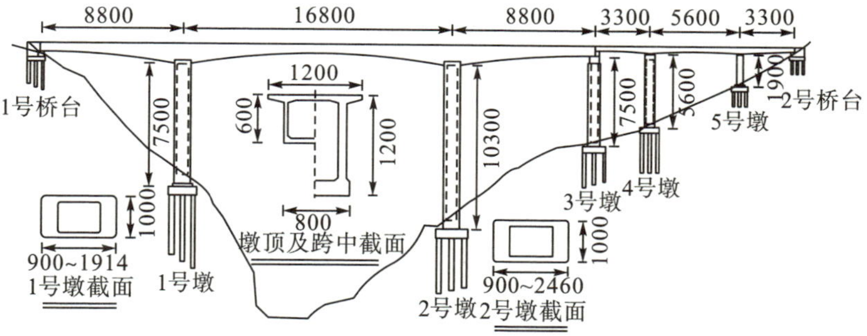

图 4-1　高墩桥梁立面图(单位：cm)

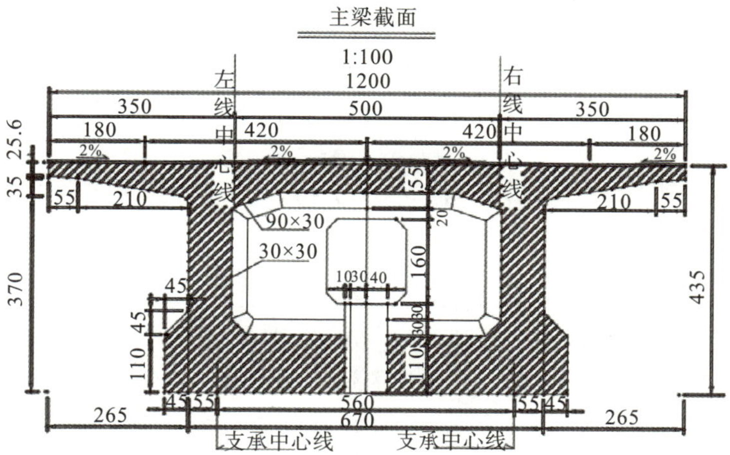

图 4-2　高墩桥梁主梁截面(单位：cm)

4.3.2 有限元模型及分析工况

基于设计图，该桥三维有限元数值模型如图 4-3 所示，梁墩固结，墩底六个自由度均被约束，但施加荷载时释放墩底所有平动自由度，1、2、4 和 5 号墩顶与梁底部自由度完全耦合，3 号墩顶处，墩顶和梁底部除纵向自由度外其余自由度全部耦合，桥台处约束竖向位移和横竖扭转。

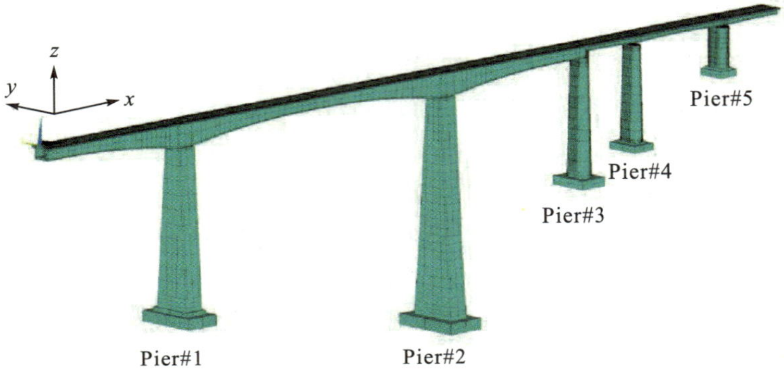

图 4-3 桥的三维有限元数值模型

其中，ANSYS 中采用 Beam188 单元模拟变截面主梁，为研究山区高墩桥梁在 3 类场地下地震响应规律，山区高墩桥梁墩高大，最高墩和最矮墩高度相差较大，最高墩和最矮墩地震动响应将对整个结构起控制作用，据此将墩底场地土类型进行不同组合后选择典型分析工况，见表 4-1，谱强度因子取 S_0=0.0007123m^2/s^3，计算频率范围为[0 50]rad/s，$\Delta\omega$=0.05，非平稳控制函数见式 4-11；参数取值 t_1=7.1，t_2=19.5，c=0.16，地震动持续时间 T=25s，步长 ΔT=0.1，瑞利阻尼取值为 ALPHAD=0.2618、BETAD=0.0095。各场地功率谱参数取值见表 4-2。均匀调制函数如下：

$$g(t)=\begin{cases}(t/t_1)^2, & 0\leqslant t\leqslant t_1\\ 1, & t_1<t\leqslant t_2\\ \mathrm{e}^{-c(t-t_2)}, & t>t_2\end{cases} \tag{4-11}$$

由图 4-3 可知，该高墩大跨度连续刚构桥梁的各个墩高是不断变化的，且最高墩(Pier#2)与最矮墩(Pier#5)相差约 80m，故布置工况主要集中在 Pier#2 和 Pier#5 处的场地变化，研究空间变化的场地分布对高墩铁路桥梁地震响应的影响，具体工况分布见表 4-1。硬场地、中场地和软场地在#1 到#5 墩处的空间分布和分类在表 4-1 中得到体现，通过输入功率谱密度函数参数的不同选择来研究场地分布对高墩铁路桥梁在地震作用下的影响。硬场地、中场地和软场地的功率谱密度函数参数取值见表 4-2，根据参数得出的激励荷载见图 4-4。

表 4-1　不同场地条件分布工况

分组	工况	Pier#1	Pier#2	Pier#3	Pier#4	Pier#5
A	1	F	F	F	F	F
	5	F	M	F	F	F
	6	F	S	F	F	F
	8	F	F	F	F	M
	9	F	F	F	F	S
B	2	M	M	M	M	M
	4	M	F	M	M	M
	7	M	M	M	M	F
	10	M	M	M	M	S
	15	M	S	M	M	M
C	3	S	S	S	S	S
	11	S	S	S	S	F
	12	S	S	S	S	M
	13	S	F	S	S	S
	14	S	M	S	S	S

注：F 代表硬场地，M 代表中场地，S 代表软场地。

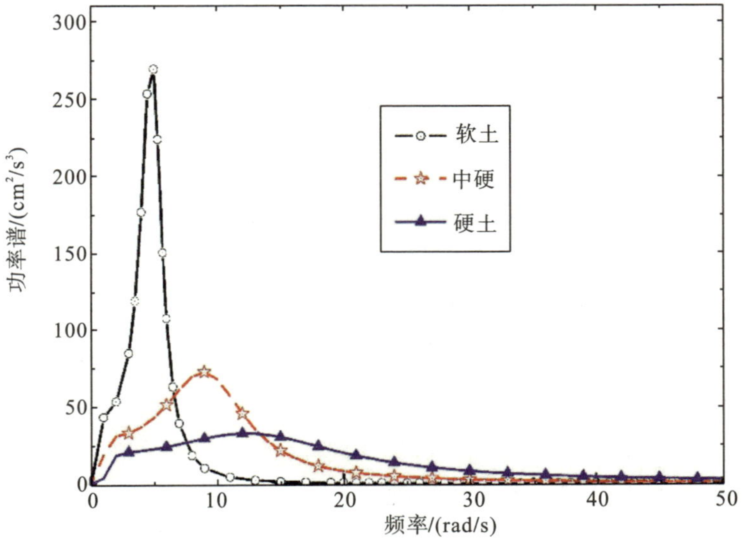

图 4-4　三类场地地震动功率谱曲线

表 4-2 场地土类型参数

土体类型	ω_g /(rad/s)	ξ_g	ω_f /(rad/s)	ξ_f
硬土	15.0	0.6	1.5	0.6
中硬	10.0	0.4	1.0	0.6
软土	5.0	0.2	0.5	0.6

为了便于对比分析，工况 1、2、3 是一致场地条件分布，即工况 1 为 5 个墩处全为硬场地条件分布；工况 2 为 5 个墩处全为中场地条件分布；工况 3 为 5 个墩处全为软场地条件分布。因此，将 15 个子工况分成 A、B、C 三个大工况，其中 A(工况 1、5、6、8、9)主要研究 Pier#1、Pier#3、Pier#4 为硬场地条件下，Pier#2、Pier#5 处为变化场地条件对高墩铁路桥梁地震响应的影响；B(工况 2、4、7、10、15)主要研究 Pier#1、Pier#3、Pier#4 为中场地条件下，Pier#2、Pier#5 处为变化场地条件对高墩铁路桥梁地震响应的影响；C(工况 3、11、12、13、14)主要研究 Pier#1、Pier#3、Pier#4 为软场地条件下，Pier#2、Pier#5 处为变化场地条件对高墩铁路桥梁地震响应的影响。若在实际桥梁设计时已知各墩处的场地条件，则按实际的场地条件分布计算；反之，若不知道场地分布，则需要按最不利场地条件分布来进行计算分析。因此，研究空间分布的场地变化对高墩铁路桥梁的地震响应的影响是非常有必要的。

由于以前的研究主要集中在行波效应和相干效应对结构的影响，而场地效应对结构的影响研究较少，且没有系统地研究空间变化的场地条件对高墩大跨度铁路桥梁的影响。基于此，本节研究山区高墩铁路桥梁遭受多维多点非平稳激励时，场地条件空间变化对结构响应的影响，由于完全不相干激励更容易激起结构的最不利响应，故这里就忽略完全相干效应和部分相干效应对结构的影响。

4.4 动力特性计算

本节应用 ANSYS 计算结构前 20 阶自振频率及对应振型，如表 4-3 所示，高墩铁路桥梁相对于大跨度斜拉桥和悬索桥的自振频率较大，对结构起控制作用的主要集中在前面几阶，故此处仅列出前 20 阶。

由表 4-3 可知，左桥(主桥)与右桥(引桥)纵向振动频率相差较大，即两边桥梁振动周期不一致，这样会导致连接处发生碰撞，损坏桥梁。同时，左桥横向振动出现较早，也需防止横向碰撞，合理设置横向挡块。

表 4-3　岔河大桥自振频率

阶数	频率/Hz	振型	阶数	频率/Hz	振型
1	0.73270	主桥纵向振动	11	3.2843	主桥对称纵向振动
2	0.93151	主桥横向振动	12	3.7656	主桥反对称纵向振动
3	1.2274	引桥纵向振动	13	3.7952	全桥对称横向振动
4	1.3606	全桥对称横向振动	14	4.1174	主桥对称纵向振动
5	1.3729	主桥横向振动	15	4.6047	引桥对称纵向振动
6	1.7690	全桥反对称横向振动	16	4.7573	全桥对称横向振动
7	2.0020	3 号墩纵向振动	17	4.8984	引桥反对称纵向振动
8	2.2027	全桥对称横向振动	18	5.3854	全桥反对称横向振动
9	2.8615	主桥对称纵向振动	19	6.0843	全桥对称横向振动
10	3.1449	全桥反对称横向振动	20	6.4652	引桥对称纵向振动

4.5　高墩桥梁非平稳随机响应结果及分析

4.5.1　一致场地分布对高墩桥梁地震响应的影响

工况 1、2、3 分别研究了硬场地(F)、中场地(M)、软场地(S)一致分布对高墩铁路桥梁结构非平稳地震激励响应的影响，为了简洁明了，这里将能反映 Pier#2 主要动力响应特征的量给出来，如 Pier#2 的剪力 F_x、F_y，弯矩 M_x、M_y。在一致场地条件分布情况下，结构的非平稳响应分别如图 4-5～图 4-7 所示。

结构受到非平稳地震激励时，结构的动力响应也是非平稳的，即结构的响应是随时间和频率变化的。然而，结构受到平稳地震激励时，结构的响应只随频率变化而不随时间变化。从图 4-5(a)和(c)可以看出，响应 F_x、M_x 的主要响应频率范围为 0.60～0.80Hz，这也就意味着第一阶振型(0.73Hz)对 F_x、M_x 起控制作用。类似地，F_y、M_y 响应频率范围为 0.60～0.80Hz 和 1.35Hz，由表 4-3 可知，第一、三和四阶模态(0.73Hz、1.23Hz、1.36Hz)被激起。

从图 4-5(b)、图 4-6(b)和图 4-7(b)可知，响应 M_y 在软场地(S)的响应与在硬场地(F)和中场地(M)响应不同，它有更小的参振频率且幅值比其他场地条件时的响应大。主要是因为软场地激励为窄带频率激励、激励振幅较大、自振频率与结构频率相近等。同理，图 4-5(d)、图 4-6(d)和图 4-7(d)中 F_y 也有同样的规律。

可以得到更重要的结论：场地条件越软，结构响应越大，在 S、M 和 F 场地条件时，响应的最大值比值分别为 1∶0.74∶0.62（M_x）、1∶0.50∶0.45（M_y）、1∶0.53∶0.49（F_x）和 1∶0.72∶0.61（F_y）。

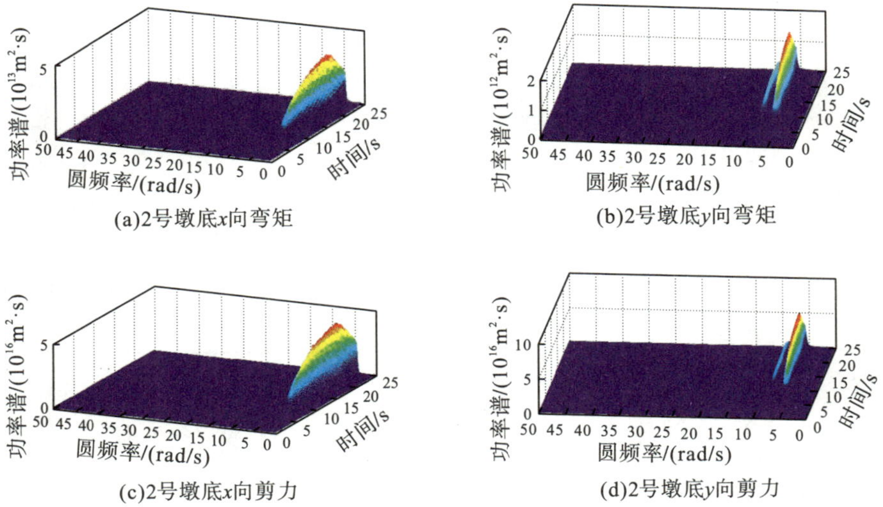

(a)2号墩底x向弯矩　(b)2号墩底y向弯矩

(c)2号墩底x向剪力　(d)2号墩底y向剪力

图 4-5　工况 1：F-F-F-F-F 时结构非平稳响应功率谱密度函数

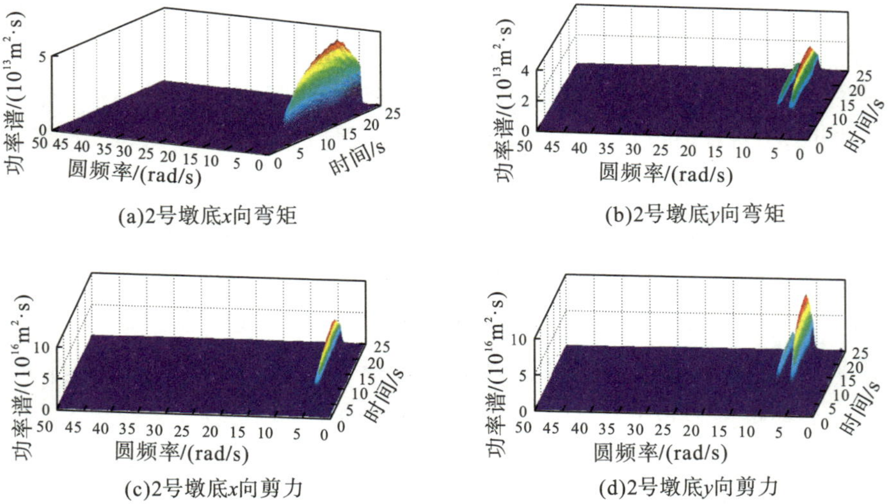

(a)2号墩底x向弯矩　(b)2号墩底y向弯矩

(c)2号墩底x向剪力　(d)2号墩底y向剪力

图 4-6　工况 2：M-M-M-M-M 时结构非平稳响应功率谱密度函数

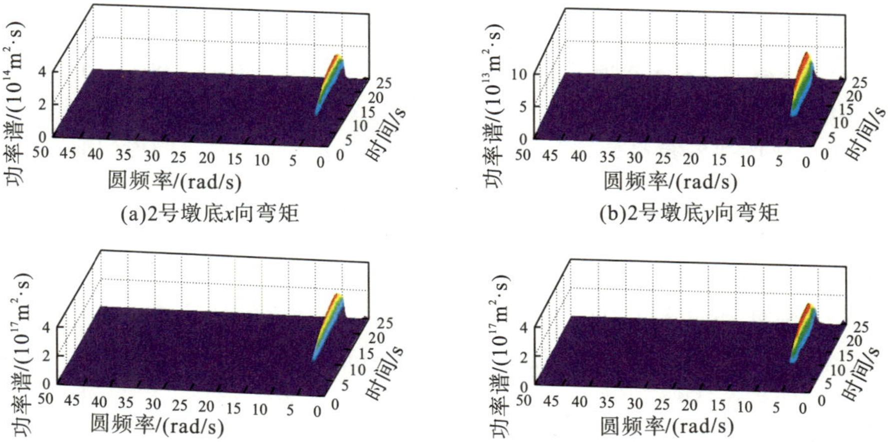

(a)2号墩底x向弯矩　(b)2号墩底y向弯矩

(c)2号墩底x向剪力　(d)2号墩底y向剪力

图 4-7　工况 3：S-S-S-S-S 时，结构非平稳响应功率谱密度函数

为了研究非一致场地分布对高墩铁路桥梁地震响应的影响，运用时变均方差来衡量结构响应，根据时变功率谱 $S(\omega,t)$ 计算时变均方差：

$$\sigma(t)=\sqrt{2\int_0^{\infty} S(\omega,t)\,\mathrm{d}\omega} \tag{4-12}$$

为了说明方便，根据式(4-12)将三维响应时变功率谱转换为二维响应时变均方差。

4.5.2　非一致场地分布对高墩桥梁地震响应的影响

在变化的空间场地条件分布下，分组 A(工况 1、工况 5、工况 6、工况 8、工况 9)结构响应均方差函数如图 4-8 所示。图中给出了左桥系统主梁的纵向位移 D_x、Pier#2 墩底剪力 F_x 和 F_y、Pier#2 墩底轴力 F_n、Pier#2 墩底弯矩 M_x 和 M_y 以及在 Pier#2 墩顶左右两边主梁处的弯矩 $M_{l,y}$ 和 $M_{r,y}$ 的响应均方差，具体如图 4-8(a)～(h)所示。由图 4-8 可见，变化的场地条件分布对结构的非平稳随机地震响应有非常大的影响。

分组 A 中的工况 6(F-S-F-F-F)和 5(F-M-F-F-F)分别为响应最大和次大，这意味着 Pier#2 与其他墩处的场地条件相差越大，结构的地震响应也就越大，这也说明 Pier#2 处的场地条件对高墩铁路桥梁起控制作用。

工况 1(F-F-F-F-F)、8(F-F-F-F-M)、9(F-F-F-F-S)时，所有的响应曲线在整个地震动持续时间内重叠，这表明 Pier#5 处的场地条件变化对结构地震响应影响可以忽略，主要原因是为避免矮墩 Pier#5 的剪切破坏而在墩顶将纵向自由度释放，同时左桥系统和右桥系统连接处纵向自由度也被释放，所以矮墩 Pier#5

处的场地变化对结构响应的影响可以忽略。

工况 6 与其他三个响应重叠的工况 1、8、9 中的响应 D_x、F_x、F_y、F_n、M_x、M_y、$M_{l,y}$、$M_{r,y}$ 最大值之比分别为 5.57、3.50、1.76、3.60、2.12、4.96、3.00、15.38，如图 4-8(a)～(h)所示。这进一步表明与一致场地分布相比，空间变化的非一致场地分布对高墩铁路桥梁地震响应有重要影响，如果忽略非一致场地分布，那么将严重低估地震对结构的影响，特别是高墩处的场地条件。因此，在高墩铁路桥梁抗震分析中，考虑多维多点非平稳地震激励下的非一致场地分布对结构地震响应的影响是必要的。

类似于分组 A，分组 B(工况 2、工况 4、工况 7、工况 10、工况 15)的响应 D_x、F_x、F_y、F_n、M_x、M_y、$M_{l,y}$、$M_{r,y}$ 分别如图 4-9(a)～(h)所示。由于 Pier#2 和其他墩场地条件差别最大，工况 15(M-S-M-M-M)时结构的响应最大。工况 15 与其他三个响应重叠的工况 2、7、10 中的响应 D_x、F_x、F_y、F_n、M_x、M_y、$M_{l,y}$、$M_{r,y}$ 最大值之比分别为 4.44、3.64、1.58、2.47、1.50、4.04、2.01、14.16，如图 4-9(a)～(h)所示。同样可以看出，与一致场地分布相比，非一致场地分布对结构响应非常大。类似的结论也可以从图 4-10 中得到。分组 C(工况 3、11、12、13、14)中响应 D_x、F_x、F_y、F_n、M_x、M_y、$M_{l,y}$、$M_{r,y}$ 最大值之比分别为 2.16、1.69、1.21、3.42、1.40、1.90、1.76、10.00，如图 4-10(a)～(h)所示。

更重要的是图 4-8～图 4-10 中，分组 A 中的工况 6 最大值与其他重叠的响应工况比值、工况 B 中的工况 15 最大值与其他重叠的响应工况比值、工况 C 中的工况 13 最大值与其他重叠的响应工况比值变化情况分别为：①响应 D_x 在图 4-8(a)、图 4-9(a)、图 4-10(a)的比值分别为 5.57、4.44、2.16；②响应 F_x 在图 4-8(b)、图 4-9(b)、图 4-10(b)的比值分别为 3.50、3.64、1.69；③响应 F_y 在图 4-8(c)、图 4-9(c)、图 4-10(c)的比值分别为 1.76、1.58、1.21；④响应 F_n 在图 4-8(d)、图 4-9(d)、图 4-10(d)的比值分别为 3.60、2.47、3.42；⑤响应 M_x 在图 4-8(e)、图 4-9(e)、图 4-10(e)的比值分别为 2.12、1.50、1.40；⑥响应 M_y 在图 4-8(f)、图 4-9(f)、图 4-10(f)的比值分别为 4.96、4.04、1.90；⑦响应 $M_{l,y}$ 在图 4-8(g)、图 4-9(g)、图 4-10(g)的比值分别为 3.00、2.01、1.76；⑧响应 $M_{r,y}$ 在图 4-8(h)、图 4-9(h)、图 4-10(h)的比值分别为 15.38、14.16、10.00。从这些比值的变化来看，最高墩 Pier#2 处的场地越软，结构响应越大。综上所述，为了避免或减轻场地非一致分布对高墩铁路桥梁地震响应的放大作用，需做到以下两点：①避免最高墩处出现软场地；②避免最高墩与其他墩处场地条件相差最大。

在所有的比较中，工况 6(F-S-F-F-F)、15(M-S-M-M-M)、13(S-F-S-S-S)分别是分组 A、B、C 中的最大响应。虽然工况 13(S-F-S-S-S)与 6(F-S-F-F-F)中最高墩与其他墩的场地条件相差一样，但是工况 6(F-S-F-F-F)又是所有工况中响应最大的，主要是由最高墩的软场地与具有较低频率的最高墩发生共振而导致的，因此，这也进一步说明了要避免高墩铁路桥梁的最高墩处出现软场地的情况。

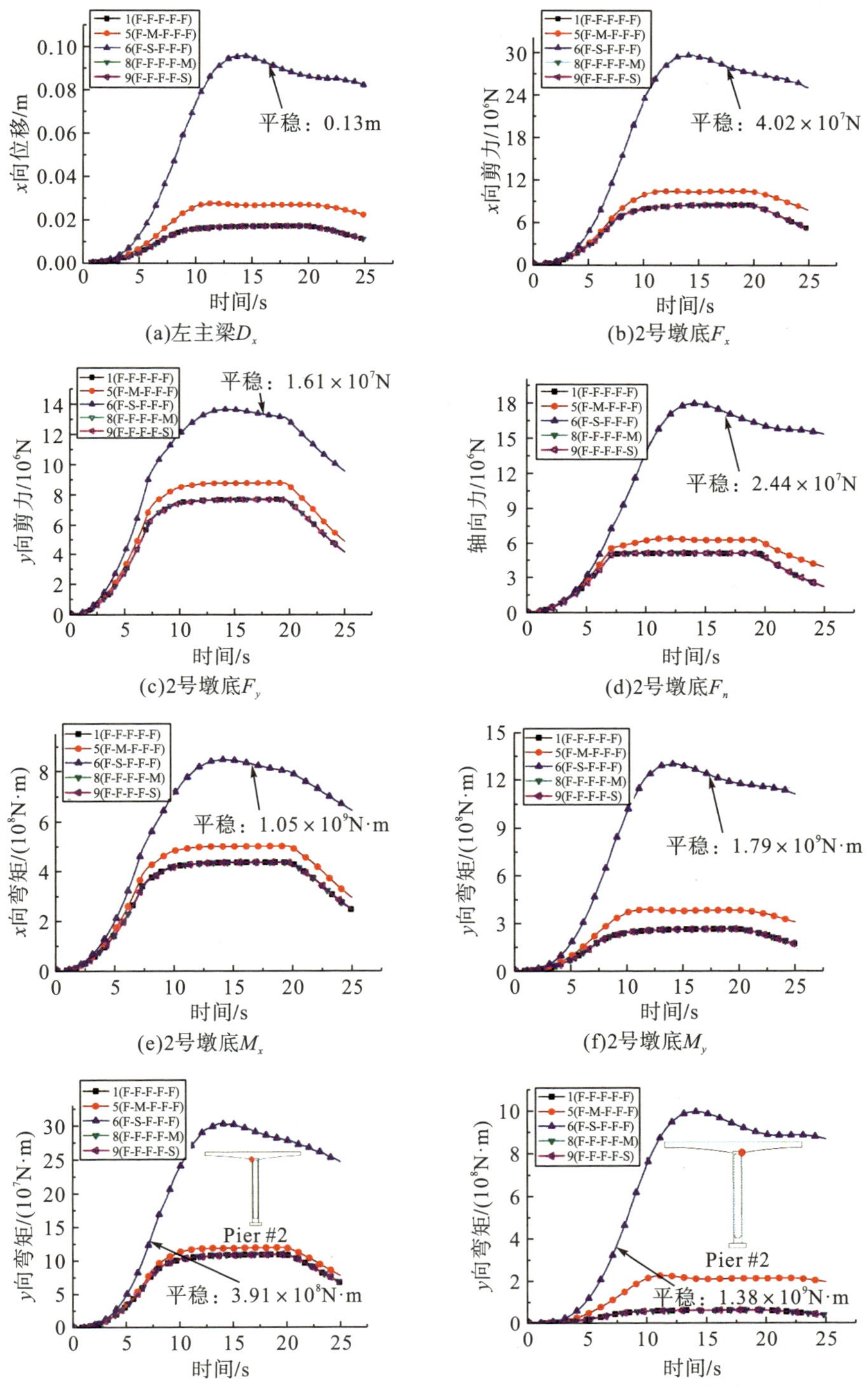

(a)左主梁D_x　(b)2号墩底F_x

(c)2号墩底F_y　(d)2号墩底F_n

(e)2号墩底M_x　(f)2号墩底M_y

(g)2号墩梁左端$M_{l,y}$　(h)2号墩梁右端$M_{r,y}$

图 4-8　分组 A 下关键点非平稳地震响应

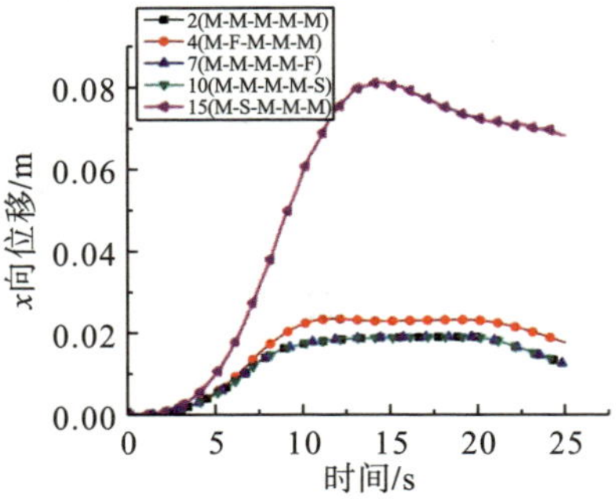

(a)左主梁D_x

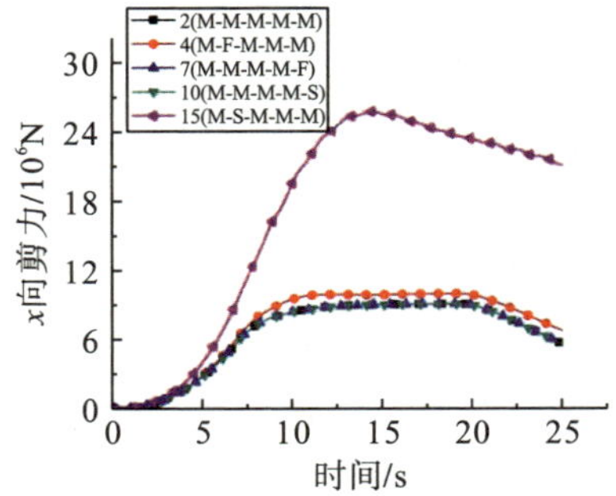

(b)2号墩底F_x

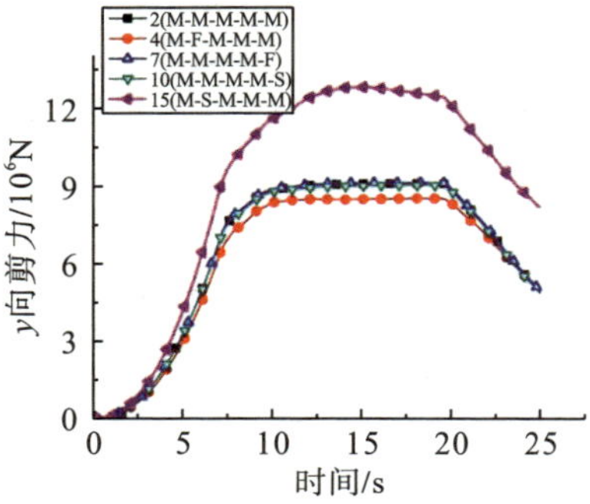

(c)2号墩底F_y

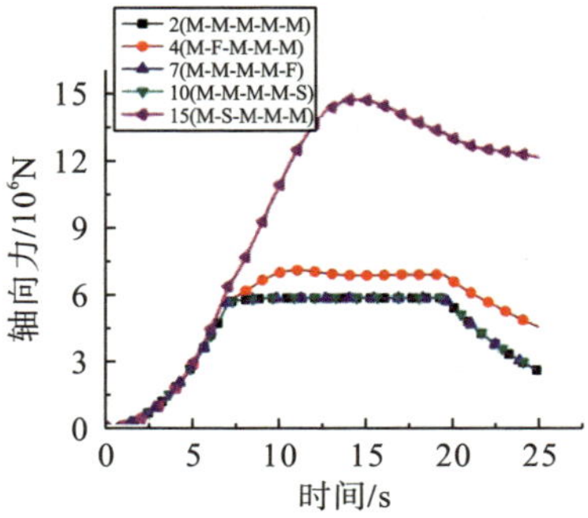

(d)2号墩底F_n

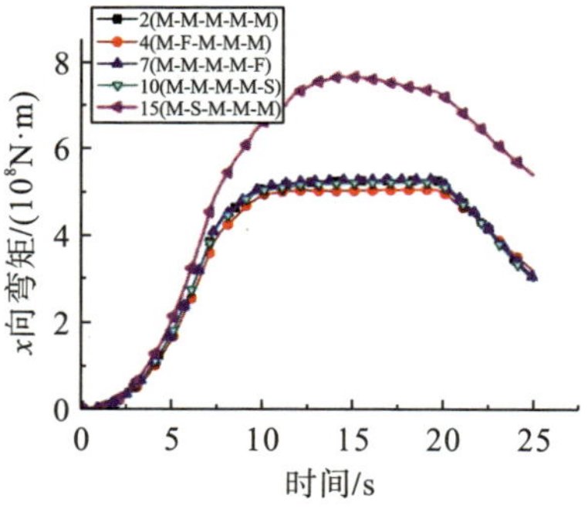

(e)2号墩底M_x

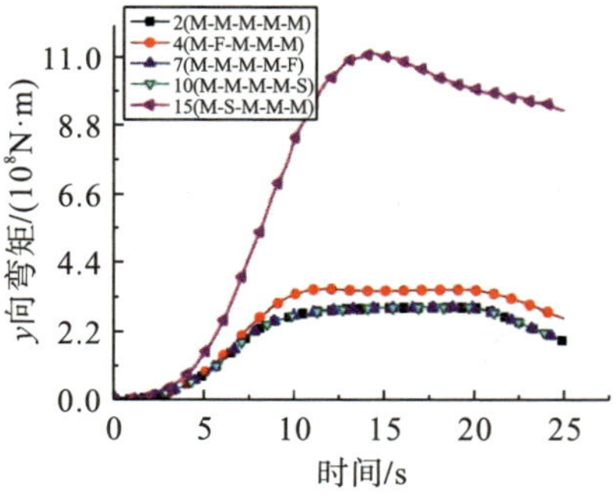

(f)2号墩底M_y

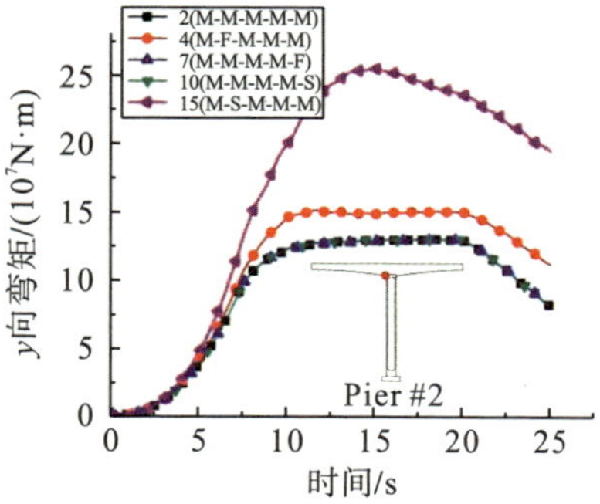

(g)2号墩深左端$M_{l,y}$

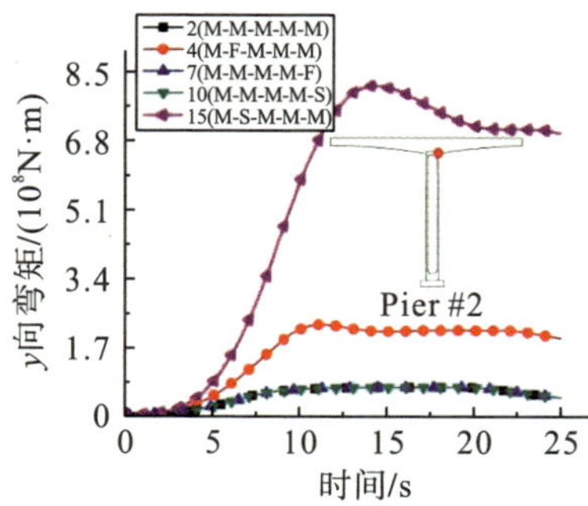

(h)2号墩深右端$M_{r,y}$

图 4-9 分组 B 下关键点非平稳地震响应

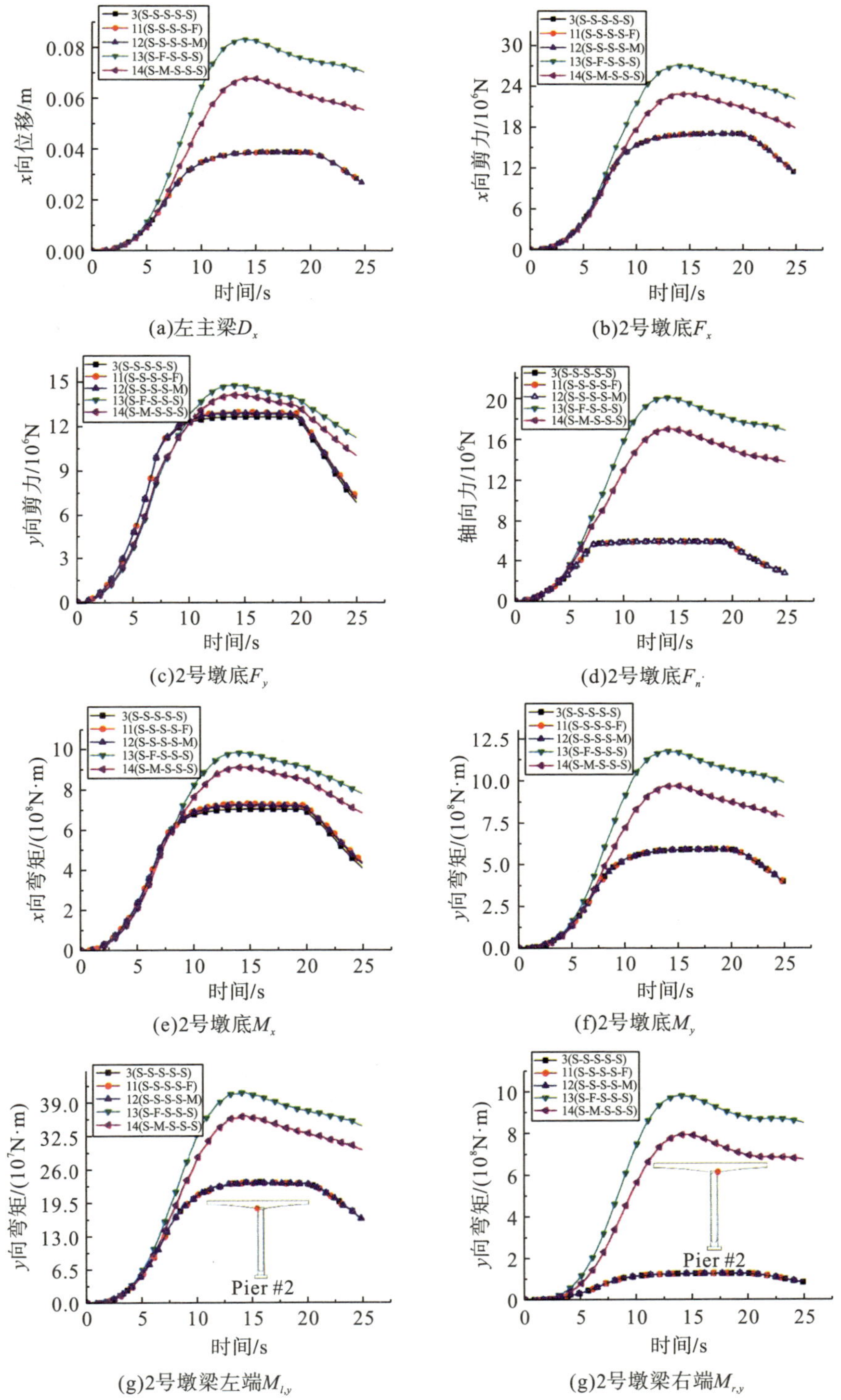

(a)左主梁D_x　(b)2号墩底F_x

(c)2号墩底F_y　(d)2号墩底F_n

(e)2号墩底M_x　(f)2号墩底M_y

(g)2号墩梁左端$M_{l,y}$　(g)2号墩梁右端$M_{r,y}$

图 4-10　分组 C 下关键点非平稳地震响应

4.5.3 地震动的非平稳性对高墩桥梁地震响应的影响

地面运动激励本质上是一个在时域和频域范围内变化的非平稳过程，在结构的抗震分析中考虑地震动的非平稳性是非常有必要的。从图 4-5～图 4-7 中可以看出，结构的响应功率谱具有在时域和频率变化的特征。另外，响应的均方差类似于分段函数(图 4-8～图 4-10)，经历了上升、平稳和下降三个阶段，均体现了均方差随时间变化的特征。

为了进行对比分析，响应最大工况 6(F-S-F-F-F)对应的平稳响应在本章也进行了计算(图 4-8)，平稳激励下结构响应结果为 D_x=0.13m，F_x=4.02×10^{7}N，F_y=1.61×10^{7}N，F_n=2.44×10^{7}N，M_x=1.05×10^{9}N·m，M_y=1.79×10^{9}N·m，$M_{l,y}$=3.91×10^{8}N·m，$M_{r,y}$=1.38×10^{9}N·m。结构响应 D_x、F_x、F_y、F_n、M_x、M_y、$M_{l,y}$、$M_{r,y}$ 平稳与非平稳激励下的比值分别为 1.32、1.34、1.17、1.36、1.28、1.32、1.30、1.36。由此可知，如果不考虑地震动的非平稳性，结构在平稳激励下的响应将被高估 17%～36%。虽然传统的平稳假定在结构抗震设计时有一个保守的设计荷载，但是考虑地震动的非平稳性将更能反映地震动的真实性和给出一个合理的抗震设计荷载。

第5章 快速模拟引入精细积分法的非均匀调制非平稳随机振动

5.1 非均匀调制非平稳随机振动模拟的必要性

与地震动的多维性和空间变化特性同样重要的是地震动的非平稳性，地震动实际上是一个完全非平稳的随机过程(非均匀调制非平稳随机过程)，由于其计算理论的复杂性和计算效率的低下，一般将完全非平稳过程简化为均匀调制非平稳随机过程(一致非平稳随机过程)。即使将完全非平稳随机过程简化为均匀调制随机过程，计算效率还是非常低，更不用说将地震动作为一个完全非平稳随机过程来考虑[84-86]。

本章通过引入改进的精细积分法并与虚拟激励法相结合，可以快速模拟完全非平稳随机过程，并且在通用有限元软件 ANSYS 中实现，这样不需要编制专门的计算程序，同时也大幅度提高了计算效率，有利于推广随机振动理论到实际的工程应用中去，同时可以充分考虑地震动的非平稳性。地震动加速度有大量的高频成分出现在地震的前期，然后高频不断地衰减，直至只剩下低频成分[87-92]。均匀调制的非平稳模拟不能体现地震动高频成分的衰减，故将地震动作为一个非均匀调制的非平稳随机过程是有必要的。

5.1.1 非均匀调制非平稳随机振动理论发展

实质上，地震动固有的随机性和不确定性，导致结构地震响应的随机性，通过统计概率知识可得到结构响应的统计概率特性，国内外部分抗震规范已经引入了随机振动法来进行抗震分析计算[93-96]。虽然都意识到完全非平稳随机过程的重要性，但是由于其低下的计算效率和复杂的理论，在一般工程计算中却没有得到应用，更不用说在大跨度复杂结构中考虑多维多点激励地震动对结构的影响。

为了解决计算效率低下的问题，林家浩等提出高效精确的虚拟激励法[74,97]，将非平稳随机过程转换为确定性的时程分析，然后运用直接积分法计算非平稳随机过程激励的结构响应，如杜阿梅尔积分法、Newmark 法和 Wilson-θ 法等[98-100]。然而，根据结构本身的固有周期、足够的计算精度和计算的平稳性等，一般的直接积分法需要一个足够小的积分步长，因此增加了大量的计算时间。Zhong 等提出的精细积分法可以选取任意大的积分步长，而不受结构固有周期控制，这样可以大大提高计算效率，而且是精确的[98]。将虚拟激励法与精细积分结合起来，可使原来的虚拟激励法计算非平稳随机振动更加高效。但是，由于精细积分计算中假设荷载线性变化，如果不是线性变化，那么还是需要更小的时间步长，同样面临计算效率低下的问题。

为了解决计算效率低这个瓶颈问题，Lin 等又运用并行计算求解，这样可以进一步提高计算效率[88]，但是，并行计算并没有从根本上改进算法。为了从算法上提高计算效率，作者从文献[64]受到启发，将其方法灵活地与绝对位移直接求解多维多点完全非平稳地震激励相结合，同时，也使计算效率大大提高，每一个结构关注的关键位置的响应，只需要求解两个时程分析就能求解结构完全非平稳地震激励下的时变功率谱，如果离散的频率点非常多，那么计算效率能提高上千倍。

5.1.2 考虑地形影响的绝对位移直接求解的非平稳随机振动理论

假设有 m 个支撑和 $3n$ 个自由度的大跨度复杂结构，其在三维非平稳地震动多点激励下，绝对位移响应的离散运动方程可写为如下形式[35]：

$$\begin{bmatrix} M_{ss} & M_{sb} \\ M_{bs} & M_{bb} \end{bmatrix}\begin{Bmatrix} \ddot{X}_s \\ \ddot{X}_b \end{Bmatrix}+\begin{bmatrix} C_{ss} & C_{sb} \\ C_{bs} & C_{bb} \end{bmatrix}\begin{Bmatrix} \dot{X}_s \\ \dot{X}_b \end{Bmatrix}+\begin{bmatrix} K_{ss} & K_{sb} \\ K_{bs} & K_{bb} \end{bmatrix}\begin{Bmatrix} X_s \\ X_b \end{Bmatrix}=\begin{Bmatrix} 0 \\ P_b \end{Bmatrix} \tag{5-1}$$

下标 b 和 s 分别表示结构主自由度和从自由度，$X_b=\{x_1,x_2,\cdots,x_{3m}\}^{\mathrm{T}}$ 表示支撑处地面的强迫位移；$X_s=\{x_1,x_2,\cdots,x_{3n}\}^{\mathrm{T}}$ 为所有节点位移；$P_b=\{p_1,p_2,\cdots,p_{3m}\}^{\mathrm{T}}$ 为作用在支撑处的地震力；M、C 和 K 分别为质量矩阵、阻尼矩阵和刚度矩阵。

绝对位移直接求解法已在第 2、3 章详细陈述，这里直接将式(5-1)展开并运用虚拟激励法表示如下：

$$M_{ss}\ddot{\tilde{X}}_s+C_{ss}\dot{\tilde{X}}_s+K_{ss}\tilde{X}_s=-\left(M_{sb}+\frac{C_{sb}}{\mathrm{i}\omega}-\frac{K_{sb}}{\omega^2}\right)P\mathrm{e}^{\mathrm{i}\omega t} \tag{5-2}$$

其中，$P\mathrm{e}^{\mathrm{i}\omega t}$ 就是虚拟激励荷载；P 通过激励功率谱 $S^3_{\text{surface}}(\mathrm{i}\omega,t)$ 的分解得到；$\tilde{X}_s$ 为结构绝对位移虚拟响应。

通过求解方程(5-2)，绝对位移响应功率谱密度非常容易就能得到，形式如下：

$$S_{X_sX_s}(\mathrm{i}\omega,t)=\tilde{X}_s^*(\mathrm{i}\omega,t)\tilde{X}_s^{\mathrm{T}}(\mathrm{i}\omega,t) \tag{5-3}$$

虚拟荷载矩阵P的求解是虚拟激励法中非常关键的一步，下面具体介绍变化场地条件下非均匀调制随机地震场的模拟及 P 的获得。假设峡谷地形具有不同局部场地土特性的空间点为 i—i'、j—j'、k—k'，如图 5-1 所示，在 m 个地表支撑处非平稳互功率谱密度矩阵表示如下：

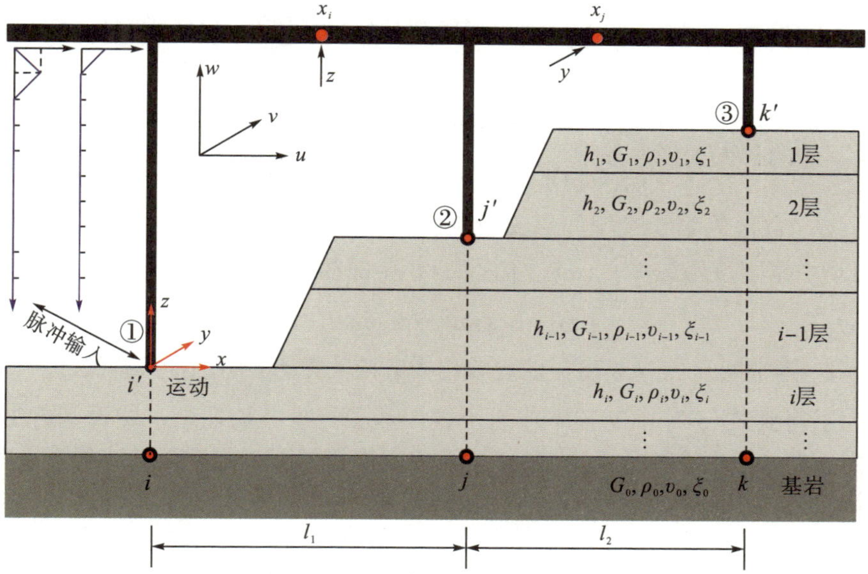

图 5-1　变化场地条件下的空间分布支撑

$$S^3_{\text{surface}}(\mathrm{i}\omega,t)=[S_{i'j'}(\mathrm{i}\omega,t)]_{3m\times 3m} \tag{5-4}$$

其中，子矩阵元素 $S_{i'j'}(\mathrm{i}\omega,t)$ 为 3×3 矩阵，相应的两个水平方向(x、y)和竖直方向(z)的地震动分量组成的互功率谱矩阵表示为

$$S_{i'j'}(\mathrm{i}\omega,t)=\begin{bmatrix} S_{i'j',xx}(\mathrm{i}\omega,t) & S_{i'j',xy}(\mathrm{i}\omega,t) & S_{i'j',xz}(\mathrm{i}\omega,t) \\ S_{i'j',yx}(\mathrm{i}\omega,t) & S_{i'j',yy}(\mathrm{i}\omega,t) & S_{i'j',yz}(\mathrm{i}\omega,t) \\ S_{i'j',zx}(\mathrm{i}\omega,t) & S_{i'j',zy}(\mathrm{i}\omega,t) & S_{i'j',zz}(\mathrm{i}\omega,t) \end{bmatrix} \tag{5-5}$$

三维地面运动的水平方向(x、y)分量取相同的功率谱密度函数，而竖直方向(z)的功率谱密度取其水平方向的 60%[100]。故式(5-5)的非对角线元素为

$$\begin{cases} S_{i'j',xy}(\mathrm{i}\omega,t)=S_{i'j',yx}(\mathrm{i}\omega,t)=\sqrt{S_{i'j',xx}(\mathrm{i}\omega,t)S_{i'j',yy}(\mathrm{i}\omega,t)} \\ S_{i'j',xz}(\mathrm{i}\omega,t)=S_{i'j',zx}(\mathrm{i}\omega,t)=0.6\sqrt{S_{i'j',xx}(\mathrm{i}\omega,t)S_{i'j',zz}(\mathrm{i}\omega,t)} \\ S_{i'j',yz}(\mathrm{i}\omega,t)=S_{i'j',zy}(\mathrm{i}\omega,t)=0.6\sqrt{S_{i'j',yy}(\mathrm{i}\omega,t)S_{i'j',zz}(\mathrm{i}\omega,t)} \end{cases} \tag{5-6}$$

其中，$S_{i'j',xx}(\mathrm{i}\omega,t)$、$S_{i'j',yy}(\mathrm{i}\omega,t)$、$S_{i'j',zz}(\mathrm{i}\omega,t)$ 可以通过场地传递函数从基岩功率谱密度矩阵函数得到：

$$\begin{cases} S_{i'j',xx}(\mathrm{i}\omega,t)=H_{u,i}(\mathrm{i}\omega)H^*_{u,j}(\mathrm{i}\omega)S_{ij,xx}(\mathrm{i}\omega,t) \\ S_{i'j',yy}(\mathrm{i}\omega,t)=H_{v,i}(\mathrm{i}\omega)H^*_{v,j}(\mathrm{i}\omega)S_{ij,yy}(\mathrm{i}\omega,t) \\ S_{i'j',zz}(\mathrm{i}\omega,t)=H_{w,i}(\mathrm{i}\omega)H^*_{w,j}(\mathrm{i}\omega)S_{ij,zz}(\mathrm{i}\omega,t) \end{cases} \tag{5-7}$$

其中，$H_{u,i}(\mathrm{i}\omega)$、$H_{v,i}(\mathrm{i}\omega)$、$H_{w,i}(\mathrm{i}\omega)$ 和 $H_{u,j}(\mathrm{i}\omega)$、$H_{v,j}(\mathrm{i}\omega)$、$H_{w,j}(\mathrm{i}\omega)$ 分别为空间点 i-i'、j-j' 在 u、v、w 方向的场地传递函数。根据文献[101]非平稳过程的演变功率谱理论，可以得到 i、j 点 x、y、z 方向的自功率谱密度函数为

$$S_{ij,xx}(\mathrm{i}\omega,t)=\begin{cases}G_{i,x}(\omega,t)G_{i,j}(\omega,t)\sqrt{S_{ii,xx}(\mathrm{i}\omega)S_{jj,xx}(\mathrm{i}\omega)}\cdot\gamma_{ij}(\mathrm{i}\omega), & i\neq j\\ \left|G_{i,x}(\omega,t)\right|^2 S_{ii,xx}(\mathrm{i}\omega), & i=j\end{cases} \tag{5-8}$$

其中，$G_{i,x}(\omega,t)$ 为第 i 个空间点 x 在时域和频域内的调制函数；$S_{ii,xx}(\mathrm{i}\omega)$ 为基岩 x 向自功率谱密度函数；$\gamma_{ij}(\mathrm{i}\omega)$ 为空间点 i、j 的相干函数，形式如下：

$$\gamma_{ij}(\mathrm{i}\omega)=\left|\gamma_{ij}(\mathrm{i}\omega)\right|\exp[-\mathrm{i}\omega d_{ij}/\upsilon_{\mathrm{app}}(\omega)] \tag{5-9}$$

其中，d_{ij} 为空间点 i、j 距离在地震波传播方向的投影；$\upsilon_{\mathrm{app}}(\omega)$ 为视波速[84]。

为了得到式(5-7)中的频率传递函数，基于一维波动理论，假设基岩中地震波由面外的 SH 波或者面内的 P-SV 波组成，根据如下公式推导场地传递系数：

$$k_{\mathrm{SH}}X_{\mathrm{SH}}=P_{\mathrm{SH}},\quad K_{\mathrm{P\text{-}SV}}X_{\mathrm{P\text{-}SV}}=P_{\mathrm{P\text{-}SV}} \tag{5-10}$$

其中，X_{SH}、P_{SH} 和 $X_{\mathrm{P\text{-}SV}}$、$P_{\mathrm{P\text{-}SV}}$ 是关于 SH 波和 P-SV 波的位移和荷载向量；刚度矩阵 X_{SH} 和 $K_{\mathrm{P\text{-}SV}}$ 主要由土体性质、入射波类型、入射角和圆频率 ω 确定；动力荷载向量 P_{SH} 和 $P_{\mathrm{P\text{-}SV}}$ 主要依赖于基岩的特性、类型、频率和入射波的幅值。通过式(5-11)可以得到在每一个离散频率点面内或面外的频率传递函数。

为了得到式(5-2)中的虚拟力，三维非平稳地震激励功率谱矩阵 $S^3_{\mathrm{surface}}(\mathrm{i}\omega,t)$ 可分解为[99]

$$\begin{aligned}S^3_{\mathrm{surface}}(\mathrm{i}\omega,t)&=P^*(\mathrm{i}\omega,t)P^{\mathrm{T}}(\mathrm{i}\omega,t)\\&=G(\omega,t)W^*(\mathrm{i}\omega)S_g(\mathrm{i}\omega)QQ^{\mathrm{T}}S_g(\mathrm{i}\omega)W^{\mathrm{T}}(\mathrm{i}\omega)G(\omega,t)\end{aligned} \tag{5-11}$$

其中，P 为 $3m\times r$ 矩阵；r 为矩阵 $S^3_{\mathrm{surface}}(\mathrm{i}\omega,t)$ 的秩；上标*和 T 分别表示复数共轭和转置。

式(5-11)中的 $W(\mathrm{i}\omega)$ 为 $3m\times3m$ 矩阵，表示行波效应和场地土条件对相位的变化，表达式为

$$\begin{aligned}W(\mathrm{i}\omega)=\mathrm{diag}[&\mathrm{e}^{-\mathrm{i}(\omega T_{1,x}+\theta_{1,x})},\mathrm{e}^{-\mathrm{i}(\omega T_{1,y}+\theta_{1,y})},\mathrm{e}^{-\mathrm{i}(\omega T_{1,z}+\theta_{1,z})},\mathrm{e}^{-\mathrm{i}(\omega T_{2,x}+\theta_{2,x})},\mathrm{e}^{-\mathrm{i}(\omega T_{2,y}+\theta_{2,y})}\\&\mathrm{e}^{-\mathrm{i}(\omega T_{2,z}+\theta_{2,z})},\cdots,\mathrm{e}^{-\mathrm{i}(\omega T_{m,x}+\theta_{m,x})},\mathrm{e}^{-\mathrm{i}(\omega T_{m,y}+\theta_{m,y})},\mathrm{e}^{-\mathrm{i}(\omega T_{m,z}+\theta_{m,z})}]\end{aligned} \tag{5-12}$$

其中，$T_{i,x}$ 为地震波沿 x 方向到第 i 个支撑处所需的时间；$\theta_{i,x}$、$\theta_{i,y}$、$\theta_{i,z}$ 分别为在第 i 个支撑处 x、y、z 方向的相位角，由下面的公式得到：

$$S_{i'j',xx}(\mathrm{i}\omega,t)=\left|H_{u,i}(\mathrm{i}\omega)H^*_{u,j}(\mathrm{i}\omega)\right|\exp(\mathrm{i}(\theta_{i,x}-\theta_{j,x}))S_{ij,xx}(\mathrm{i}\omega,t) \tag{5-13}$$

$$\theta_{ij,xx}=\theta_{i,x}-\theta_{j,x}=\arctan\left[\frac{\mathrm{Im}(H_{u,i}(\omega)H_{u,j}(-\omega))}{\mathrm{Re}(H_{u,i}(\omega)H_{u,j}(-\omega))}\right] \tag{5-14}$$

其中，$\theta_{ij,xx}$ 为空间点 i-i' 和 j-j' 在 x 方向的相位差。

式(5-11)中的 $S_g(\mathrm{i}\omega)$ 表达式如下：

$$S_g(\mathrm{i}\omega)=\mathrm{diag}\Big[\left|H_{u,1}\right|\sqrt{S_{g1,x}},\ \left|H_{v,1}\right|\sqrt{S_{g1,y}},\ \left|H_{w,1}\right|\sqrt{S_{g1,z}},\ \left|H_{u,2}\right|\sqrt{S_{g2,x}},\ \left|H_{v,1}\right|\sqrt{S_{g2,y}},\ \left|H_{w,1}\right|\sqrt{S_{g2,z}},\ \cdots,\ \left|H_{u,m}\right|\sqrt{S_{gm,x}},\ \left|H_{v,1}\right|\sqrt{S_{gm,y}},\ \left|H_{w,1}\right|\sqrt{S_{gm,z}}\Big] \tag{5-15}$$

其中，$S_{gi,x}$ 为空间点 i 在 x 方向的功率谱密度函数；水平方向(x, y)与竖直方向(z)的功率谱比值为 3∶2。

式(5-11)中的$G(\omega,t)$为三维非平稳地面运动非均匀调制函数，形式如下：

$$G(\omega,t)=\mathrm{diag}[G_{1,x}(\omega,t),G_{1,y}(\omega,t),G_{1,z}(\omega,t),G_{2,x}(\omega,t),G_{2,y}(\omega,t),G_{2,z}(\omega,t),\cdots,G_{m,x}(\omega,t),G_{m,y}(\omega,t),G_{m,z}(\omega,t)] \tag{5-16}$$

一般认为各个空间每个方向上的调制函数一致，故可取

$$G_{i,x}(\omega,t)=G_{i,y}(\omega,t)=G_{i,z}(\omega,t)=G(\omega,t) \tag{5-17}$$

矩阵 R 为多维多点地面运动的相干矩阵，一般是正定或半正定矩阵，可通过 LDL^{T} 分解如下：

$$R=[Q]_{3m\times r}\left[Q^{\mathrm{T}}\right]_{r\times 3m}=\left[\left|\gamma_{ij}\right|\right]_{3m\times 3m},\quad i=j\text{时}\left|\gamma_{ij}\right|=1,\ i\neq j\text{时}0\leqslant\left|\gamma_{ij}\right|\leqslant 1 \tag{5-18}$$

其中，R 被分解为非零特征值 α_j 与其相应特征向量 $\varphi_j(j=1,2,\cdots,r,\quad r\ll 3m)$ 的和，其形式如下：

$$R=\sum_{j=1}^{r}\alpha_j\varphi_j^*\varphi_j^{\mathrm{T}},\quad R\varphi_j=\alpha_j\varphi_j,\quad \varphi_j^{\mathrm{T}}\varphi_j^*=\delta_{ij},\ j=1,2,\cdots,r \tag{5-19}$$

部分相干情况下，第 j 阶虚拟激励表示为

$$P_j=G(\omega,t)W(\mathrm{i}\omega)\sqrt{\alpha_j}\varphi_j\sqrt{S_g(\mathrm{i}\omega)} \tag{5-20}$$

由式(5-20)可知，相干效应、行波效应、局部场地效应和非平稳性分别通过虚拟激励项中的 $\sqrt{\alpha_j}\varphi_j$、$W(\mathrm{i}\omega)$、$S_g(\mathrm{i}\omega)$ 和 $G(\omega,t)$ 来体现。

完全相干和完全不相干虚拟力可表示为

$$P=\begin{cases}G(\omega,t)W(\mathrm{i}\omega)\{q_0\}\sqrt{S_g(\mathrm{i}\omega)}\mathrm{e}^{\mathrm{i}\omega t} & (\text{完全相干})\\ G(\omega,t)W(\mathrm{i}\omega)\sqrt{S_g(\mathrm{i}\omega)}\mathrm{e}^{\mathrm{i}\omega t} & (\text{完全不相干})\end{cases} \tag{5-21}$$

将式(5-20)和式(5-21)代入式(5-2)可得第 j 个特征值下的绝对位移响应 $\tilde{X}_{sj}(\mathrm{i}\omega,t)$ 为

$$\tilde{X}_{sj}(\mathrm{i}\omega,t)=\sqrt{\alpha_j S_g(\mathrm{i}\omega)}I_j(\mathrm{i}\omega,t) \tag{5-22}$$

其中

$$I_j(\mathrm{i}\omega,t)=\int_0^t h(t-\tau)G(\omega-\tau)W(\mathrm{i}\omega,t)\{\varphi\}_j\mathrm{e}^{\mathrm{i}\omega\tau}\,\mathrm{d}\tau \tag{5-23}$$

$I_j(\mathrm{i}\omega,t)$是杜阿梅尔积分；$h(t-\tau)$为单位脉冲函数，在部分相干情况的绝对位移响应功率谱密度函数表示为

$$S_{X_sX_s}(\mathrm{i}\omega,t)=\sum_{j=1}^{r}\tilde{X}_{sj}^{*}(\mathrm{i}\omega,t)\tilde{X}_{sj}^{\mathrm{T}}(\mathrm{i}\omega,t)=\sum_{j=1}^{r}I_j^{*}I_j^{\mathrm{T}}a_jS_g(\mathrm{i}\omega) \tag{5-24}$$

同样，可以得到完全相干和完全不相干情况下的响应 $\tilde{X}_a(\mathrm{i}\omega,t)$ 如下。

完全相干：

$$S_{X_sX_s}(\mathrm{i}\omega,t)=\tilde{X}_a^{*}(\mathrm{i}\omega,t)\tilde{X}_a^{\mathrm{T}}(\mathrm{i}\omega,t)=I_0^{*}I_0^{\mathrm{T}}S_g(\mathrm{i}\omega) \tag{5-25}$$

其中

$$I_0(\mathrm{i}\omega,t)=\int_0^t h(t-\tau)G(\omega,\tau)W(\mathrm{i}\omega,t)\{q_0\}\mathrm{e}^{\mathrm{i}\omega\tau}\,\mathrm{d}\tau \tag{5-26}$$

完全不相干：

$$S_{X_sX_s}(\mathrm{i}\omega,t)=\tilde{X}_a^{*}(\mathrm{i}\omega,t)\tilde{X}_a^{\mathrm{T}}(\mathrm{i}\omega,t)=I^{*}I^{\mathrm{T}}S_g(\mathrm{i}\omega) \tag{5-27}$$

其中

$$I(\mathrm{i}\omega,t)=\int_0^t h(t-\tau)G(\omega,\tau)W(\mathrm{i}\omega,t)\mathrm{e}^{\mathrm{i}\omega\tau}\,\mathrm{d}\tau \tag{5-28}$$

由式(5-23)、式(5-26)和式(5-28)可以看出，需要在每一个频率点下做一次瞬态分析计算，虽然相对于传统的随机振动理论，直接求解的虚拟激励法已经非常节约时间，但是离散的频率点越细，计算的瞬态分析也就越多，这样也就非常耗时，故下面引入精细积分法并在通用有限元软件中实现，这样只需要两个瞬态分析就能确定结构任意一个关注节点的响应，这样能大大缩短计算时间。

5.1.3　ANSYS 快速模拟实现引入精细积分后的非均匀调制非平稳随机振动

将式(5-1)按第二项展开，并构造虚拟激励可得

$$M_{ss}\ddot{\tilde{X}}_s+C_{ss}\dot{\tilde{X}}_s+K_{ss}\tilde{X}_s=-\tilde{Y}(\omega,t) \tag{5-29}$$

其中

$$\tilde{Y}(\omega,t)=M_b\cdot P=M_b\cdot P(\omega,t) \tag{5-30}$$

$\tilde{Y}(\omega,t)$ 为确定频率点下的非平稳随机激励时程。

将每一个确定频率点下的动力方程(5-29)写成状态方程形式[74，99]：

$$\dot{V}=HV+F(\omega,t) \tag{5-31}$$

其中

$$V=\begin{Bmatrix}\tilde{X}_s\\ \dot{\tilde{X}}_s\end{Bmatrix},\quad F(\omega,t)=-W\tilde{Y}(\omega,t),\quad H=\begin{bmatrix}0 & I\\ -M^{-1}K & -M^{-1}C\end{bmatrix},\quad W=\begin{bmatrix}0\\ M^{-1}\end{bmatrix} \tag{5-32}$$

状态方程(5-31)的一般解为

$$V(t)=\mathrm{e}^{Ht}V(0)+\int_0^t \mathrm{e}^{H(t-\tau)}F(\omega,\tau)\mathrm{d}\tau \tag{5-33}$$

其中，e^{Ht} 为指数矩阵。对式(5-33)进行离散积分，设时间步长为 Δt，由递推法可知，在 t_i 时刻的响应 $V(t_i)=V_i$ 可用 t_{i-1} 时刻的响应 $V(t_{i-1})=V_{i-1}$ 来表示：

$$\begin{aligned} V_i &= e^{Ht_i}V(0)+\int_0^{t_i} e^{H(t_i-\tau)}F(\omega,\tau)d\tau \\ &= e^{H(t_{i-1}+\Delta t)}V(0)+\int_0^{t_{i-1}} e^{H(t_{i-1}+\Delta t-\tau)}F(\omega,\tau)d\tau+\int_{t_{i-1}}^{t_i} e^{H(t_i-\tau)}F(\omega,\tau)d\tau \\ &= e^{H\Delta t}\left(e^{H(t_{i-1})}V(0)+\int_0^{t_{i-1}} e^{H(t_{i-1}-\tau)}F(\omega,\tau)d\tau\right)+\int_{t_{i-1}}^{t_i} e^{H(t_i-\tau)}F(\omega,\tau)d\tau \\ &= T\cdot V_{i-1}+\int_{t_{i-1}}^{t_i} e^{H(t_i-\tau)}F(\omega,\tau)d\tau \end{aligned} \tag{5-34}$$

其中，$T=e^{H\Delta t}$ 为指数矩阵，根据文献[94]和[99]提供的精细算法为

$$T=e^{H\Delta t}=\left[e^{H\Delta t/m}\right]^m \tag{5-35}$$

令 $\tau=\Delta t/m$，当取 $m=2^N$ 很大的，$\Delta\tau$ 非常小，由泰勒级数展开式有

$$T(\tau)=\left[e^{H\tau}\right]^m\approx\left[I+H\tau+\frac{(H\tau)^2}{2!}+\frac{(H\tau)^3}{3!}+\frac{(H\tau)^4}{4!}\right]^m\equiv\left[I+T_{a0}\right]^m \tag{5-36}$$

当 N=20 时，与一般计算机的舍入误差相比，泰勒级数的截断误差要小得多，不会由于截断带来数值误差，故 $T(\tau)$ 的计算精度实际上已经给出了计算机上的精确解。

$$\left[I+T_{ai}\right]\equiv\left[I+T_{a,i-1}\right]^2=\left[I+2T_{a,i-1}+T_{a,i-1}\times T_{a,i-1}\right],\quad i=1,2,\cdots,N \tag{5-37}$$

依此类推有

$$\left[I+T_{aN}\right]=\left[I+T_{a,N-1}\right]^2=\left[I+T_{a,N-2}\right]^4=\cdots=\left[I+T_{a0}\right]^m=T(\tau) \tag{5-38}$$

每次运算单元矩阵$[I]$不参与计算，因为 T_{ai} 很小，当它与单位矩阵$[I]$相加时就成为其尾数，在计算机的舍入操作中就会自动舍去。为了避免这种情况的发生，采用下列递推方式求解：

$$\left[T_{ai}\right]=2\left[T_{a,i-1}\right]+\left[T_{a,i-1}\right]\cdot\left[T_{a,i-1}\right],\quad i=1,2,\cdots,N \tag{5-39}$$

假定在每一个时间积分步 (t_{i-1},t_i) 中，荷载为线性变换，则非平稳虚拟力 $F(\omega,t)$ 可离散为 $t_0,t_1,t_2,\cdots,t_k$ 处的随机变量 $F_0,F_1,F_2,\cdots,F_k$，非平稳虚拟力可表示为

$$F(\omega,\tau)=r_0+r_1(\tau-t_{i-1}) \tag{5-40}$$

其中，r_0、r_1 是一个不变向量。

将式(5-40)代入式(5-34)可得

$$\begin{aligned} V_i &= T\cdot V_{i-1}+\int_{t_{i-1}}^{t_i} e^{H(t_i-\tau)}\left[r_0+r_1(\tau-t_{i-1})\right]d\tau \\ &= T\cdot V_{i-1}+TH^{-1}(r_0+H^{-1}r_1)-H^{-1}(r_0+H^{-1}r_1+r_1t) \\ &= T\cdot V_{i-1}-H^{-1}[H^{-1}(F_i-F_{i-1})/\Delta t+F_i] \\ &\quad +TH^{-1}[H^{-1}(F_i-F_{i-1})/\Delta t+F_{i-1}],\quad i=1,2,\cdots,k \end{aligned} \tag{5-41}$$

其中，H^{-1} 可根据式(5-42)求得：

$$H^{-1}=\frac{H^*}{|H|}=\frac{\begin{bmatrix}-M^{-1}C & -I\\ M^{-1}K & 0\end{bmatrix}}{M^{-1}K}=\begin{bmatrix}-K^{-1}C & -MK^{-1}\\ I & 0\end{bmatrix} \tag{5-42}$$

将式(5-41)进一步写为

$$\begin{aligned}V_i &= T\cdot V_{i-1}-H^{-1}[H^{-1}(F_i-F_{i-1})/\Delta t+F_i]+TH^{-1}[H^{-1}(F_i-F_{i-1})/\Delta t+F_{i-1}]\\ &= T\cdot V_{i-1}-(H^{-2}/\Delta t)(F_i-F_{i-1})-H^{-1}F_i+(TH^{-2}/\Delta t)(F_i-F_{i-1})+TH^{-1}F_{i-1}\\ &= T\cdot V_{i-1}-(H^{-2}/\Delta t)F_i+(H^{-2}/\Delta t)F_{i-1}-H^{-1}F_i+T(H^{-2}/\Delta t)F_i\\ &\quad -T(H^{-2}/\Delta t)F_{i-1}+TH^{-1}F_{i-1}\\ &= T\cdot V_{i-1}+[(I-T)(H^{-2}/\Delta t)+TH^{-1}]F_{i-1}+[(T-I)(H^{-2}/\Delta t)-H^{-1}]F_i\end{aligned} \tag{5-43}$$

令

$$S_1=(I-T)(H^{-2}/\Delta t)+TH^{-1}\text{，}\quad S_2=(T-I)(H^{-2}/\Delta t)-H^{-1} \tag{5-44}$$

其中，$H^{-2}=H^{-1}\cdot H^{-1}$，则式(5-43)可简化为

$$V_i=T\cdot V_{i-1}+S_1F_{i-1}+S_2F_i,\qquad i=1,2,\cdots,k \tag{5-45}$$

每一固定频率点，V_0=0，则通过式(5-45)可得固定频率点各时刻的响应表达式为

$$\begin{cases}V_1=S_1F_0+S_2F_1, & i=1\\ V_i=T^{i-1}S_1F_0+T^{i-2}S_3F_1+\cdots+T^0S_3F_{i-1}+S_2F_i, & 2\ll i\ll k\end{cases} \tag{5-46}$$

其中

$$S_3=TS_2+S_1 \tag{5-47}$$

若用 $A_{i,0},A_{i,1},\cdots,A_{i,i}$ 分别表示 $F_0,F_1,\cdots,F_i$ 前面的系数，$A_{i,i}$ 中第一个 i 表示 t_i 时刻，第二个 i 表示第 i 个荷载离散点位置，则式(5-46)可表示为

$$V_i=A_{i,0}F_0+A_{i,1}F_1+\cdots+A_{i,i-1}F_{i-1}+A_{i,i}F_i,\quad i=1,2,\cdots,k \tag{5-48}$$

其中，$A_{i,0},A_{i,1},\cdots,A_{i,i}$ 只与结构本身有关，而与外荷载无关，体现了结构本身在外荷载激励下所表现出来的固有属性[64]。$A_{i,i}$ 的计算过程是一个递推过程，用 V_{i-1} 的系数 $A_{i-1,0},A_{i-1,1},\cdots,A_{i-1,i-1}$ 来推导下一步的系数为

$$\begin{cases}A_{1,0}=S_1\\ A_{1,1}=S_2\end{cases},\quad \begin{cases}A_{2,0}=TA_{1,0}\\ A_{2,1}=S_3\\ A_{2,2}=A_{1,1}\end{cases},\quad \begin{cases}A_{i,0}=TA_{i-1,0}\\ A_{i,1}=TA_{i-1,1}\\ A_{i,j}=A_{i-1,j-1}\end{cases},\quad 2\ll j\ll i,3\ll i\ll k \tag{5-49}$$

将式(5-49)代入式(5-48)，写成矩阵的形式，有

$$\begin{bmatrix} 0 & & & & & & & \\ A_{1,0} & A_{1,1} & & & & & & \\ A_{2,0} & A_{2,1} & A_{1,1} & & & & & \\ A_{3,0} & A_{3,1} & A_{2,1} & A_{1,1} & & & & \\ \vdots & \vdots & \vdots & \vdots & \ddots & & & \\ A_{k-2,0} & A_{k-2,1} & A_{k-3,1} & A_{k-4,1} & \cdots & A_{1,1} & & \\ A_{k-1,0} & A_{k-1,1} & A_{k-2,1} & A_{k-3,1} & \cdots & A_{2,1} & A_{1,1} & \\ A_{k,0} & A_{k,1} & A_{k-1,1} & A_{k-2,1} & \cdots & A_{3,1} & A_{2,1} & A_{1,1} \end{bmatrix} \begin{bmatrix} F_0(t_0) \\ F_1(t_1) \\ F_2(t_2) \\ F_3(t_3) \\ \vdots \\ F_{k-2}(t_{k-2}) \\ F_{k-1}(t_{k-1}) \\ F_k(t_k) \end{bmatrix} = \begin{bmatrix} V_0(t_0) \\ V_1(t_1) \\ V_2(t_2) \\ V_3(t_3) \\ \vdots \\ V_{k-2}(t_{k-2}) \\ V_{k-1}(t_{k-1}) \\ V_k(t_k) \end{bmatrix} \tag{5-50}$$

由式(5-50)可知，系数矩阵中所有其他所有的元素都是第一列和第二列元素的重复，也就是说只要能得到第一列和第二列的所有元素，那么整个系数矩阵就能确定。令 $F_0=1$，$F_k=0(k>0)$，进行一个瞬态分析就可以得到系数矩阵的第一列元素。同理，令 $F_0=1$，$F_1=1$，$F_k=0(k>2)$，进行一个瞬态分析就可以得到系数矩阵的第二列元素，求解加载方式如图 5-2 所示。

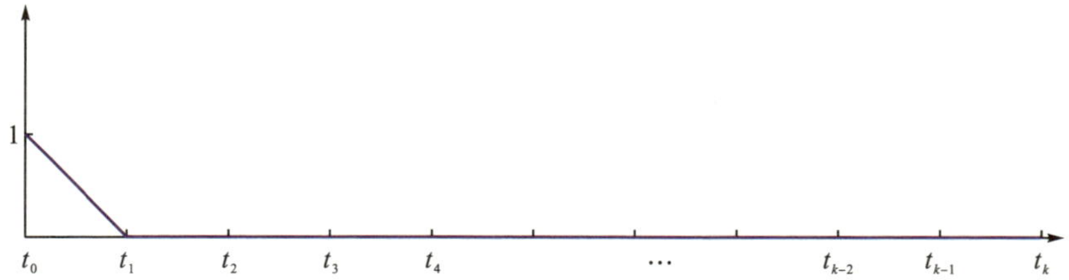

(a) t_0 时刻的三角单位脉冲激励

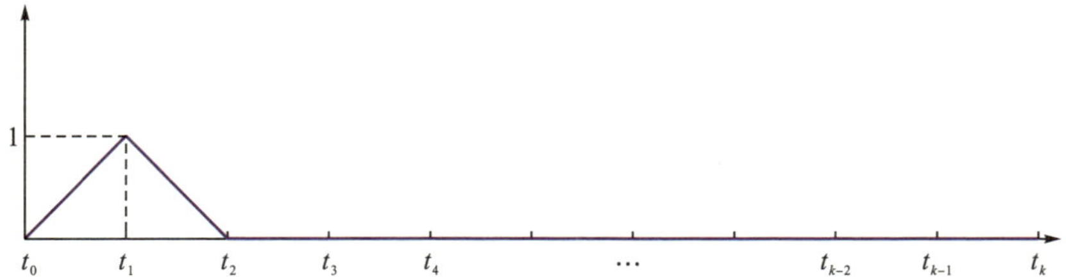

(b) t_1 时刻的三角单位脉冲激励

图 5-2　各支撑处三角加载形式

只要得到 t_0 时刻的系数矩阵，那么任意频率点处的非平稳时程荷载作用下的响应就能根据式(5-50)得到。当运用绝对位移直接求解时，对于多维多点激励的非平稳地震动荷载，需要对每一个激励点三个方向依次进行激励，分别得到所需的结构关键点响应的系数矩阵 A，然后将每一个方向的激励时程与对应的系数矩

阵 A 相乘后叠加就得到多维多点在固定频率点的结构响应。最后，将所有频率点下的激励时程都对应代入后就得到整个频率范围的结构响应。这样避免了在每一频率点下做多维多点时程分析，可大大缩短计算时间，具体步骤如图 5-3 所示。

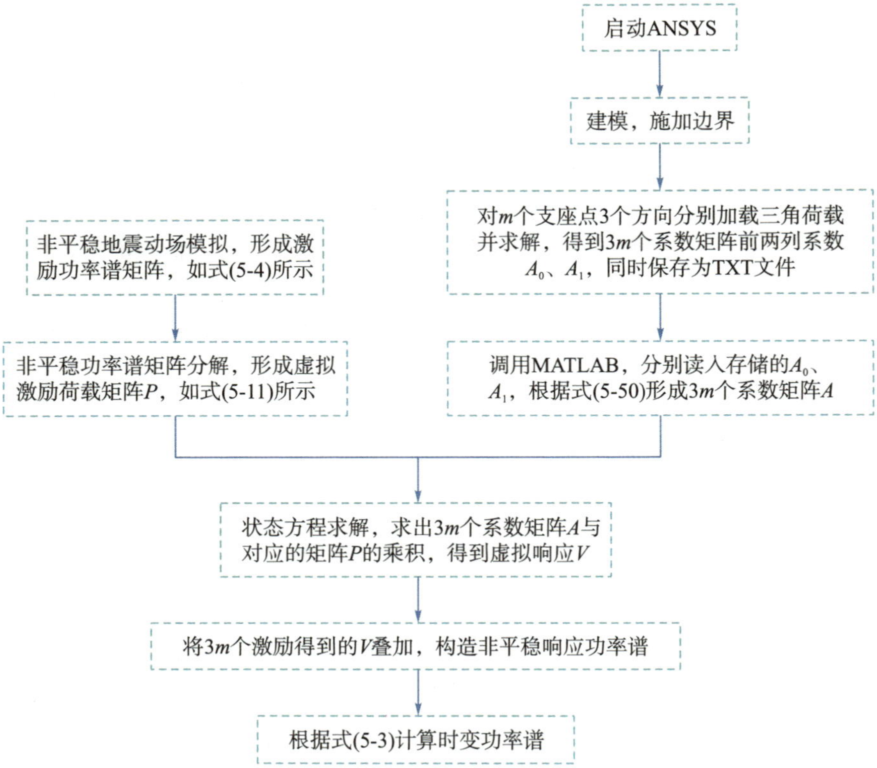

图 5-3 快速模拟实现步骤

虚拟激励法将非平稳随机振动的计算转化为普通的逐步积分计算，由于时程分析非常耗时，在相同的计算时间内，时程分析的次数决定了虚拟激励法的计算效率，所以这里主要对比时程分析的次数。设 n_ω 为频率离散点个数，激励功率谱矩阵的秩为 r, 支撑数为 n_s，三维平动方向 $n_{\text{dof}}=3$。

绝对位移直接求解法时程计算次数：

$$N_{\text{CM}}=2n_\omega r \tag{5-51}$$

精细积分法时程计算次数：

$$N_{\text{HPDM}}=2n_\omega r \tag{5-52}$$

改进的绝对位移直接法+精细积分法时程计算次数：

$$N_{\text{IHPDM}}=2n_s n_{\text{dof}}=2r \tag{5-53}$$

由式(5-51)和式(5-52)可知，绝对位移直接求解法和精细积分法有相同的时程分析次数，但是精细积分法可以使积分步长变大，从而节约计算时间。但是只适用于一些有规律的荷载，条件非常苛刻，很难满足，所以一般情况下积分步长还是不能过大。

由式(5-51)和式(5-52)可得

$$N_{\mathrm{IHPDM}}=\frac{1}{n_{\omega}}N_{\mathrm{HPDM}}=\frac{1}{n_{\omega}}N_{\mathrm{CM}} \tag{5-54}$$

对于一般大型复杂结构，振型频率非常密集，计算时需要将频率点离散得密集些，设 $n_{\omega}=2000$，$r=18$，则式(5-54)可写为

$$N_{\mathrm{IHPDM}}=\frac{1}{2000}N_{\mathrm{HPDM}}=\frac{1}{2000}N_{\mathrm{CM}} \tag{5-55}$$

由式(5-55)可知，改进的绝对位移直接法与精细积分法结合比其他两种方法的计算效率都要高，由于只需在计算 t_0、t_1 时把全部感兴趣的关键点的响应记录下来，而构成对应的系数矩阵 A，时程分析的次数大大减少，从而节约了大量的计算时间。引入精细积分后改进的直接求解法如果需要提高精度，则是在求解系数矩阵时将积分步长设小点，但是时程分析的次数不会改变，由于积分步长小而增加的时间几乎可以忽略。

5.1.4　ANSYS 快速模拟精度验证

为了验证 ANSYS 计算多维多点非平稳虚拟激励的准确性和计算精度，本节首先给出单自由度体系受完全非平稳激励的响应的解析解，并检验 ANSYS 计算完全非平稳虚拟激励响应的计算精度。

该问题的数学表达式为

$$\ddot{y}+2\xi\omega_0\ddot{y}+\omega_0^2 y=F(\omega,t) \tag{5-56}$$

$$y(0)=\dot{y}(0)=0 \tag{5-57}$$

其中，$F(\omega,t)$ 为非均匀调制演变随机激励。调制函数为 $\beta(\omega,t)$，表达式如下：

$$\beta(\omega,t)=\mathrm{e}^{-\eta\left(\frac{\omega t}{\omega_a t_a}\right)} \tag{5-58}$$

其中，η 为调频因子，由实际地震决定；ω_a、t_a 选择的原则为使频率 ω 和时间 t 无量纲，只要 ω_a、t_a 确定，$\eta(\geqslant 0)$ 可以不同比例地调制不同频率成分的衰减。

$$g(t)=\begin{cases}1, & t\geqslant 0\\ 0, & t<0\end{cases} \tag{5-59}$$

根据式(5-56)～式(5-59)可构造虚拟激励为

$$F(\omega,t)=\sqrt{S(\omega)}G(\omega,t)\mathrm{e}^{\mathrm{i}\omega t},\ \ t>0 \tag{5-60}$$

$$G(\omega,t)=\beta(\omega,t)g(t) \tag{5-61}$$

在以上推导中，未做任何限制且和 Priestley 的理论一致[101]。所以，$G(\omega,t)$ 采用任何形式都没有问题，而且可以通过本章的方法方便地计算；$S(\omega)$ 采用 Clough-Penzien 加速度功率谱模型：

$$S(\omega)=\frac{1+4\xi_g^2(\omega/\omega_g)^2}{\left[1-(\omega/\omega_g)^2\right]^2+4\xi_g^2(\omega/\omega_g)^2}\cdot\frac{\omega^4}{(\omega^2-\omega_f^2)^2+4\xi_f^2\omega_f^2\omega^2}\cdot S^* \tag{5-62}$$

其中，$S^*=1$ 为谱强度因子；ω_g、ξ_g、ω_f 和 ξ_f 为地震动场地参数，分别取值为 $\omega_g=15.0$、$\xi_g=0.6$、$\omega_f=1.5$、$\xi_f=0.6$[27]。

式(5-56)和式(5-57)构造虚拟激励后可写为

$$\begin{cases}\ddot{y}+2\xi\omega_0\dot{y}+\omega_0^2y=\sqrt{S(\omega)}G(\omega,t)\mathrm{e}^{\mathrm{i}\omega t}\\ y(0)=\dot{y}(0)=0\end{cases} \tag{5-63}$$

求解方程(5-63)，首先根据结构动力学知识，齐次解为

$$y_h=\mathrm{e}^{-\xi\omega_0 t}[A\cos(\omega_D t)+B\sin(\omega_D t)],\quad \omega_D=\omega_0\sqrt{1-\xi^2} \tag{5-64}$$

特征方程 $\ddot{y}+2\xi\omega_0\dot{y}+\omega_0^2y=0$ 的特征根为

$$r_1=-\xi\omega_0+\mathrm{i}\omega_0\sqrt{1-\xi^2},\quad r_2=-\xi\omega_0-\mathrm{i}\omega_0\sqrt{1-\xi^2} \tag{5-65}$$

将虚拟激励力进行整理变形可得

$$\begin{aligned}F(\omega,t)&=\sqrt{S(\omega)}G(\omega,t)\mathrm{e}^{\mathrm{i}\omega t}=\sqrt{S(\omega)}\mathrm{e}^{-\eta\left(\frac{\omega t}{\omega_a t_a}\right)}\mathrm{e}^{\mathrm{i}\omega t}\\&=\sqrt{S(\omega)}\mathrm{e}^{\left(-\eta\frac{\omega t}{\omega_a t_a}+\mathrm{i}\omega\right)t}=\sqrt{S(\omega)}\mathrm{e}^{\lambda t}\end{aligned} \tag{5-66}$$

其中，$\lambda=-\eta\dfrac{\omega t}{\omega_a t_a}+\mathrm{i}\omega$。

当 $\lambda=r_1=-\xi\omega_0+\mathrm{i}\omega_0\sqrt{1-\xi^2}$ 时，有

$$-\eta\frac{\omega t}{\omega_a t_a}+\mathrm{i}\omega=-\xi\omega_0+\mathrm{i}\omega_0\sqrt{1-\xi^2} \tag{5-67}$$

由式(5-67)可得

$$\begin{cases}-\eta\dfrac{\omega t}{\omega_a t_a}=-\xi\omega_0\\ \omega=\omega_0\sqrt{1-\xi^2}\end{cases}\Rightarrow -\eta\frac{\omega_0\sqrt{1-\xi^2}}{\omega_a t_a}=-\xi\omega_0\Rightarrow \xi^2=\frac{\eta^2}{\omega_a^2t_a^2+\eta^2}\text{(成立)} \tag{5-68}$$

当 $\lambda=r_2=-\xi\omega_0-\mathrm{i}\omega_0\sqrt{1-\xi^2}$ 时，有

$$\begin{cases}-\eta\dfrac{\omega}{\omega_a t_a}=-\xi\omega_0\\ \omega=-\omega_0\sqrt{1-\xi^2}\end{cases}\quad(\omega\text{不能为负数，故不成立}) \tag{5-69}$$

设特解形式为

$$y^* = b\mathrm{e}^{\lambda t} \tag{5-70}$$

将式(5-70)代入式(5-63)第一式，可得

$$B\lambda^2\mathrm{e}^{\lambda t} + 2\xi\omega_0\lambda b\mathrm{e}^{\lambda t} + \omega_0^2 b\mathrm{e}^{\lambda t} = \sqrt{S(\omega)}\mathrm{e}^{\lambda t}$$

$$\Rightarrow b\lambda^2 + 2\xi\omega_0\lambda b + \omega_0^2 b = \sqrt{S(\omega)}$$

$$\Rightarrow b = \frac{\sqrt{S(\omega)}}{\lambda^2 + 2\xi\omega_0\lambda + \omega_0^2} \tag{5-71}$$

由式(5-64)、式(5-70)和式(5-71)可得全解为

$$y = y_h + y^* = \mathrm{e}^{-\xi\omega_0 t}[A\cos(\omega_D t) + B\sin(\omega_D t)] + \frac{\sqrt{S(\omega)}}{\lambda^2 + 2\xi\omega_0\lambda + \omega_0^2}\mathrm{e}^{\lambda t} \tag{5-72}$$

根据式(5-63)第二式，得系数 A 为

$$y(0) = A + \frac{\sqrt{S(\omega)}}{\lambda^2 + 2\xi\omega_0\lambda + \omega_0^2} = 0 \Rightarrow A - \frac{\sqrt{S(\omega)}}{\lambda^2 + 2\xi\omega_0\lambda + \omega_0^2} \tag{5-73}$$

对式(5-72)求导可得

$$\dot{y}(t) = \mathrm{e}^{-\xi\omega_0 t}(-\xi\omega_0)\left[A\cos(\omega_D t) + B\sin(\omega_D t)\right]\mathrm{e}^{-\xi\omega_0 t}$$

$$\left[-A\omega_D\sin(\omega_D t) + B\omega_D\sin(\omega_D t)\right] + \frac{\sqrt{S(\omega)}}{\lambda^2 + 2\xi\omega_0\lambda + \omega_0^2}\lambda\mathrm{e}^{\lambda t} \tag{5-74}$$

将条件 $\dot{y}(0) = 0$ 代入式(5-74)可得

$$(-\xi\omega_0)A + B\omega_D + \frac{\sqrt{S(\omega)}}{\lambda^2 + 2\xi\omega_0\lambda + \omega_0^2}\lambda = 0 \Rightarrow B = \frac{A\xi\omega_0}{\omega_D} - \frac{\lambda\sqrt{S(\omega)}}{(\lambda^2 + 2\xi\omega_0\lambda + \omega_0^2)\omega_D} \tag{5-75}$$

又因 $A = -\dfrac{\sqrt{S(\omega)}}{\lambda^2 + 2\xi\omega_0\lambda + \omega_0^2}$，将其代入式(5-75)，则可得

$$B = \frac{-\sqrt{S(\omega)}(\lambda + \xi\omega_0)}{(\lambda^2 + 2\xi\omega_0\lambda + \omega_0^2)\omega_D} \tag{5-76}$$

式(5-72)的全解可写为如下形式：

$$\begin{aligned} y = y_h + y^* &= \mathrm{e}^{-\xi\omega_0 t}\left[-\frac{\sqrt{S(\omega)}}{\lambda^2 + 2\xi\omega_0\lambda + \omega_0^2}\cos(\omega_D t) + \frac{-\sqrt{S(\omega)}(\lambda + \xi\omega_0)}{(\lambda^2 + 2\xi\omega_0\lambda + \omega_0^2)\omega_D}\sin(\omega_D t)\right] \\ &\quad + \frac{\sqrt{S(\omega)}}{\lambda^2 + 2\xi\omega_0\lambda + \omega_0^2}\mathrm{e}^{\lambda t} \\ &= \begin{bmatrix} \mathrm{e}^{-\xi\omega_0 t}\left(-\dfrac{1}{\lambda^2 + 2\xi\omega_0\lambda + \omega_0^2}\cos(\omega_D t) - \dfrac{\lambda + \xi\omega_0}{(\lambda^2 + 2\xi\omega_0\lambda + \omega_0^2)\omega_D}\sin(\omega_D t)\right) \\ + \dfrac{1}{\lambda^2 + 2\xi\omega_0\lambda + \omega_0^2}\mathrm{e}^{\lambda t} \end{bmatrix}\sqrt{S(\omega)} \end{aligned} \tag{5-77}$$

响应功率谱密度为

$$
\begin{aligned}
S_y(\omega,t) &= y^*(\omega,t)y(\omega,t) \\
&= \left\{ \mathrm{e}^{\lambda t} - \mathrm{e}^{-\xi\omega_0 t}\left[\cos(\omega_D t) + \frac{\lambda+\xi\omega_0}{\omega_D}\sin(\omega_D t)\right]\right\}^2 \frac{S(\omega)}{(\lambda^2+2\xi\omega_0\lambda+\omega_0^2)^2}
\end{aligned}
\tag{5-78}
$$

其中，阻尼比 $\xi=0.05$，结构自振频率 $\omega_0=\sqrt{\dfrac{k}{m}}$（刚度 $k=1$，质量 $m=1$）。

响应的时变均方差 $\sigma(t)$ 按式(5-79)计算：

$$
\sigma(t)=\sqrt{2\int_0^{\infty} S(\omega,t)\,\mathrm{d}\,\omega} \tag{5-79}
$$

根据理论推导自编程序与本章在 ANSYS 中实现方法计算结果对比如下，分别选取了 η=0、5、10 三种情况下的计算结果对比(时变功率谱等值线对比和时变均方差对比，图 5-4)。通过对比分析可知，理论解与本章方法计算结果非常一致，从而说明本章方法的精确性。同时，在此单自由度理论解推导过程中，与文献[89]中的推导的解析式进行了对比，结果差异较大，为了证明本章推导的正确性，又运用杜阿梅尔积分法自编程序对式(5-56)的问题进行了求解，求解结果与本章方法一致。本章从时变功率谱密度函数和时变均方差来对比三种方法的异同，图 5-5(a)～(c)分别表示文献[89]中计算时变功率谱(LIN)、杜阿梅尔积分法计算时变功率谱(DHM)、本章计算的时变功率谱(JIA)。由图 5-5(a)可见，LIN 方法计算的时变功率谱在频率 ω=1Hz 时有一个突然变小的趋势，而 DHM 和 JIA 计算的时变功率谱是完全一致的。由图 5-6 可知，本章方法计算结果与杜阿梅尔计算结果一致，而文献[89]中计算结果偏小，主要原因在于该文献推导过程中，求解结构稳态解时的频率响应函数 H 有错误，此错误在本章已经更正。总之，通过单自由度系统在非均匀调制的非平稳激励下的响应理论解验证了本章方法计算的准确性，该方法确实可行，计算精度较高。

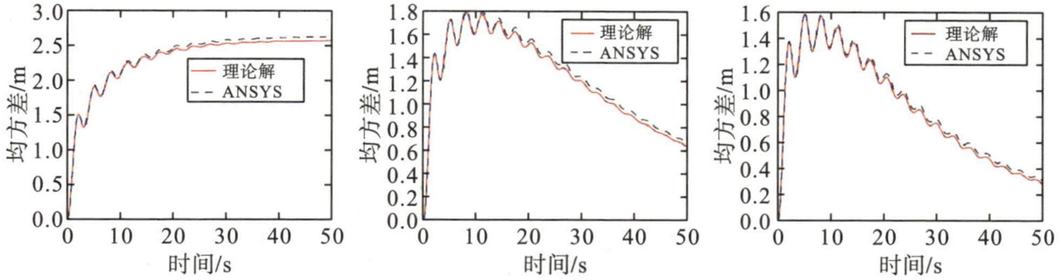

(a)η=0　(b)η=5　(c)η=10

图 5-4　理论解与本章方法计算结果对比

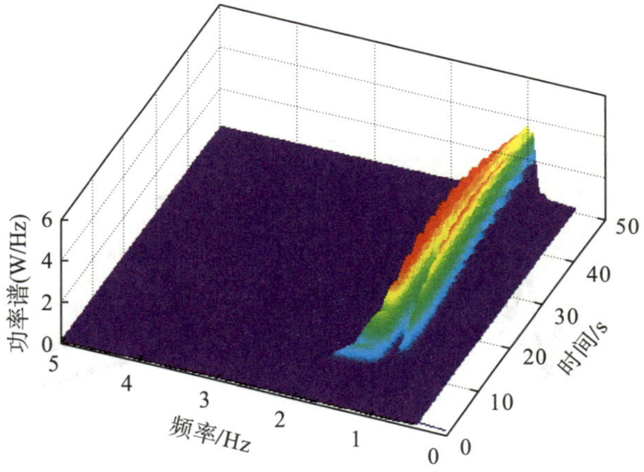

(a)LIN

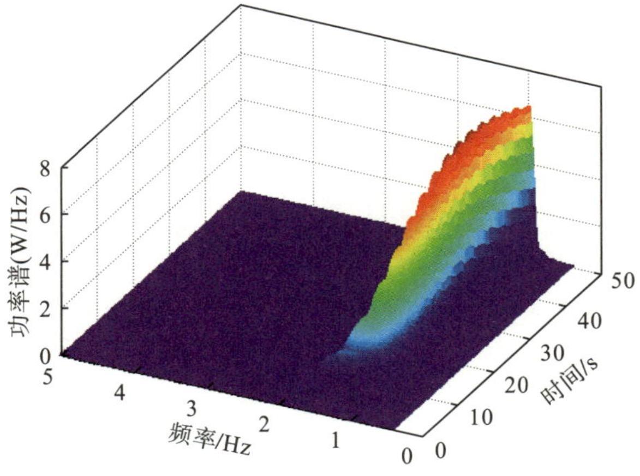

(b)DHM

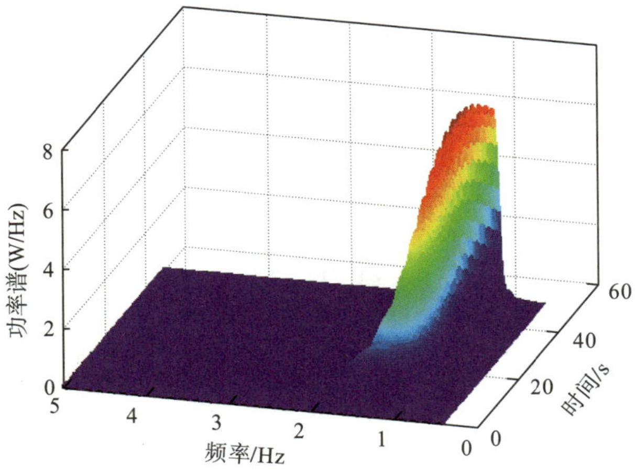

(c)JIA

图 5-5 (a)～(c)分别表示

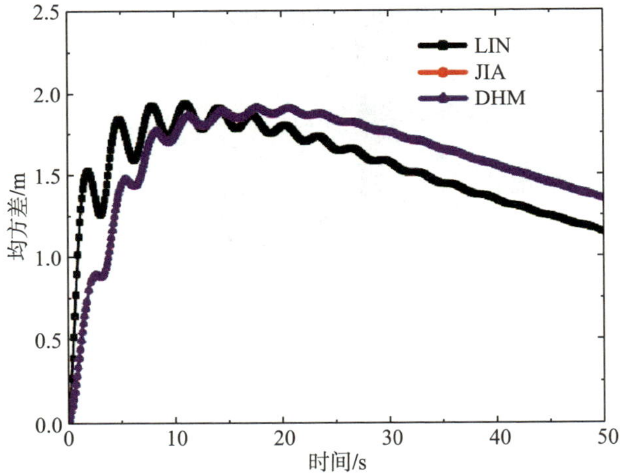

图 5-6 三种方法求解结果对比

5.2 实际工程应用

5.2.1 工程背景

本节以中国西部山区某高墩铁路桥梁(岔河大桥)为依托，其全长 466m，孔跨结构为(88+168+88)m 预应力连续刚构+(33+56+33)m 预应力混凝土连续梁，跨珠江水系北盘江支流岔河，该支流河道蜿蜒曲折，河谷深切宽缓，呈 V 字形，河中常年有水，河床宽 15～25m，水深不足 1m。两端岸坡陡坡上基岩多出露，缓坡及坡麓地带则多为第四系覆土覆盖，缓坡地带多被垦为旱地，植被不发育，坡上灌木零星散布。该桥最高墩高为 103m，最高墩编号为 2，其左侧墩为 1 号，右侧高墩编号依次为 3、4、5。1、2 号墩采用空心矩形变截面形式，其他墩均采用空心椭圆变截面形式，如图 5-7 所示。

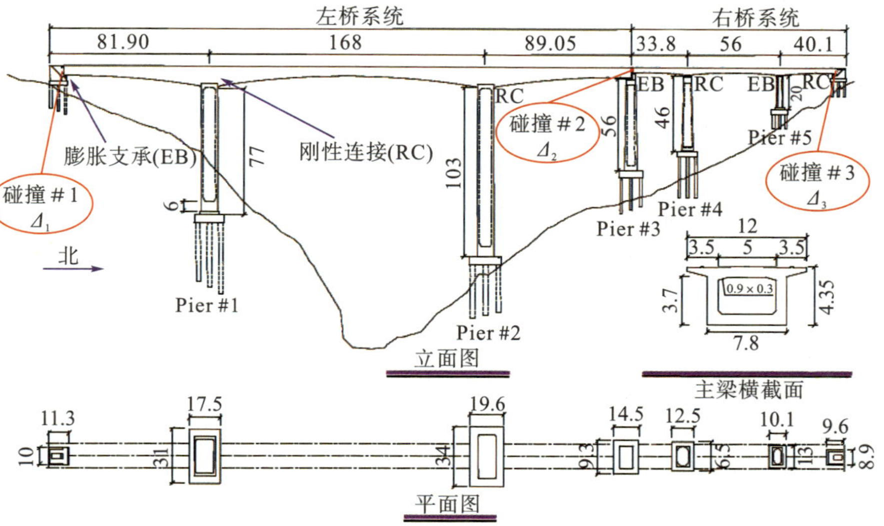

图 5-7　高墩铁路桥梁示意图(单位：m)

5.2.2　分析工况介绍

山区高墩桥梁碰撞一直是一个热点问题，碰撞的关键问题在于计算伸缩缝响应的相对位移，响应的相对位移比设计值大就会发生碰撞，否则不会。本节的主要目的就是通过快速模拟方法实现非均匀调制非平稳随机激励下，高墩桥梁伸缩缝处响应的相对位移值，其重心在于应用该快速模拟方法，而不是碰撞本身。本节可以为碰撞计算提供一个高效率的计算方法，可以充分考虑地震的非平稳性，也可以考虑地震作用地形对结构响应的影响。

该桥有三个潜在的碰撞区域的响应位移要计算，即左边刚构桥梁系统(左桥系统)与左边桥台碰撞响应相对位移 Δ_1、左边刚构桥梁系统(左桥系统)与右边连续刚构桥梁系统(右桥系统)连接处碰撞响应相对位移 Δ_2 和右边连续刚构桥梁系统(右桥系统)与右边桥台碰撞响应相对位移 Δ_3，如图 5-7 所示。有限元模型中，所有的墩底部均被约束所有自由度，而墩 1、2 和 4 的墩顶均与主梁耦合自由度，而墩 3、5 墩顶与主梁释放 x 方向自由度。

为了避免地震作用下发生碰撞，本节主要研究一致场地条件、非一致场地条件和地形对潜在碰撞处响应的相对位移值的影响。场地土特性分类见表 5-1，其中 G 为剪切模量、ρ为密度、υ_0为泊松比、ξ为阻尼比、V_s 为剪切波速、h 为土层厚度。

表 5-1　场地土特性分类[102]

场地土类型	剪切波速范围/(m/s)	G/MPa	ρ/(kg/m³)	υ_0	ξ	V_s/(m/s)	h/m
A：硬岩	V_s>1524	5285.5	2200	0.20	0.03	1550	—
B：岩石	762<V_s<1524	1344.0	2100	0.25	0.05	800	40
C：软岩	366<V_s<762	326.5	2041	0.30	0.06	400	40
D：硬土	183<V_s<366	65.3	1633	0.35	0.07	200	40
E：软土	V_s<183	15.0	1500	0.45	0.09	100	40

工况 1～3 用来分析一致场地条件下潜在碰撞处相对位移响应，工况 4～9 分析非一致场地条件对潜在碰撞处相对位移响应的影响，在分析一致场地条件和非一致场地条件对相对位移响应的影响时，土层厚度均为 h=40m。工况 10～14 用来分析地形对相对位移响应的影响，即考虑了不同墩下，不同的土层厚度对响应的影响，详细的工况分析见表 5-2。

表 5-2　分析工况

一致场地①	非一致场地	非规划场地②
1：B-B-B-B-B	4：B-C-B-B-B	10：C(40)-C(40)-C(40)-C(60)-C(60)
2：C-C-C-C-C	5：B-E-B-B-B	11：C(40)-C(40)-C(40)-C(20)-C(20)
3：E-E-E-E-E	6：C-B-C-C-C	12：C(60)-C(60)-C(60)-C(40)-C(40)
—	7：C-E-C-C-C	13：C(20)-C(20)-C(20)-C(40)-C(40)
—	8：E-B-E-E-E	14：C(60)-C(40)-C(50)-C(50)-C(60)
—	9：E-C-E-E-E	—

①A-B-C-D-E 表示从 1 号墩到 5 号墩处，场地条件依次为 A、B、C、D、E 类(土层厚度 h=40m)；②C(h_1)表示工况 C 时，土层厚度为 h_1。

5.2.3　计算结果及其分析

一致场地分布条件(工况 1、2、3)对相对位移响应的影响计算结果如图 5-8 所示。从计算结果来看，在场地一致分布情况下，场地条件越软响应越大。响应

Δ_1、Δ_2、Δ_3 的均方差最大值之比分别为 3.70∶4.09∶4.55、6.12∶6.66∶8.62、5.91∶6.60∶7.52。

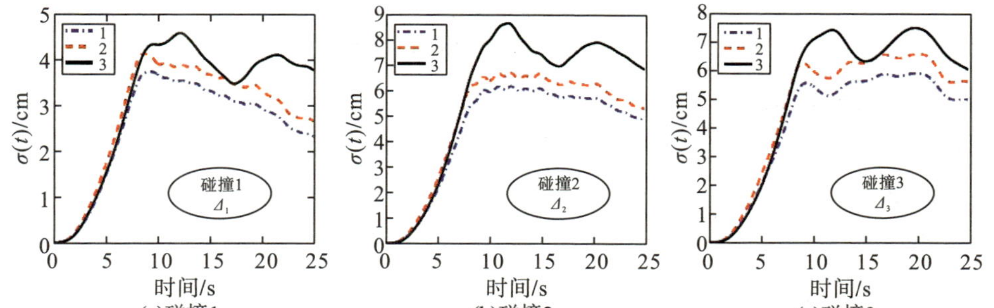

(a)碰撞1　(b)碰撞2　(c)碰撞3

图 5-8　一致场地条件潜在碰撞区相对位移响应

非一致场地条件分布情况下，将工况进一步组合为 3 个大工况，即工况 A(1、4、5)、工况 B(2、6、7、10、11、12、13、14)和工况 C(3、8、9)，分别研究场地条件空间变化分布对结构非平稳响应的影响，具体计算结果如图 5-9 所示。分析结果表明：非一致场地分布对结构非平稳响应有重要影响，工况 5(B-E-B-B-B)是所有工况 A 中响应结果最大的工况，这也表明如果最高墩(Pier#2)处与其他墩(Pier#1、Pier#3、Pier#4、Pier#5)处的场地条件相差越大，响应越大，所以最高墩(Pier#2)处的场地条件对结构响应有重要影响，但是从图 5-9(a)中可以看出，最高墩(Pier#2)处的场地条件对 Δ_3 几乎没有影响，主要是因为工况 1(B-B-B-B-B)、4(B-C-B-B-B)、5(B-E-B-B-B)中，右桥系统中所有墩处的场地条件都是 B 类，类似的情况也在工况 B 中的 2、6、7 中和工况 C 中的 3、8、9 中看到。

从图 5-9 中可知，工况 A 中的 5、4、1 响应 Δ_1、Δ_2 峰值比分别为 5.30∶3.86∶3.7、6.83∶6.01∶6.12；同样在工况 B 中的 7、2、6 响应 Δ_1、Δ_2 峰值比分别为 5.48∶4.09∶3.37、7.33∶6.66∶6.34；在工况 C 中的 9、8、3 响应 Δ_1、Δ_2 峰值比分别为 5.38∶4.74∶4.55、8.58∶8.24∶8.62。结果表明：与一致场地分布条件相比，非一致场地分布条件对结构碰撞响应有明显的影响。也就是说，如果不考虑场地非一致分布，结构碰撞响应会被低估，特别是高墩处场地条件的变化对结构影响显著。为了控制由于场地空间分布对结构响应带来的放大效应，从如下两个方面来控制：①尽量避免最高墩下出现软场地条件分布；②尽量避免高墩与其他墩处场地条件类型相差太大。

工况 2、10、11、12、13、14 用来研究地形对结构响应的影响，从图 5-9(b)中可知，在 Δ_1、Δ_2、Δ_3 处响应的峰值比分别为 4.09∶4.09∶4.10∶4.51∶4.19∶4.35、6.66∶8.62∶6.93∶7.54∶7.45∶6.69、6.60∶7.33∶6.01∶6.59∶6.62∶6.71。结果表明：地形对结构碰撞响应也有一定影响，故详细的地质勘查是必需

的，特别是最高墩处的场地特性勘查需要特别仔细，这样可以有效地在设计中规避最不利场地分布，从而降低场地条件对地震响应带来的放大效应。

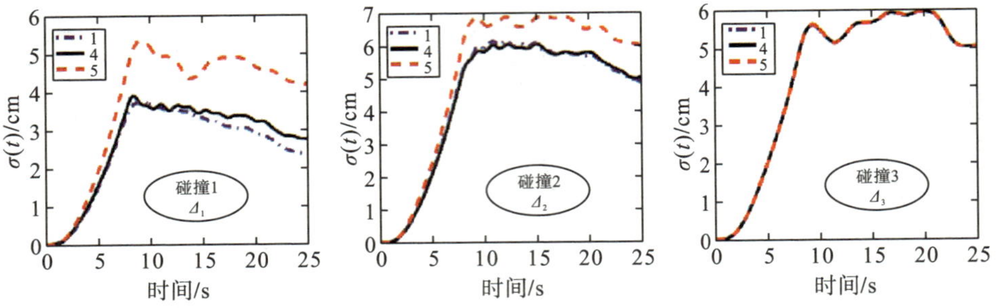

(a)工况A(1、4、5)

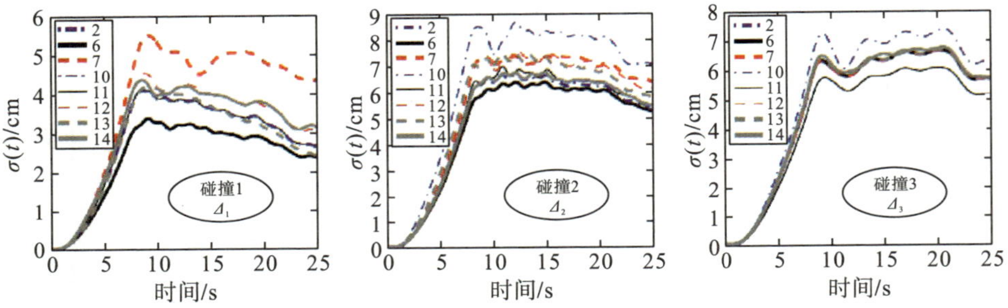

(b)工况B(2、6、7、10、11、12、13、14)

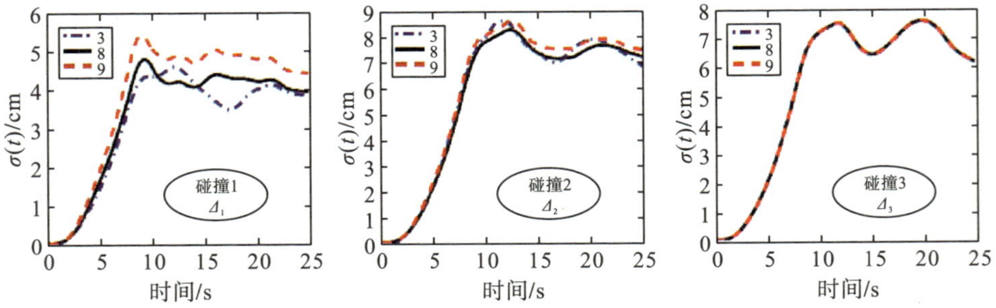

(c)工况C(3、8、9)

图 5-9 非一致场地条件分布潜在碰撞区相对位移响应

地震动的非平稳性对结构碰撞响应也有影响，为了研究地面运动的非平稳对结构碰撞响应的影响，选择非平稳、均匀调制非平稳随机激励($\eta=0$)和平稳随机激励($\eta=0$，$\beta(\omega,t)=1$)随机激励($\eta=3$)三种激励方式，其目的是便于对比分析非平稳对结构响应的影响。对比分析结果如图 5-10 所示。

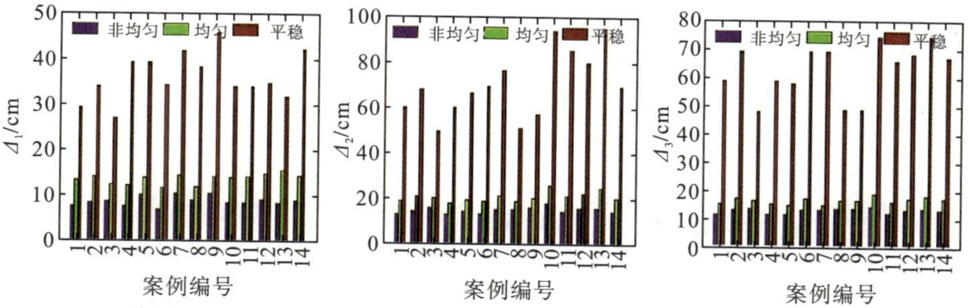

(a)Δ_1　(b)Δ_2　(c)Δ_3

图 5-10　非均匀调制非平稳、均匀调制非平稳和平稳随机振动响应对比

由图 5-10 可知，如果不考虑地震动的非平稳性，那么平稳随机响应高估了结构碰撞响应结果。均匀调制的非平稳随机激励也高估了结构的响应，但是和非均匀调制非平稳随机振动分析结果接近，所以为了计算方便，将非均匀调制非平稳随机振动简化为均匀调制非平稳随机振动是可取的，但是这样也会带来一定的误差。表 5-3 对比了多维多点地震动激励下，非均匀调制非平稳随机振动、均匀调制非平稳随机振动和平稳随机振动的结构碰撞响应对比。从表 5-3 中可以看出，平稳随机振动高估了结构的响应，如果要真实地反映地震动的非平稳性，那么需要运用非均匀调制非平稳随机振动法。

表 5-3　非均匀调制非平稳、均匀调制非平稳和平稳随机振动响应对比

工况	Δ_1	Δ_2	Δ_3
1	1.00∶1.78∶3.95	1.00∶1.48∶4.82	1.00∶1.30∶5.22
2	1.00∶1.70∶4.15	1.00∶1.48∶4.98	1.00∶1.32∶5.39
3	1.00∶1.43∶3.13	1.00∶1.30∶3.25	1.00∶1.21∶3.62
4	1.00∶1.59∶5.16	1.00∶1.41∶4.95	1.00∶1.30∶5.21
5	1.00∶1.39∶3.93	1.00∶1.35∶4.85	1.00∶1.30∶5.16
6	1.00∶1.67∶5.02	1.00∶1.43∶5.37	1.00∶1.32∶5.40
7	1.00∶1.38∶4.04	1.00∶1.38∶5.10	1.00∶1.12∶5.38
8	1.00∶1.33∶4.37	1.00∶1.26∶3.47	1.00∶1.22∶3.67
9	1.00∶1.37∶4.46	1.00∶1.28∶3.65	1.00∶1.22∶3.66
10	1.00∶1.70∶4.15	1.00∶1.45∶5.61	1.00∶1.31∶5.27
11	1.00∶ 1.70∶4.15	1.00∶1.48∶6.10	1.00∶1.34∶5.64
12	1.00∶ 1.66∶3.92	1.00∶1.44∶5.26	1.00∶1.32∶5.36
13	1.00∶ 1.87∶3.81	1.00∶1.57∶6.17	1.00∶1.36∶5.72
14	1.00∶1.63∶4.78	1.00∶1.44∶5.06	1.00∶1.31∶5.21

注：三个数值的比值代表非均匀调制非平稳随机振动响应∶均匀调制非平稳随机振动响应∶平稳随机振动响应。

5.3 结　论

本章解决了快速模拟多维多点非均匀调制非平稳随机振动在 ANSYS 中的实现问题，为多维多点非平稳地震激励下结构的随机振动计算提高了计算效率，是一种精确、高效的方法，也不需要自编程序，为随机振动法在工程中的应用起到了巨大的推动作用。

(1) 地震动本身就是一个在频域和时域均在变化的非平稳过程，运用非均匀调制非平稳随机过程能更真实地模拟地震动本身。

(2) 将绝对位移直接求解的多维多点非平稳虚拟激励法与精细积分相结合，不仅继承了所有直接求解法的优点，而且提高了计算效率。

(3) 将本章的方法在通用有限元软件中实现，不需要自编程序、方法简单、概念明确，易于工程师在实际工程中应用，为未来抗震分析方法的随机振动法提供了有效的实现途径。

(4) 本章还给出了单自由度结构受非均匀调制的非平稳随机激励下的解析解，用来验证计算结果的精度，也纠正了文献[89]中给出的错误表达式。

(5) 本章方法可以计算任意结构遭受多维多点非平稳多点激励的响应计算，能方便地考虑地震动的空间效应，研究结构在地震作用下的响应。

(6) 地震动的非平稳性、空间变化的场地条件和地形都对高墩桥梁的碰撞响应有影响，在设计中需要考虑这些因素。

第 6 章　高墩铁路桥梁梁体碰撞间隙宽度需求机理分析

中国西部山区位于地震高烈度区，且强地震频发。1976 年 7 月 28 日河北唐山地震(里氏 7.8 级)、2008 年 5 月 12 日四川汶川地震(里氏 8.0 级)、2010 年 4 月 14 日青海玉树地震(里氏 7.1 级)、2013 年 4 月 20 日雅安芦山地震(里氏 7.0 级)和 2017 年 8 月 8 日四川阿坝州九寨沟地震(里氏 7.0 级)对山区桥梁造成了严重破坏，影响了抗震救灾的顺利进行，也错失了对地震次生灾害控制的关键时机，因此山区地震造成生命、经济和财产的巨大损失[103-106]。地震作用下，桥梁上部结构破坏大多数与梁体之间的碰撞有关。通常高墩桥梁的桥墩为高度较高的柔性墩，故纵向位移大，梁体发生碰撞的概率倍增，所以控制山区高墩桥梁碰撞有着重要意义。梁体之间的间隙宽度是控制梁体碰撞的关键因素，适当调节相邻梁体的间隙宽度，可以避免或减小桥梁结构在地震作用下的碰撞破坏。对于既有桥梁，评估间隙宽度是否满足规范要求，然后采取合适的减震防撞措施，可以避免桥梁在地震中碰撞破坏。Hao[107]研究了空间地震作用下两跨简支梁碰撞间隙距离，考虑了地震的空间性、跨度、阻尼比、场地条件和地震强度对梁体碰撞的影响；Ruangrassamee 等[100]通过两个简化的线性单自由度系统，研究了关于桥梁碰撞的相对位移响应谱，研究表明：梁体碰撞使相邻梁体之间相对位移被放大，从而导致间隙宽度增加，所得到的标准相对位移反应谱适用范围较广，可为简单桥梁结构间隙宽度设计提供参考；李忠献等[108, 109]将两跨简支梁简化为两个单自由度系统，研究了碰撞的临界间隙宽度与跨度、支座屈服力和上部结构自重的关系；Bi 等[110-112]基于随机振动理论，研究了场地土条件、桩-土相互作用对两跨简支梁梁体碰撞间隙的影响，研究表明：桩-土相互作用使梁体间隙需求增加，且在软土条件下，不可忽略桩-土相互作用对结构地震作用下梁体间隙宽度的影响。国内外学者研究相关碰撞效应问题，主要集中在建筑结构碰撞方面，但是对桥梁结构在地震作用下梁体碰撞间隙的研究较少，且一般都针对比较简单的桥梁结构[86, 110]，对高墩铁路桥梁间隙宽度的研究就更少。我国西南山区高墩桥梁众多，对其进行研究具有重要意义，可为山区高墩桥梁的抗震设计提供理论依据。

综合上述研究，本章基于随机振动理论提出地震烈度-间隙宽度计算方法，从理论上建立烈度与间隙宽度的数学关系；在此理论基础之上，基于有限元法对高墩铁路桥梁进行计算分析；研究不同场地分布对碰撞间隙宽度需求的影响机理；进行地震作用下，山区高墩铁路桥梁各墩底不同场地土类型对间隙宽度影响的参数分析。本章所提方法可对新设计桥梁和既有桥梁间隙宽度进行估算，判断其是否满足当前或未来的抗震要求，为施工方是否对桥梁采取减震措施做决策提供判断依据。

6.1 空间地震动模型

一般情况下，普通桥梁结构的长度相对于桥梁所处位置到震源的距离可以忽略不计，假设桥址处基岩具有相同地震强度是合理的。但对于长跨度桥梁，不能忽略桥梁长度方向上地震动的空间变化，考虑地震动空间性非常有必要[3,113]。如图 6-1 所示，在高墩铁路桥梁结构基础处，选用相同的功率谱模型（修正 Kanai-Tajimi 模型，1969），选择不同的模型参数来模拟桥墩底部的（土体 A-E）硬、中和软场地土条件。

$$S_g(\omega)=\left|H_p(\omega)\right|^2 S_0(\omega) \tag{6-1a}$$

其中

$$\left|H_p(\omega)\right|^2=\frac{1+4\xi_g^2(\omega/\omega_g)^2}{\left[1-(\omega/\omega_g)^2\right]^2+4\xi_g^2(\omega/\omega_g)^2} \tag{6-1b}$$

$$S_0(\omega)=\frac{\omega^4}{(\omega^2-\omega_f^2)^2+4\xi_f^2\omega_f^2\omega^2}\Gamma \tag{6-1c}$$

$H_p(\omega)$为高通滤波函数，具有抑制低频地震分量的作用，且克服了 Kanai-Tajimi 模型在地面速度和位移无界的缺点；$S_0(\omega)$为 Kanai-Tajimi 功率谱密度函数；ω_g 和 ξ_g 分别为 Kanai-Tajimi 功率谱模型的中心频率和阻尼比；ω_f 和 ξ_f 分别为高通滤波函数的中心频率和阻尼比[3]，取值见表 6-1；Γ 为根据地震强度确定的比例系数，也称为谱强度因子[114]，不同地震强度下参数选择见表 6-2。

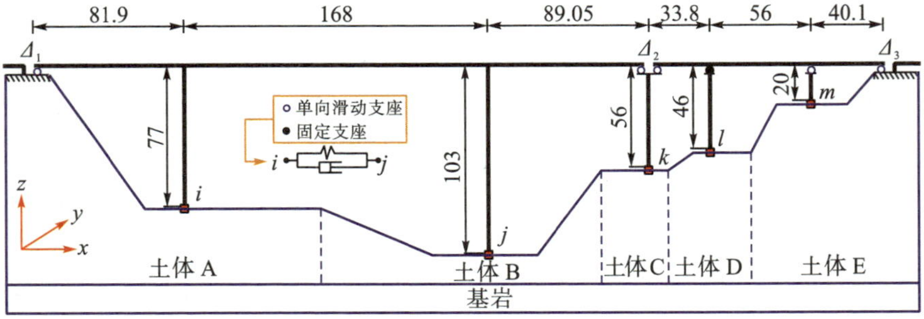

图 6-1 高墩铁路桥梁结构及场地分布示意图(单位：m)

表 6-1　场地土类型参数

土体类型	ω_g	ξ_g	ω_f	ξ_f
硬土	15.0	0.6	1.5	0.6
中土	10.0	0.4	1.0	0.6
软土	5.0	0.2	0.5	0.6

表 6-2　地震动谱强度因子 Γ（单位：cm^2/s）

土体类型	烈度				
	6	7	8	9	10
硬土	3.69	14.77	59.08	236.31	945.13
中土	3.97	15.89	63.53	254.07	1016.17
软土	5.22	20.87	83.45	333.76	1334.86

为了模拟地表面处(i、j、k、l、m、n 六点)地震激励的相互作用，本章选用如下相干函数模型：

$$\rho_{kl}(\mathrm{i}\omega)=\left|\rho_{kl}(\mathrm{i}\omega)\right|\exp\left(-\frac{\mathrm{i}\omega d_{kl}^{L}}{\upsilon_{\mathrm{app}}}\right) \tag{6-2}$$

其中，$\left|\rho_{kl}(\mathrm{i}\omega)\right|$ 为相干函数 $\rho_{kl}(\mathrm{i}\omega)$ 的模，反映部分相干效应；$\exp\left(-\frac{\mathrm{i}\omega d_{kl}^{L}}{\upsilon_{\mathrm{app}}}\right)$ 为 $\rho_{kl}(\mathrm{i}\omega)$ 的幅角，体现行波效应的影响；d_{kl}^{L} 为支撑 k 和 l 之间的水平距离沿波传播方向的投影；υ_{app} 为地震波视波速。

任两激励点(k、l 点)的互功率谱密度函数为

$$S_{kl}(\mathrm{i}\omega)=\rho_{kl}(\mathrm{i}\omega)\sqrt{S_{kk}(\omega)S_{ll}(\omega)}=\rho_{kl}(\mathrm{i}\omega)S_g(\omega) \tag{6-3}$$

其中，$S_{kk}(\omega)$ 和 $S_{ll}(\omega)$ 分别为 k 点和 l 点自功率谱密度函数，表征激励点 k 和 l 处的局部场地效应。

基于随机振动理论，根据式(6-1)～式(6-3)组成地面激励点 i、j、k、l、m 互功率谱密度函数矩阵 $S(\mathrm{i}\omega)$ 如下：

$$S(\mathrm{i}\omega)=A\begin{bmatrix} \left|H_{pii}(\omega)\right|^2 & \left|\rho_{ij}(\mathrm{i}\omega)\right|\left|H_{pij}(\omega)\right|^2 & \left|\rho_{ik}(\mathrm{i}\omega)\right|\left|H_{pik}(\omega)\right|^2 & \cdots & \left|\rho_{im}(\mathrm{i}\omega)\right|\left|H_{pim}(\omega)\right|^2 \\ \left|\rho_{ji}(\mathrm{i}\omega)\right|\left|H_{pji}(\omega)\right|^2 & \left|H_{pjj}(\omega)\right|^2 & \left|\rho_{jk}(\mathrm{i}\omega)\right|\left|H_{pjk}(\omega)\right|^2 & \cdots & \left|\rho_{jm}(\mathrm{i}\omega)\right|\left|H_{pjm}(\omega)\right|^2 \\ \left|\rho_{ki}(\mathrm{i}\omega)\right|\left|H_{pki}(\omega)\right|^2 & \left|\rho_{kj}(\mathrm{i}\omega)\right|\left|H_{pkj}(\omega)\right|^2 & \left|H_{pkk}(\omega)\right|^2 & \cdots & \left|\rho_{km}(\mathrm{i}\omega)\right|\left|H_{pkm}(\omega)\right|^2 \\ \vdots & \vdots & \vdots & & \vdots \\ \left|\rho_{mi}(\mathrm{i}\omega)\right|\left|H_{pmi}(\omega)\right|^2 & \left|\rho_{mj}(\mathrm{i}\omega)\right|\left|H_{pmj}(\omega)\right|^2 & \left|\rho_{mk}(\mathrm{i}\omega)\right|\left|H_{pmk}(\omega)\right|^2 & \cdots & \left|H_{pmm}(\omega)\right|^2 \end{bmatrix}A^{*}S_0(\omega) \tag{6-4}$$

其中，$A=\mathrm{diag}\begin{bmatrix}\exp(\mathrm{i}\omega d_i^L/\upsilon_{\mathrm{app}})\\ \exp(\mathrm{i}\omega d_j^L/\upsilon_{\mathrm{app}})\\ \exp(\mathrm{i}\omega d_k^L/\upsilon_{\mathrm{app}})\\ \vdots \\ \exp(\mathrm{i}\omega d_m^L/\upsilon_{\mathrm{app}})\end{bmatrix}$，$\mathrm{diag}[\cdot]$表示对角矩阵；上标“*”表示矩阵的共轭；$d_i^L$为任意点 i 在地震波传播方向的投影坐标，以此类推；d_{ij}^L为任意两点 i、j 在地震波传播方向的投影距离，即 $d_{ij}^L=d_j^L-d_i^L$；当相干函数 $\rho(\mathrm{i}\omega)=0$ 时，表示地面点 i、j、k、l、m 之间的激励完全不相关；当 $\rho(\mathrm{i}\omega)=1$时，表示所有的地面各点激励完全相关；当 $\rho(\mathrm{i}\omega)$ 取值在 0～1 时，表示激励之间部分相关；$\rho(\mathrm{i}\omega)=1$实质上就是一致激励地震动输入，$\rho(\mathrm{i}\omega)$ 值在$[0,1)$范围，地震动输入为多点激励输入。根据结构动力学知识可知，纵向一致激励输入将会激起结构的反对称振型，多点激励会同时激起结构的对称振型和反对称振型。$\rho(\mathrm{i}\omega)=0$ 时更容易激起结构对称与反对称振型，使得结构响应达到最大值。结构的抗震设计时工程师恰恰需要响应的最大值，所以本章选择 $\rho(\mathrm{i}\omega)=0$ 来得到地震作用下高墩桥梁结构响应的最大值，这也便于实际工程应用。所以，式(6-4)可简化为

$$S(\omega)=\begin{bmatrix}\left|H_{pii}(\omega)\right|^2 & & & & \\ & \left|H_{pjj}(\omega)\right|^2 & & & \\ & & \left|H_{pkk}(\omega)\right|^2 & & \\ & & & \ddots & \\ & & & & \left|H_{pmm}(\omega)\right|^2\end{bmatrix}S_0(\omega) \tag{6-5}$$

式(6-5)表示地面激励功率谱为$S_{nn}(\omega)=\left|H_{pnn}(\omega)\right|^2 S_0(\omega)$，其中 n 为 i、j、k、l、m。

将式(6-5)整理改写为如下形式：

$$S(\omega)=P^*P^{\mathrm{T}} \tag{6-6a}$$

其中

$$P=\mathrm{diag}\begin{bmatrix}\sqrt{\left|H_{pii}(\omega)\right|^2}\\ \sqrt{\left|H_{pjj}(\omega)\right|^2}\\ \sqrt{\left|H_{pkk}(\omega)\right|^2}\\ \vdots \\ \sqrt{\left|H_{pmm}(\omega)\right|^2}\end{bmatrix}\sqrt{S_0(\omega)}\,\mathrm{e}^{-\mathrm{i}\omega t}=\sqrt{S(\omega)}\,\mathrm{e}^{\mathrm{i}\omega t} \tag{6-6b}$$

则式(6-5)可表示为 $S(\omega)=P^{*}P^{\mathrm{T}}$。上标“*”表示矩阵共轭，“T”表示矩阵的转置。根据虚拟激励法原理，可确定 P 就是所构造的虚拟激励地震加速度。为了便于表达，各点处虚拟激励地震加速度表示为

$$\ddot{A}=P=\sqrt{S_{nn}(\omega)}\,\mathrm{e}^{\mathrm{i}\omega t}=\sqrt{\left|H_{pnn}(\omega)\right|^{2}S_{0}(\omega)}\,\mathrm{e}^{\mathrm{i}\omega t}=\left|H_{pnn}(\omega)\right|\sqrt{S_{0}(\omega)}\,\mathrm{e}^{\mathrm{i}\omega t} \tag{6-7}$$

其中，$n=i,j,k,l,m$。由式(6-7)可知，$\ddot{A}$ 可直接作为结构动力方程的荷载输入，然后通过谐响应分析求得结构动力响应。

6.2　结构动力方程及求解

地震作用下桥梁结构系统动力方程用分块矩阵表示为[86]

$$\begin{bmatrix} M_{ss} & 0 \\ 0 & M_{bb} \end{bmatrix}\begin{Bmatrix} \ddot{X}_{s} \\ \ddot{X}_{b} \end{Bmatrix}+\begin{bmatrix} C_{ss} & 0 \\ 0 & C_{bb} \end{bmatrix}\begin{Bmatrix} \dot{X}_{s} \\ \dot{X}_{b} \end{Bmatrix}+\begin{bmatrix} K_{ss} & K_{sb} \\ K_{bs} & K_{bb} \end{bmatrix}\begin{Bmatrix} X_{s} \\ X_{b} \end{Bmatrix}=\begin{Bmatrix} 0 \\ P_{b} \end{Bmatrix} \tag{6-8}$$

其中，X_b 为地面点 i、j、k、l、m 结构支撑强迫位移；X_s 为结构系统非支撑节点位移；P_b 为结构支撑处受到的地面地震力，本章 P_b 等于构造的虚拟激励力，即任意支撑处地震虚拟力 $P_{b}=M_{bb}\ddot{A}=M_{bb}\left|H_{pnn}(\omega)\right|\sqrt{S_{0}(\omega)}\,\mathrm{e}^{\mathrm{i}\omega t}$ $(n=i,j,k,l,m)$；M、C、K 分别为质量矩阵、阻尼矩阵和刚度矩阵；下标 s 表示非支撑节点，b 表示支撑节点。假设基础底部大质量 $M_{bb}\to\infty$，则式(6-8)按第二项展开并整理可得

$$\ddot{X}_{b}=\ddot{A}=\left|H_{pnn}(\omega)\right|\sqrt{S_{0}(\omega)}\,\mathrm{e}^{\mathrm{i}\omega t} \tag{6-9}$$

基于随机振动理论，进一步可得

$$X_{b}=\frac{\dot{X}_{b}}{\mathrm{i}\omega}=-\frac{\ddot{X}_{b}}{\omega^{2}}=-\left|H_{pnn}(\omega)\right|\sqrt{S_{0}(\omega)}\,\mathrm{e}^{\mathrm{i}\omega t} \tag{6-10}$$

将式(6-8)中第一项展开并移项可得

$$M_{ss}\ddot{X}_{s}+C_{ss}\dot{X}_{s}+K_{ss}X_{s}=-K_{sb}X_{b} \tag{6-11}$$

将式(6-11)解耦，可得到模态振动方程为

$$\ddot{q}_{k}+2\xi_{k}\omega_{k}\dot{q}_{k}+\omega_{k}^{2}q_{k}=-\frac{\varphi_{k}^{\mathrm{T}}K_{sb}}{\varphi_{k}^{\mathrm{T}}M_{ss}\varphi_{k}}X_{b} \tag{6-12}$$

其中，φ_k 为结构第 k 阶振型；q_k 为结构第 k 阶模态响应，与之相应的圆频率为 ω_k，模态阻尼比为 ξ_k，结构阻尼比取 0.05。

将式(6-10)代入式(6-12)整理可得

$$\ddot{q}_{k}+2\xi_{k}\omega_{k}\dot{q}_{k}+\omega_{k}^{2}q_{k}=-\frac{\varphi_{k}^{\mathrm{T}}K_{sb}}{\varphi_{k}^{\mathrm{T}}M_{ss}\varphi_{k}}\sum_{n=i}^{m}-\left|H_{pnn}(\omega)\right|\sqrt{S_{0}(\omega)}\,\mathrm{e}^{\mathrm{i}\omega t}\Big/\omega^{2} \tag{6-13}$$

求解式(6-13)可得

$$q_k = H_k(\mathrm{i}\omega)\frac{\varphi_k^{\mathrm{T}} K_{sb}}{\varphi_k^{\mathrm{T}} M_{ss}\varphi_k}\sum_{n=i}^{m}\left|H_{pnn}(\omega)\right|\sqrt{S_0(\omega)}\,\mathrm{e}^{\mathrm{i}\omega t}\Big/\omega^2 \tag{6-14}$$

其中，$H_k(\mathrm{i}\omega)=(\omega_k^2-\omega^2+2\mathrm{i}\xi_k\omega_k\omega)^{-1}$ 为频率响应函数。

结构位移虚拟响应可表示为

$$X_s(t)=\sum_{k=1}^{h} q_k\varphi_k=\sum_{k=1}^{h} H_k(\mathrm{i}\omega)\frac{\varphi_k^{\mathrm{T}} K_{sb}}{\varphi_k^{\mathrm{T}} M_{ss}\varphi_k}\varphi_k\sum_{n=i}^{m}\left|H_{pnn}(\omega)\right|\sqrt{S_0(\omega)}\,\mathrm{e}^{\mathrm{i}\omega t}\Big/\omega^2 \tag{6-15}$$

那么，任意两节点 (u_1,u_2) 相对位移响应为

$$\begin{aligned}\varDelta &= X_s^{u_2}(t)-X_s^{u_1}(t)=\sum_{k=1}^{h}\varphi_k^{u_2} q_k(t)-\sum_{k=1}^{h}\varphi_k^{u_1} q_k(t)\\ &=\sum_{k=1}^{h} H_k(\mathrm{i}\omega)\frac{\varphi_k^{\mathrm{T}} K_{sb}}{\varphi_k^{\mathrm{T}} M_{ss}\varphi_k}(\varphi_k^{u_2}-\varphi_k^{u_1})\sum_{n=i}^{m}\left|H_{pnn}(\omega)\right|\sqrt{S_0(\omega)}\,\mathrm{e}^{\mathrm{i}\omega t}\Big/\omega^2\end{aligned} \tag{6-16}$$

其中，h 为振型阶数，$n=i,j,k,l,m$。

任意两节点 (u_1,u_2) 相对位移功率谱密度函数为

$$\begin{aligned}S_\varDelta(\omega) &= \varDelta^{*}\varDelta^{\mathrm{T}}=\left[\sum_{k=1}^{h} H_k(\mathrm{i}\omega)\frac{\varphi_k^{\mathrm{T}} K_{sb}}{\varphi_k^{\mathrm{T}} M_{ss}\varphi_k}(\varphi_k^{u_2}-\varphi_k^{u_1})\sum_{n=i}^{m}\left|H_{pnn}(\omega)\right|\sqrt{S_0(\omega)}\,\mathrm{e}^{\mathrm{i}\omega t}\Big/\omega^2\right]^{*}\\ &\quad\cdot\left[\sum_{y=1}^{h} H_y(\mathrm{i}\omega)\frac{\varphi_y^{\mathrm{T}} K_{sb}}{\varphi_y^{\mathrm{T}} M_{ss}\varphi_y}(\varphi_y^{u_2}-\varphi_y^{u_1})\sum_{z=i}^{m}\left|H_{pzz}(\omega)\right|\sqrt{S_0(\omega)}\,\mathrm{e}^{\mathrm{i}\omega t}\Big/\omega^2\right]^{\mathrm{T}}\\ &=\sum_{k=1}^{h}\sum_{y=1}^{h}\sum_{n=i}^{m}\sum_{z=i}^{m} H_k^{*}(\mathrm{i}\omega)H_y^{\mathrm{T}}(\mathrm{i}\omega)\frac{\varphi_k^{\mathrm{T}} K_{sb}}{\varphi_k^{\mathrm{T}} M_{ss}\varphi_k}\frac{\varphi_y^{\mathrm{T}} K_{sb}}{\varphi_y^{\mathrm{T}} M_{ss}\varphi_y}(\varphi_k^{u_2}-\varphi_k^{u_1})\\ &\quad\cdot(\varphi_y^{u_2}-\varphi_y^{u_1})\left|H_{pnn}(\omega)\right|\left|H_{pzz}(\omega)\right|S_0(\omega)/\omega^4\end{aligned} \tag{6-17}$$

基于随机振动理论，$S_\varDelta(\omega)$ 第 i 阶谱矩阵为

$$\lambda_i = 2\int_0^{\infty}\omega^i S_\varDelta(\omega)\,\mathrm{d}\omega \tag{6-18}$$

Larose[115]假设水平跨越次数为泊松过程，y_e 和 σ_y 分别为线性响应 $X(t)$ 的极值和标准差，并定义极值分布无量纲参数：

$$\eta = y_e/\sigma_y \tag{6-19}$$

平均频率：

$$v=\sqrt{\lambda_2/\lambda_0}\Big/(2\pi) \tag{6-20}$$

η 极值的期望值近似为

$$E(\eta)\approx(2\ln(v\tau))^{1/2}+\gamma/(2\ln(v\tau))^{1/2} \tag{6-21}$$

极值期望：

$$E(y_e)=E(\eta)\sigma_y \tag{6-22}$$

其中，τ 为地震持续时间，取 25s；γ=0.5772 为欧拉常数。

极值均方差：

$$\sigma \approx \pi\sigma_y / \left[\sqrt{6}(2\ln(v\tau))^{1/2}\right] \tag{6-23}$$

通过式(6-22)、式(6-23)可得到相对位移($\varDelta$)的响应极值，从而得到地震作用下梁体间的间隙宽度需求，同时也可判断已建桥梁相邻梁体间的间隙宽度是否满足抗震设防要求。

6.3 算例分析

6.3.1 工程描述及模拟

采用位于中国西部山区某高墩铁路桥梁(岔河大桥)为实际工程背景，岔河桥全长 466m，结构分布为(88+168+88)m 预应力连续刚构和(33+56+33)m 预应力混凝土连续梁，梁体采用 C50 预应力混凝土，桥墩混凝土为 C40。从左到右桥墩编号分别为 i、j、k、l、m；墩高分别为 77m、103m、56m、46m、20m；各墩位于土体之上，与桥墩编号对应的墩底土体分别为土体 A、土体 B、土体 C、土体 D、土体 E，土体下部为基岩，详见图 6-1；i、j 号高墩采用空心矩形变截面形式，其他高墩均采用空心椭圆变截面形式。采用大型通用有限元软件 ANSYS 进行计算分析。在有限元模型中，梁体和墩采用 Beam44 单元模拟，支座采用 Combin14 单元模拟，纵向弹簧刚度分别选取为 47911kN/m、47878.5kN/m、16254.5kN/m、43237kN/m、16302.75kN/m，梁与墩竖向联系，采用墩梁固结。各墩底部激励方向约束释放，其他方向约束，采用大质量法考虑地震动的多点激励效应，且未考虑桩-土相互作用对桥梁的影响。地震作用下梁体碰撞点分别发生在位置$\varDelta_1$、$\varDelta_2$、$\varDelta_3$。本节仅研究墩底地震激励对结构的碰撞间隙的影响，未涉及桥台处的地震激励，所以关注的重点为$\varDelta_2$ 的间隙宽度问题。根据实际桥梁安全评估报告，从墩 i 到墩 m 实际场地类别(Real-R)分别为中场地、软场地、硬场地、中场地和软场地(M-Medium、S-Soft、F-Firm、M-Medium、S-Soft)。为了详细分析不同场地条件对梁体间隙宽度需求的影响，工况设置见表 6-3。

表 6-3　场地土体工况

烈度	土体 A	土体 B	土体 C	土体 D	土体 E
6	F	F	F	F	F
6	M	M	M	M	M
6	S	S	S	S	S
6	M	S	F	M	S
7	F	F	F	F	F
7	M	M	M	M	M
7	S	S	S	S	S

续表

烈度	土体 A	土体 B	土体 C	土体 D	土体 E
7	M	S	F	M	S
8	F	F	F	F	F
8	M	M	M	M	M
8	S	S	S	S	S
8	M	S	F	M	S
9	F	F	F	F	F
9	M	M	M	M	M
9	S	S	S	S	S
9	M	S	F	M	S
10	F	F	F	F	F
10	M	M	M	M	M
10	S	S	S	S	S
10	M	S	F	M	S

6.3.2 结构动力特性

基于 ANSYS 的 Modal 模块，采用 Block Lanczos 方法计算岔河大桥前 20 阶的自振频率。相对于大跨度斜拉桥和悬索桥，高墩铁路桥梁刚度大，自振频率较大，对结构起控制作用的振型一般集中在前面几阶，故此处仅列出前 10 阶，如表 6-4 所示。由表 6-4 可知，采用大质量法的绝对位移求解模态，自振频率的前 6 阶频率值都非常小，这是因为基础底部布置大质量块后，解除纵向约束而产生的附加振型[116]，而实际振动频率从第 6 阶开始。前 5 阶为刚体运动，在计算功率谱密度时，不计入间隙宽度需求响应结果，即本章的计算结果从第 6 阶频率开始计。起控制作用的第 6 阶振型为主桥(左幅桥)纵向振动，说明梁体纵向刚度相对较弱，容易发生振动，从而导致梁体碰撞。从第 6 阶到第 10 阶振型来看，起控制作用的纵横向振动均有，说明高墩桥梁容易发生纵横向碰撞，纵向振型相对较多，所以特别容易发生纵向碰撞。第 6 阶和第 10 阶振型为主桥(左幅桥)和引桥(右幅桥)纵向振动，这两阶频率相差较大(0.7Hz)，故主桥与引桥纵向振动不一致，在多点地震动激励下容易产生梁体碰撞。为了防止梁体碰撞给高墩铁路桥梁带来的破坏或降低梁体碰撞概率，所以研究纵向碰撞间隙设计宽度是非常有必要的。

表 6-4 岔河大桥自振频率

阶数	频率/Hz	振型
1	0.006823	全桥整体纵向振动
2	0.010241	全桥整体纵向振动

续表

阶数	频率/Hz	振型
3	0.016246	主桥纵向振动
4	0.019346	引桥纵向振动
5	0.029165	主桥纵向振动
6	0.802147	主桥主梁纵向对称振动
7	0.922501	主桥主梁横向对称振动
8	1.338360	全桥横向反对称振动
9	1.380410	主桥主梁横向对称振动
10	1.470250	引桥纵向对称振动

6.3.3　计算结果及分析

岔河大桥为大跨度高墩铁路桥梁，因其跨度大，各桥墩处的场地土类型分布不一致。而实际桥梁抗震设计动力分析时，一般按一致场地分布进行计算，这是不符合实际情况的。为了说明实际非一致场地分布对高墩铁路桥梁碰撞间隙宽度的影响，本章对岔河大桥地震多点激励下(非一致场地分布)的碰撞间隙宽度需求进行分析，分析不同烈度下各场地条件对间隙宽度的影响，并与实际场地分布(非一致场地分布)对比，计算结果如图 6-2 所示。

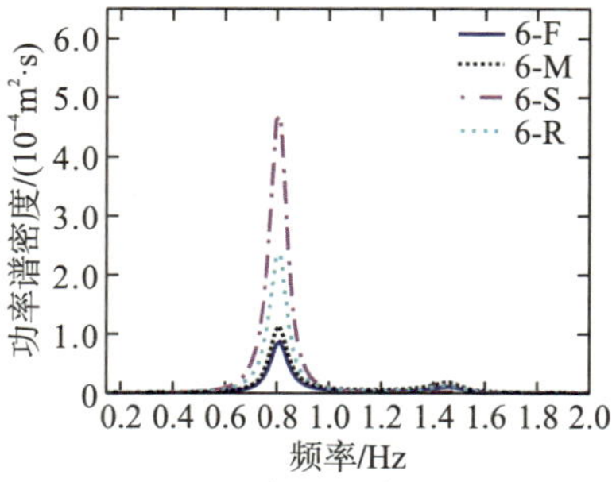

(a)第6阶频率

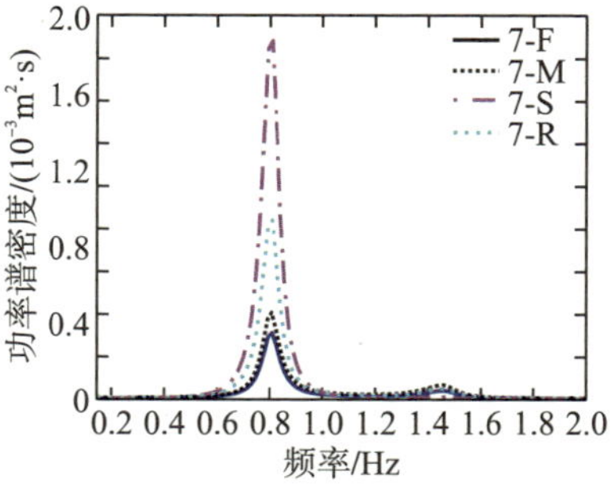

(b)第7阶频率

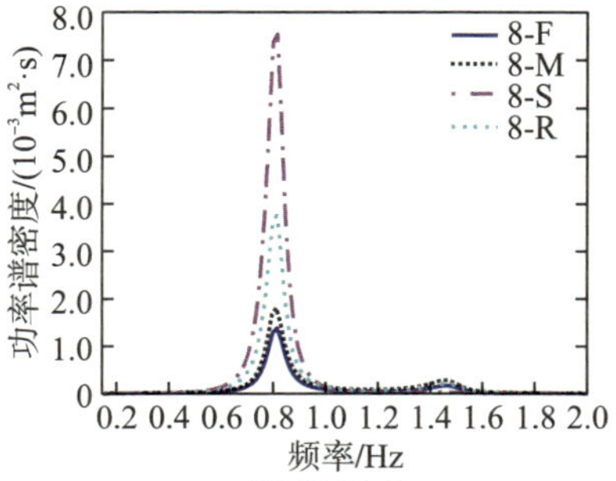

(c)第8阶频率

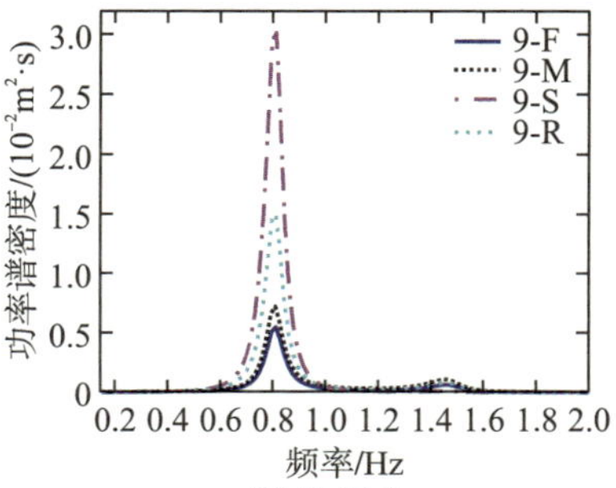

(d)第9阶频率

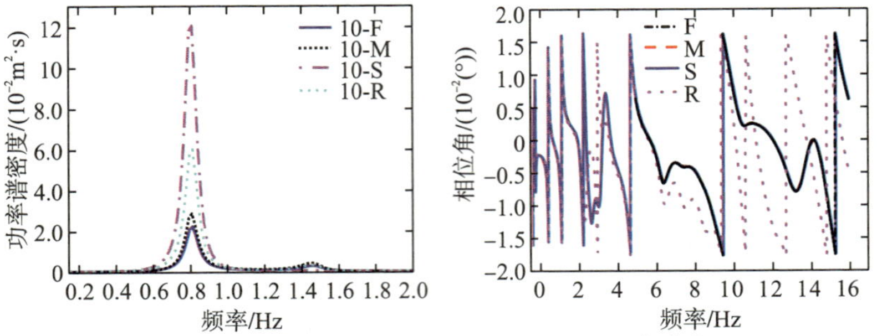

(e)第10阶频率　　(f)相位角

图 6-2　需求位移功率谱密度及相位角

从图 6-2(a)～(e)可知，地震作用下，一致软土场地分布对岔河大桥碰撞间隙宽度响应最大，是硬场地情况的 4～6 倍，且均发生在第 6 阶频率(0.8Hz)处，说明第 6 阶振型对碰撞间隙宽度起控制作用，而在第 10 阶频率(1.47Hz)也有峰值出现，这正是引桥纵向振动，即主桥和引桥的纵向振动振型对岔河大桥碰撞间隙宽度起控制作用。相比较而言，主桥纵向振动(第 6 阶)影响最大；实际场地(R)分布时，间隙宽度需求比一致软土场地(S)分布小，这是因为软土卓越频率较小，正好与高墩桥梁相对较柔的自振频率接近，有共振现象，对输入地震作用有放大效应；如图 6-2(f)所示，当间隙宽度相位差为零时，表示主桥与引桥振动一致，不发生碰撞。一致激励时，不同地震烈度下一致场地分布(F、M、S)相位相同，发生碰撞；而不同地震烈度的实际场地分布时，相位峰值比一致场地分布多，表明碰撞次数增多，根据相位差的幅值可知，梁体间碰撞强度会增大。

由图 6-3 和图 6-4 可知，实际场地时，不同地震烈度下间隙宽度需求的峰值均值比一致场地分布大，硬、中、软场地分别为 76%、71%和 42%。峰值均方差分别为 85%、82%和 58%。实际场地分布为多点激励，而一致场地分布为一致激

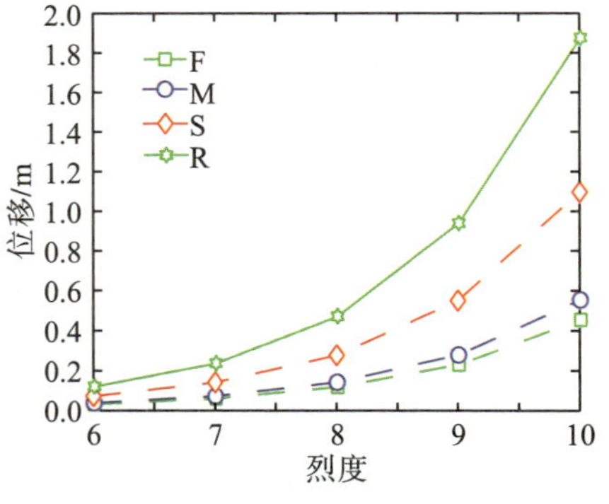

图 6-3　间隙宽度需求均值

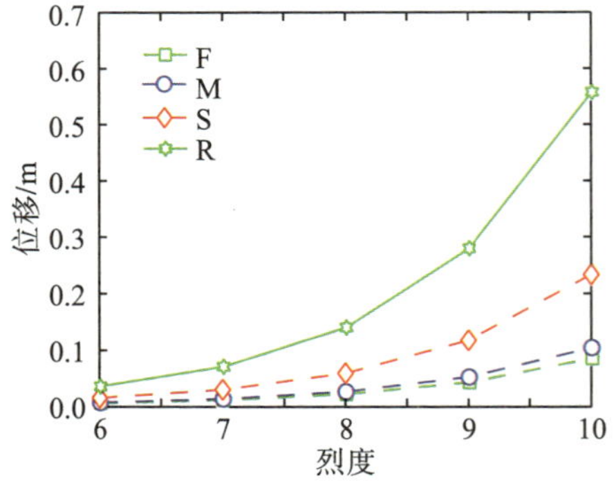

图 6-4　间隙宽度需求均方差

励，一致激励激起高墩桥梁的反对称振型，多点激励不仅激励起反对称振型，也更易激起高墩桥梁的对称振型，虽然一致分布软场功率谱峰值在第一阶处最大，但实际场地为多点激励，激起了更多的振型参与，导致实际场地分布的间隙宽度的峰值均值和均方差值计算结果较大。这也说明，高墩铁路桥碰撞间隙宽度计算考虑非一致场地分布是必要的。

本章给出了地震烈度与间隙宽度响应峰值均值的关系，根据烈度-间隙宽度关系(图 6-3)，可对新建桥梁间隙宽度进行抗震设防，对既有桥梁间隙宽度进行评估，判断其是否满足现有规范要求，为参与者做出减震决策提供参考。

6.4　结　　论

本章基于随机振动理论提出了烈度-间隙宽度计算方法，从理论上建立了烈度与间隙宽度的数学关系，分析了地震作用下山区高墩铁路桥梁各墩底处不同场地土类型对间隙宽度的影响，结论如下：

(1) 提出了烈度-间隙宽度计算方法，可对各烈度下新建桥梁间隙宽度需求进行计算，计算所得实际桥梁烈度与间隙宽度关系，可对既有桥梁间隙宽度进行评估和判断。

(2) 建立了场地条件分布类型与梁体间隙宽度需求的关系，将多点激励地震动空间模型简化为仅考虑场地分布类型对高墩桥梁间隙宽度需求的影响，分析了场地分布类型对高墩铁路桥梁碰撞间隙宽度需求影响的机理。

(3) 根据实际场地分布，不同烈度下间隙宽度需求的峰值均值比一致场地分布大，硬、中、软场地分别为 76%、71%、42%，峰值均方差分别为 85%、82%、58%，且碰撞次数增多，强度增大，故对于高墩铁路桥梁需要专门考虑场地分布类型对间隙宽度的需求影响。

第 7 章　随机地震激励下高墩桥梁碰撞可靠度分析

地震对桥梁造成不同程度的破坏，其中，桥梁上部结构破坏在所有桥梁破坏中占相当大的比例。然而，上部结构破坏基本都与梁体之间的碰撞有关[117]。控制或减小碰撞对桥梁的破坏最直接的方法就是提供足够的间隙宽度。因此，适当调节相邻梁体的间隙宽度可以避免或减小桥梁上部结构在地震作用下的碰撞破坏[107]。众所周知，山区高墩桥梁跨越深切峡谷，这使得墩的高度超过百米，纵向刚度相对较小，纵向位移大，从而增加了梁体之间碰撞的概率，因此控制山区高墩桥梁碰撞对减小高墩桥梁上部结构破坏有着重要意义。

地震本身具有随机性，运用概率分析方法表征随机性对桥梁结构动力行为的影响是非常必要的，也符合客观实际情况[35]。基于虚拟激励法的可靠度方法既能反映地震动的随机性，又能体现结构参数的随机性，是未来基于概率的抗震分析方法的必然发展趋势[118]。许多学者对桥梁碰撞问题进行了研究，但是基于可靠度分析的关于超越梁体间隙宽度而发生碰撞的概率量化方法非常少[119-123]。Zhang 等[113]考虑了多层土分布对高墩桥梁梁体间相对位移响应的影响，为同类高墩桥梁间隙宽度的设计提供了参考。李忠献等[108, 109]将结构简化为两个单自由度系统，研究了碰撞的临界间隙宽度与跨度、支座屈服力和上部结构自重的关系；Bi 等[111]和 Chouw[124-125]研究了地震动空间性、场地土分布和桩-土相互作用对两跨简支梁梁体碰撞间隙的影响。研究表明：在软土基础情况下，忽略桩-土相互作用会低估梁体间隙宽度。Bi 等[91]将两跨桥梁简化为 6 个自由度的系统，研究了连接系统参数(刚度和阻尼)对碰撞间隙宽度的影响。研究表明：合理地选择连接系统参数(刚度和阻尼)可以避免碰撞，同时也能保证行车的平顺性；贾宏宇等[5]基于随机振动理论，分析了平稳地震激励下高墩桥梁在不同地震强度作用下间隙宽度需求机理。上述学者运用理论分析方法和数值模拟技术来研究梁体间隙宽度对碰撞的影响，但是未能进一步从概率的角度体现间隙宽度对桥梁结构碰撞响应的影响。运用可靠度方法来研究碰撞间隙宽度的非常少，用于高墩桥梁间隙宽度分析的几乎没有。为了体现随机地震作用下高墩桥梁碰撞间隙宽度对桥梁碰撞下动力响应的影响，也为高墩铁路桥梁基于性能的抗震分析做准备，基于概率的方法研究高墩桥梁梁体之间碰撞是非常有意义的。

本章基于以上研究，以某高墩大跨度桥梁为研究背景。首先，在 ANSYS 中建立有限元数值模型；然后，将直接位移求解的虚拟激励法引入动力可靠度计算之中，提高其计算效率；最后，将反应谱转换为功率谱作为地震动输入基础，在线弹性条件下基于虚拟激励法求得梁体相对位移响应峰值的均值和均方值，根据首次超越理论研究不同地震强度作用下梁体间发生碰撞的可靠度。

7.1　理　　论

7.1.1　运动方程及求解

假设桥梁结构具有 m 个墩，且被离散成为 n 个节点的线性系统，考虑平动地震动激励和地震动空间变异性，地震作用下桥梁结构的运动方程用矩阵形式表示如下[35]：

$$\begin{bmatrix} M_{ss} & M_{sb} \\ M_{bs} & M_{bb} \end{bmatrix}\begin{Bmatrix} \ddot{X}_s \\ \ddot{X}_b \end{Bmatrix}+\begin{bmatrix} C_{ss} & C_{sb} \\ C_{bs} & C_{bb} \end{bmatrix}\begin{Bmatrix} \dot{X}_s \\ \dot{X}_b \end{Bmatrix}+\begin{bmatrix} K_{ss} & K_{sb} \\ K_{bs} & K_{bb} \end{bmatrix}\begin{Bmatrix} X_s \\ X_b \end{Bmatrix}=\begin{Bmatrix} 0 \\ P_b \end{Bmatrix} \tag{7-1}$$

其中，下标 s 为结构离散节点，b 为基础节点；X_b 为 $3m$ 维列向量的地面强迫位移；X_s 为 $3n$ 维列向量的结构系统所有非基础点的位移；P_b 为 $3m$ 维列向量地震力；M、C、K 分别为质量矩阵、阻尼矩阵和刚度矩阵。

将式(7-1)中有地震力参与项展开为

$$M_{bs}\ddot{X}_s+M_{bb}\ddot{X}_b+C_{bs}\dot{X}_s+C_{bb}\dot{X}_b+K_{bs}X_s+K_{bb}X_b=P_b \tag{7-2}$$

因为桥墩底受到的地震力等于基础大质量与地面加速度的乘积，可表示为 $P_b=M_{bb}\ddot{u}_b$，所以式(7-2)可写为

$$M_{bs}\ddot{X}_s+M_{bb}\ddot{X}_b+C_{bs}\dot{X}_s+C_{bb}\dot{X}_b+K_{bs}X_s+K_{bb}X_b=M_{bb}\ddot{u}_b \tag{7-3}$$

式(7-3)两边同时乘以大质量逆矩阵 M_{bb}^{-1} 可得

$$M_{bb}^{-1}(M_{bs}\ddot{X}_s+M_{bb}\ddot{X}_b+C_{bs}\dot{X}_s+C_{bb}\dot{X}_b+K_{bs}X_s+K_{bb}X_b)=M_{bb}^{-1}M_{bb}\ddot{u}_b \tag{7-4}$$

式(7-4)中 $M_{bb}^{-1}\to 0$，所以 $M_{bb}^{-1}M_{bs}=0$，$M_{bb}^{-1}C_{bs}=0$，$M_{bb}^{-1}C_{bb}=0$，$M_{bb}^{-1}K_{bs}=0$，$M_{bb}^{-1}K_{bb}=0$，则可得

$$\ddot{X}_b=\ddot{u}_b \tag{7-5}$$

根据上述推导，在有限元分析时，只要基础处设置的质量足够大，就能保证基础处的地面加速度和桥墩底部地震响应加速度相等(大质量法)，从而简化式(7-1)求解，且能在通用有限元软件中方便实现模拟。

将式(7-5)代入式(7-1)的第一项中并展开可得

$$M_{ss}\ddot{X}_s+C_{ss}\dot{X}_s+K_{ss}X_s=-(M_{sb}\ddot{u}_b+C_{sb}\dot{u}_b+K_{sb}u_b) \tag{7-6}$$

基础处虚拟荷载表示为[126]

$$\ddot{\tilde{u}}_b = P\mathrm{e}^{\mathrm{i}\omega t}, \quad \dot{\tilde{u}}_b = \frac{P\mathrm{e}^{\mathrm{i}\omega t}}{\mathrm{i}\omega}, \quad \tilde{u}_b = -\frac{P\mathrm{e}^{\mathrm{i}\omega t}}{\omega^2} \tag{7-7}$$

其中，P 由 $3m\times 3m$ 功率谱矩阵 $S_0(\mathrm{i}\omega)=P^*P^{\mathrm{T}}$ 分解得到。将式(7-7)代入式(7-6)整理可得

$$M_{ss}\ddot{\tilde{X}}_s + C_{ss}\dot{\tilde{X}}_s + K_{ss}\tilde{X}_s = -\left(M_{sb} + \frac{C_{sb}}{\mathrm{i}\omega} - \frac{K_{sb}}{\omega^2}\right)P\mathrm{e}^{\mathrm{i}\omega t} \tag{7-8}$$

忽略式(7-8)中的阻尼项，得到虚拟激励动力方程：

$$M_{ss}\ddot{\tilde{X}}_s + C_{ss}\dot{\tilde{X}}_s + K_{ss}\tilde{X}_s = -\left(M_{sb} - \frac{K_{sb}}{\omega^2}\right)P\mathrm{e}^{\mathrm{i}\omega t} \tag{7-9}$$

式(7-9)为简谐振动方程，即将平稳随机振动问题转换为谐响应分析问题，求解式(7-9)可得绝对位移响应的功率谱矩阵如下：

$$S_{x_s x_s}(\omega)=\tilde{X}_s^*(\omega)\tilde{X}_s^{\mathrm{T}}(\omega) \tag{7-10}$$

求得结构位移响应功率谱后，进一步可得到各阶谱矩阵，即获得响应均值和方差等概率特征值。在求得响应功率谱矩阵后，根据 Davenport 提出的方法可求得响应峰值的期望值和标准差。

7.1.2 结构动力可靠度理论

在桥梁结构抗震分析中，基于首次超越的破坏机制理论简单实用，特别是在梁体碰撞问题中，以梁体间相对位移响应峰值作为随机分布变量，间隙宽度作为首次超越的安全界限值。在基于首次超越破坏准则的结构动力可靠度分析中，假设梁体间相对位移响应峰值与安全界限(间隙宽度)交叉次数服从一定的概率分布能满足实际工程需求，此处假设其服从泊松分布和马尔可夫分布[118]。

基于 Davenport 假定，梁体间相对位移峰值响应为随机过程且与超过间隙宽度的任意两次交叉事件相互独立，那么假设在时间 $(0,T]$ 内与超过间隙宽度界限 $x=b$ 发生碰撞的次数 $n_b(t)$ 服从泊松分布。假设桥梁碰撞为对称双侧 D 界限问题，则梁体碰撞可靠度表示为

$$P_s(b,-b)=\exp\left[-\frac{\sigma_{\dot{x}}T}{2\pi\sigma_x}\exp\left(-\frac{b^2}{2\sigma_x^2}\right)\right] \tag{7-11}$$

其中，σ_x 为峰值相对位移响应 $x(t)$ 的标准差；b 为梁体间隙宽度界限值；设 $\dfrac{\sigma_{\dot{x}}T}{2\pi\sigma_x}=\nu$，即平均穿零率，有

$$\nu=\frac{1}{\pi}\left(\frac{\lambda_2}{\lambda_0}\right)^{1/2} \tag{7-12}$$

其中，λ_0、λ_2 为动力响应功率谱谱矩：

$$\lambda_i = 2\int_0^{\infty} \omega^i S_{xx}(\omega)\,\mathrm{d}\omega, \quad i = 0,1,2,\cdots \tag{7-13}$$

基于梁体相对位移峰值响应与超过梁体间隙宽度界限而发生碰撞的交叉次数成群出现，可假定梁体碰撞服从马尔可夫过程，则梁体碰撞可靠度也可表示为

$$P_s(b,-b) = \exp\left(-\frac{\sigma_{\dot{x}}T}{2\pi\sigma_x}\exp\left(-\frac{b^2}{2\sigma_x^2}\right)\frac{1-\exp\left(-\sqrt{\frac{\pi}{2}}\frac{qb}{\sigma_x}\right)}{1-\exp\left(-\frac{b^2}{2\sigma_x^2}\right)}\right) \tag{7-14}$$

其中，式(7-14)中其他参数的意义同式(7-11)；q 为功率谱带宽参数且表示如下：

$$q = \left(1-\frac{\lambda_1^2}{\lambda_0\lambda_2}\right)^{1/2} \tag{7-15}$$

7.2 工 程 算 例

7.2.1 桥梁简介及模拟

以某特大高墩桥梁为实际工程背景，桥总长 485m，全桥结构为(88+168+88)m 预应力混凝土连续刚构桥和(33+56+33)m 预应力混凝土连续梁桥相结合。该桥总体布置如图 4-1 所示。

其中刚构桥主梁为变截面箱型截面，跨中梁高 6m，端部 12m，按二次抛物线变化，箱梁顶面宽 12m，底板宽 8m。下部结构采用空心薄壁墩，1 号墩墩身采用一次变坡，墩高 75m，横向外坡为 15∶1，横向内坡为 35∶1；2 号墩最高，墩高为 103m，墩型为双变坡墩，自墩顶向下在 75m 处开始第二次变坡。刚构桥主梁及以下 4m 范围内墩身均采用 C55 混凝土，其余部分桥墩采用 C40 混凝土；连续梁桥主梁采用 C55 混凝土，桥墩采用 C35 混凝土。3 号桥墩刚构桥与连续梁桥主梁之间设置 10cm 的间隙宽度。

本章采用通用有限元软件 ANSYS 建立高墩桥梁结构有限元模型，如图 7-1 所示。桥墩和主梁均采用梁单元(Beam44)模拟；刚构桥部分主梁与墩固结(共节点)；连续梁 4 号墩顶的固定支座采用墩梁共节点处理，滑动支座采用释放纵向自由度的方法处理。桥墩底部 6 个自由度均被约束，约束桥台处竖向位移。桥梁置于总体坐标系中(纵桥向为 x 轴，横桥向为 y 轴，竖向为 z 轴)。

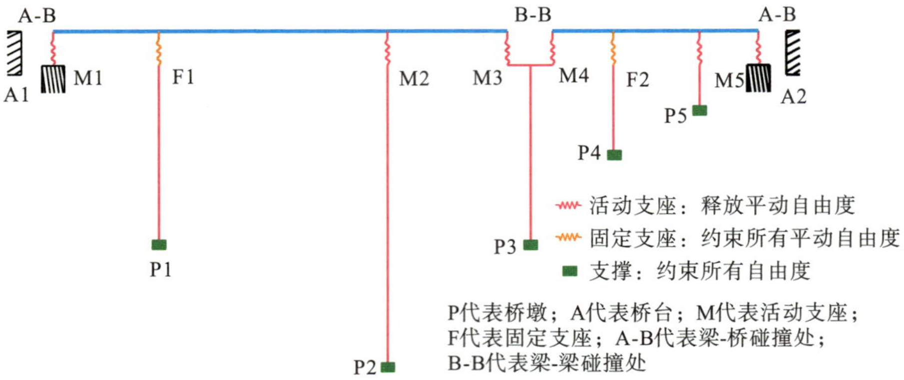

图 7-1　三维有限元模型

7.2.2　地震动输入确定

根据地震局提供的地震危害性分析报告，该桥桥位处地震动峰值加速度为 0.10g，地震动反应谱特征周期为 0.3s，场地类别为 I 类。为了研究结构在不同地震强度作用下的碰撞可靠度，基于随机振动分析，运用动力增量分析方法得到结构地震峰值均值响应与地震强度参数之间的关系，然后根据概率分布函数得到结构的可靠度。其中，动力增量分析方法的首要条件是选取合适的地震动输入。首先将反应谱输入转化为功率谱，然后基于虚拟激励法计算结构峰值响应，从而建立峰值响应与地震强度之间的关系。

本章选择《公路桥梁抗震设计规范》(JTG/T 2231-01—2020)给出的水平加速度反应谱，阻尼比取 0.05，设计加速度反应谱 $S(T)$ 如下：

$$S(T)=\begin{cases} S_{\max}(0.6T/T_0+0.4), & T\leqslant T_0 \\ S_{\max}, & T_0<T\leqslant T_g \\ S_{\max}(T_g/T), & T_g<T\leqslant 10 \end{cases} \tag{7-16}$$

其中，T_0 为反应谱直线上升段最大周期，取 0.1s；T_g 为特征周期；T 为结构自振周期；$S_{\max}$ 为设计加速度反应谱最大值。

根据该桥址所处的场地条件和《公路桥梁抗震设计细则》，反应谱参数取值为：特征周期 T_g=0.3s，C_i=1.7，C_d=1.0，C_s=0.9，$S_{\max}=2.25C_iC_dC_sA$，A 取值分别为 0.10g、0.15g、0.20g 直到 1.0g(间隔 0.1g)。然后依据 Kaul 法[126][式(7-17)]将反应谱转换为功率谱：

$$S_a(\omega)=\frac{\xi}{\pi\omega}S_a^2(\omega,\xi)\bigg/\left[\ln\left(\frac{\pi}{\omega T}\right)\ln(1-P)\right] \tag{7-17}$$

其中，ξ 为阻尼比；T 为持续时间；P 为反应谱的超越概率。参数选择分别为 ξ=0.05、T=25s、P=0.85。选择输入的规范反应谱和相应的功率谱分别如图 7-2 和

图 7-3 所示。从转化功率谱来看，地震输入能量集中在 18rad/s 附近，反映 I 类场地类别特征，随着谱加速度递增，功率谱曲线呈线性增加趋势，故在类似的转化中，可只将最小和最大谱加速度反应谱转化为对应的功率谱，然后进行内插值得到其他功率谱，以节约转化计算时间。

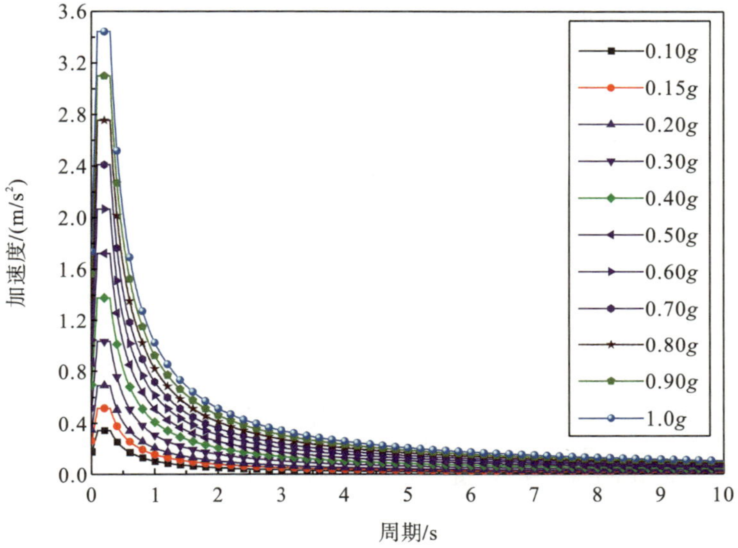

图 7-2　加速度反应谱

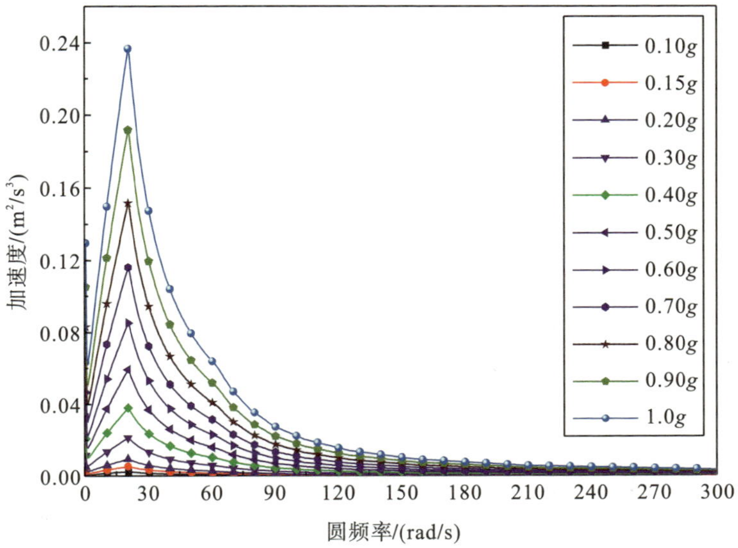

图 7-3　转换功率谱

7.2.3 动力特性及碰撞响应分析

本节基于 ANSYS 的 Modal 模块，采用 Block Lanczos 方法计算该大桥前 20 阶的自振频率。此处仅考虑相邻梁体纵向碰撞，因此只需考虑 3 号桥墩顶部左右梁体(主桥和引桥)纵向振动参与振型。经试算，主桥和引桥第 1 阶纵向振动参与贡献最大(第 1 阶和第 3 阶)，故此处仅列前 5 阶振型，如表 7-1 所示。

表 7-1　动力特性

阶数	频率/Hz	振型
1	0.71	主桥纵向振动
2	0.92	主桥横向振动
3	1.02	引桥纵向振动
4	1.35	全桥对称横向振动
5	1.38	主桥横向振动

为了突出研究的针对性，此处仅研究刚构桥和连续梁之间主梁碰撞的可靠度。假设刚构桥和连续梁之间设置 10cm 抗震缝(即间隙宽度 10cm)。根据式(7-17)，反应谱转化为相应的功率谱，如图 7-3 所示。基于虚拟激励法及 ANSYS 中的谐分析计算，获得在 3 号墩的墩顶处，左右侧主梁的位移功率谱分别如图 7-4 和图 7-5 所示，梁体间相对位移的功率谱如图 7-6 所示。

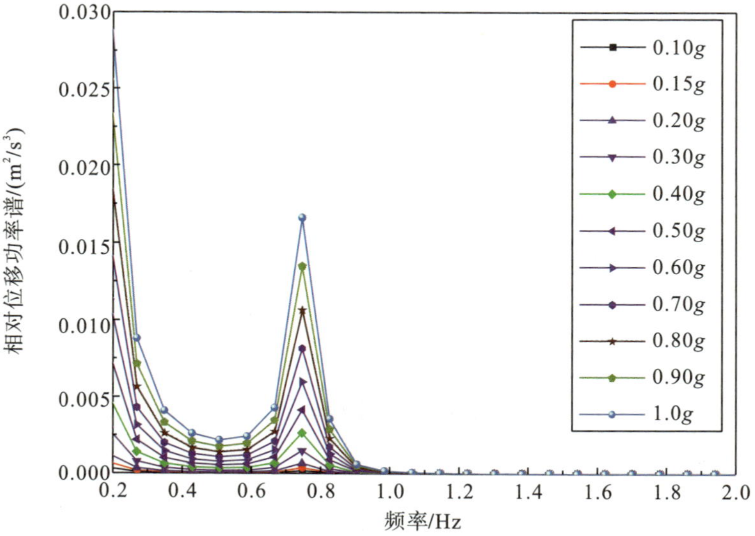

图 7-4　3 号墩左端主梁相对位移功率谱

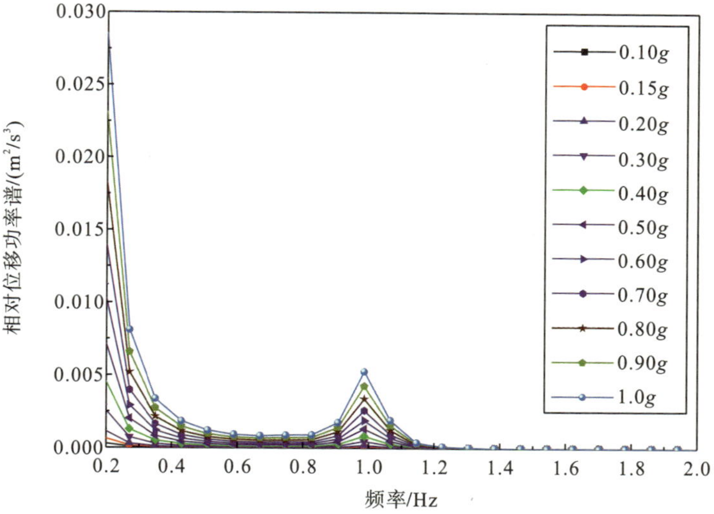

图 7-5　3 号墩右端主梁相对位移功率谱

由图 7-4 和图 7-5 可知，3 号墩上左右端梁体纵向位移响应峰值分别发生在频率点 0.7Hz 和 1.0Hz 附近。参照表 7-1 对比发现，纵向碰撞振动主要由主桥和引桥各自的第 1 阶纵向振动振型参与。由于采用大质量法的绝对位移求解动力方程，基础底部设置了大质量块，有限元计算过程中需解除纵向约束，从而会导致产生附加振型。因此，在图 7-4 和图 7-5 中的位移响应峰值应选择在结构真实频率附近，而低于真实频率 0.71Hz 的情况应该舍去。相邻梁体相对位移功率谱响应如图 7-6 所示，相对位移功率谱峰值发生在左侧主梁纵向振动(第 1 阶)和右侧引桥纵向振动(第 3 阶)频率处。

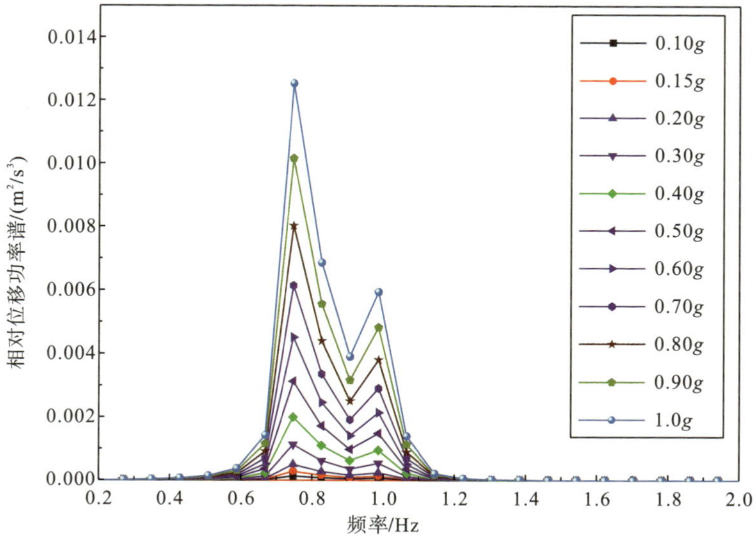

图 7-6　相邻梁体相对位移功率谱

按照 Kiureghian 等[127]所提方法，将响应功率谱矩阵转化为峰值响应的期望值和标准差，如图 7-7 所示。随着地震强度指标谱加速度值增大，相对位移响应的峰值和均方根值都呈现线性增加趋势。谱加速度达到 0.22*g* 时，相对位移响应峰值为 10cm，即表明梁体之间刚好不发生碰撞；谱加速度超过 0.22*g* 时，梁体之间发生碰撞；谱加速度等于 1.0*g* 时，相对位移峰值达到了 45.3cm，远超过预留间隙宽度 10cm，表明梁体间会发生严重碰撞。

由图 7-8 可知，随着地震强度的不断增大，梁体碰撞动力可靠度逐渐减小。地震动谱加速度值小于 0.22*g* 时，结构碰撞动力可靠度为 1，即未发生碰撞；谱加速度值大于 0.22*g* 时，动力可靠度明显下降，谱加速度值为 1.0*g* 时，碰撞动力可靠度值均接近零，表明梁体之间发生碰撞。

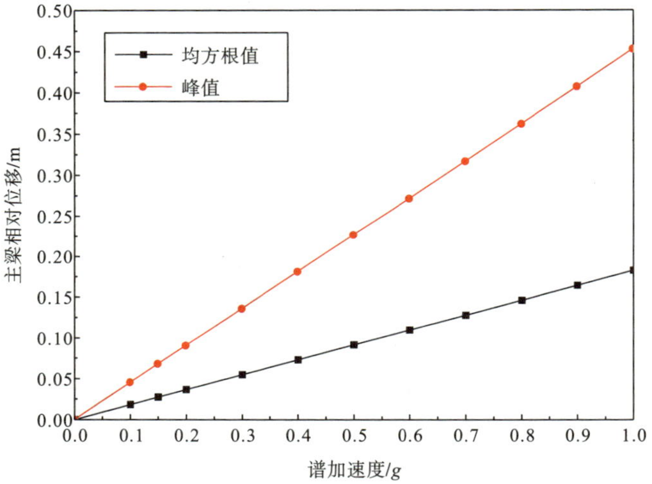

图 7-7　主梁相对位移

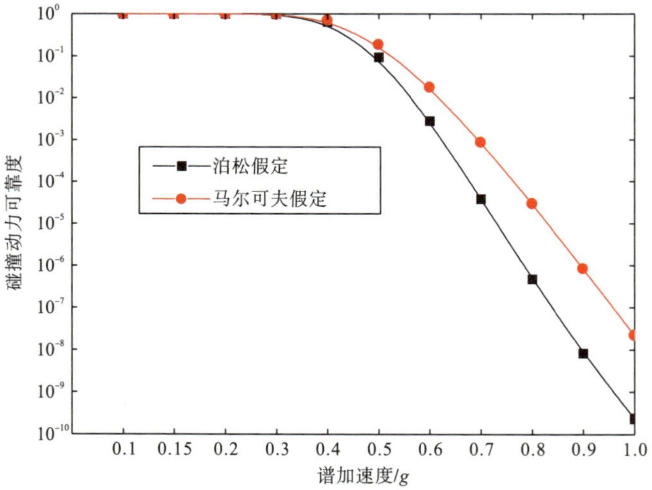

图 7-8　主梁碰撞动力可靠度

7.3　结　　论

本章以反应谱输入为基础，首先将反应谱转化为功率谱；然后利用高效的虚拟激励法求解随机振动的动力方程，并获得结构动力响应峰值的均值和均方值；最后根据首次超越理论，得到梁体间的碰撞可靠度。基于本章研究，结论如下：

(1) 提出了基于虚拟激励法的动力碰撞可靠度计算方法，该方法在理论上具有高效性和准确性，避免了费时的时程分析，节约了计算时间，便于可靠度计算方法在实际工程中的推广应用。

(2) 快速计算不同谱强度下相邻梁体之间动力响应的峰值与其对应的碰撞可靠度，可简单直观地判断现有桥梁在不同地震作用下是否发生碰撞以及碰撞概率。

(3) 本章所选择的实际桥梁结构，谱加速度值大于 $0.22g$ 时，动力可靠度开始下降，结构发生碰撞；谱加速度值在 $0.22g$～$1.0g$，基于泊松假定和马尔可夫假定的动力可靠度计算结果在 10^{-1}～10^{-3} 量级内差别不大，前者结果略小一点。

第 8 章　地震作用下梁体碰撞间隙宽度的概率分析方法

历次地震灾后调查发现，地震作用下桥梁设计提供的梁体间隙宽度不足时，不能满足梁体之间的相对位移需求，从而导致梁体之间发生碰撞破坏[103]。当桥梁遭受频遇的小地震时，梁体之间的碰撞可能导致梁体局部破坏；当遭受罕遇的大地震时，梁体之间的碰撞可能导致落梁，甚至在落梁过程中，梁体可能会对桥墩产生巨大冲击，造成全桥的垮塌，进而使得灾后桥梁修复困难。如何提供合理的间隙宽度来减轻或避免梁体在地震中的碰撞，已成为桥梁抗震领域研究的关键问题[107, 123]。

基于概率理论来研究桥梁碰撞间隙宽度的设计能表征地震动的随机性对间隙宽度的影响。国内外学者对碰撞间隙宽度的研究较少，研究方法基本分为确定性动力时程分析和非确定性的随机振动两种方法[5]。众所周知，动力时程分析方法要体现随机性，则需通过大量的时程积分运算才能得到相对位移响应峰值的均值[128]。如要得到桥梁单个构件破坏的条件超越概率，需要计算不同地震强度水平下的峰值响应均值和方差，计算量巨大，更不用说考虑桥梁整个系统的条件超越概率[129-131]；同时，随机振动法可方便得到相对位移响应峰值均值，但是因其理论复杂，计算效率低下，在实际工程中应用较少[4, 6, 109, 132]。基于随机振动方法研究各种因素对桥梁碰撞间隙宽度设计的影响，主要因素包括土层分布[113]、地震空间性[111]、地震非平稳性[3]、桩-土-结构相互作用[108, 124]、支座参数(刚度和阻尼)[91]和地震强度[5]等。但是，上述研究均未涉及桥梁系统碰撞概率。桥梁结构是一个完整的系统，从系统概率角度来研究桥梁碰撞间隙宽度是非常必要的。

本章基于以上研究，在线弹性范围内提出一套专门评估间隙宽度设计的概率分析方法，将上述研究扩展到桥梁系统的层面，基于振型叠加法在频域内推导地震烈度与梁体间隙宽度超越概率的关系。基于矩阵系统运算方法得到桥梁系统所有碰撞处(梁体与梁体、梁体与桥台)的碰撞间隙宽度和桥梁系统碰撞概率的关系。

8.1　动力理论简介

8.1.1　桥梁碰撞相对位移峰值响应

地震作用下桥梁结构系统动力方程可表示为

$$\begin{bmatrix} M_{ss} & 0 \\ 0 & M_{bb} \end{bmatrix}\begin{Bmatrix} \ddot{X}_s \\ \ddot{X}_b \end{Bmatrix}+\begin{bmatrix} C_{ss} & 0 \\ 0 & C_{bb} \end{bmatrix}\begin{Bmatrix} \dot{X}_s \\ \dot{X}_b \end{Bmatrix}+\begin{bmatrix} K_{ss} & K_{sb} \\ K_{bs} & K_{bb} \end{bmatrix}\begin{Bmatrix} X_s \\ X_b \end{Bmatrix}=\begin{Bmatrix} 0 \\ P_b \end{Bmatrix} \tag{8-1}$$

其中，X_b 为桥梁墩底地面处强迫位移；X_s 为桥梁系统节点位移；M、C 和 K 分别为质量矩阵、阻尼矩阵和刚度矩阵；P_b 为桥梁墩底处受到的地震力。为了求解此方程，本章以文献[5]为基础，运用绝对位移法直接求解运动方程(8-1)，并借助虚拟激励法提高计算效率，具体方程求解和虚拟地震力构造参见文献[5]。通过振型叠加法求解动力方程，任意两节点(u_1,u_2)相对位移响应为

$$\begin{aligned}\varDelta &= X_s^{u_2}(t)-X_s^{u_1}(t)=\sum_{k=1}^{h}\varphi_k^{u_2}q_k(t)-\sum_{k=1}^{h}\varphi_k^{u_1}q_k(t)\\ &=\sum_{k=1}^{h}H_k(\mathrm{i}\omega)\frac{\varphi_k^{\mathrm{T}}K_{sb}}{\varphi_k^{\mathrm{T}}M_{ss}\varphi_k}(\varphi_k^{u_2}-\varphi_k^{u_1})\sum_{n=i}^{m}\left|H_{pnn}(\omega)\right|\sqrt{S_0(\omega)}\,\mathrm{e}^{\mathrm{i}\omega t}\Big/\omega^2\end{aligned} \tag{8-2}$$

其中，h 为桥梁振型阶数；m 为桥梁墩底地面处地震输入点个数；$\varDelta$ 为碰撞体之间的相对位移；φ_k 为结构第 k 阶振型；q_k 为结构的第 k 阶模态响应，与之对应的圆频率和模态阻尼比分别为ω_k 和ξ_k；$H_k(\mathrm{i}\omega)$为第 k 阶振型频率响应函数。

任意两节点(u_1,u_2)相对位移功率谱密度函数表示为

$$\begin{aligned}S_\varDelta(\omega)&=\varDelta^*\varDelta^{\mathrm{T}}\\ &=\sum_{k=1}^{h}\sum_{y=1}^{h}\sum_{n=i}^{m}\sum_{z=i}^{m}H_k^*(\mathrm{i}\omega)H_y^{\mathrm{T}}(\mathrm{i}\omega)\frac{\varphi_k^{\mathrm{T}}K_{sb}}{\varphi_k^{\mathrm{T}}M_{ss}\varphi_k}\frac{\varphi_y^{\mathrm{T}}K_{sb}}{\varphi_y^{\mathrm{T}}M_{ss}\varphi_y}\\ &\quad\cdot(\varphi_k^{u_2}-\varphi_k^{u_1})(\varphi_y^{u_2}-\varphi_y^{u_1})\left|H_{pnn}(\omega)\right|\left|H_{pzz}(\omega)\right|S_0(\omega)\Big/\omega^4\end{aligned} \tag{8-3}$$

其中，上标“*”表示复数矩阵共轭，“T”表示复数矩阵转置。第 i 阶谱矩阵表示为

$$\lambda_i=2\int_0^{\infty}\omega^i S_\varDelta(\omega)\,\mathrm{d}\omega \tag{8-4}$$

基于 Davenport[70]理论，峰值响应的期望和均方差分别如下。

峰值期望：

$$X_{\text{peak}}^{E}=E\left(y_e\right)=E\left(\eta\right)\sigma_y \tag{8-5}$$

峰值均方差：

$$X_{\text{peak}}^{\sigma}\approx\pi\sigma_y\Big/\left\{\sqrt{6}\left[2\ln(\upsilon\tau)\right]^{1/2}\right\} \tag{8-6}$$

式(8-5)和式(8-6)中，y_e 和 σ_y 分别为线性响应 $X(t)$ 的峰值和标准差，并定义无量纲参数 $\eta=\dfrac{y_e}{\sigma_y}$；平均频率表示为 $\upsilon=\dfrac{\sqrt{\lambda_2/\lambda_0}}{2\pi}$；$E(\eta)$ 为 η 的近似峰值期望值，表示为 $E(\eta)\approx[2\ln(\upsilon\tau)]^{1/2}+\gamma/[2\ln(\upsilon\tau)]^{1/2}$；$\tau$ 为地震持续时间，此处取 25s，γ=0.5772 为欧拉常数。

基于式(8-1)～式(8-6)可得不同地震强度水平作用下桥梁梁体之间和梁体与桥台之间的相对位移($\varDelta$)的响应峰值，从而得到地震作用下梁体间的间隙宽度平均需求和均方差，为超越碰撞间隙宽度的条件概率需求模型奠定基础。

8.1.2 碰撞间隙宽度条件碰撞概率模型

基于 Ruiz 和 Penzien 的研究，结构峰值响应的实际概率分布与极值 I 型分布一致。因此，在平稳的随机地震激励中，假设相对位移峰值响应 X_{peak} 为随机变量且服从极值 I 型分布是符合实际的。则 X_{peak} 概率分布函数可表示为

$$G(X_{\text{peak}})=\exp\{-\exp\{-\alpha_n(X_{\text{peak}}-u_n)\}\} \tag{8-7}$$

其中，$\alpha_n=\dfrac{\pi}{\sqrt{6}X_{\text{peak}}^{\sigma}}$；$u_n=X_{\text{peak}}^{E}-\dfrac{0.577}{\alpha_n}$。

不同地震烈度下的相对位移响应峰值均值和均方差由式(8-5)和式(8-6)得到并表示各地震烈度条件下峰值均值和均方差分别为 $X_{\text{pk}/m}^{E}$ 和 $X_{\text{pk}/m}^{\sigma}$，那么在特定某一地震烈度下超过间隙宽度并使得桥梁发生碰撞的概率称为条件碰撞超越概率。条件碰撞超越概率表示如下：

$$P_{p/m}=1-\exp\{-\exp\{-\alpha_n(X_{\text{pk}/m}-u_n)\}\} \tag{8-8}$$

其中，$\alpha_n=\dfrac{\pi}{\sqrt{6}X_{\text{pk}/m}^{\sigma}}$；$u_n=X_{\text{pk}/m}^{E}-\dfrac{0.577}{\alpha_n}$。由式(8-8)可知，地震烈度条件下峰值均值 $X_{\text{pk}/m}^{E}$ 和均方差 $X_{\text{pk}/m}^{\sigma}$ 已知的情况下，$X_{\text{pk}/m}$ 的分布可以判断任意间隙宽度时的条件碰撞超越概率。

8.1.3 基于矩阵的系统可靠度

假设桥梁结构在第 i 个碰撞点(间隙处)有 d_i 个设计间隙宽度，i=1,2,⋯,n，则样本空间被划分为 $m=\prod_{i=1}^{n}d_i$ 个穷尽互斥基本事件，且用 e_j 表示，j=1,2,⋯,m。表示任意发生碰撞事件的系数向量由 0 和 1 组成。那么，事件 e_j 发生的概率可表示为 $p_j=P(e_j)$，$j=1,2,\cdots,m$。又因事件 e_j 互斥，则系统事件的概率 E_{sys} 可表示为 e_j 事件之和。因此，系统概率表示为两向量的内积：

$$P(E_{\text{sys}})=P_{\text{sys}}=\sum_{j:e_j\subseteq E_{\text{sys}}}P_j=C^{\text{T}}P \tag{8-9}$$

其中，P 为概率矩阵的列向量。

桥梁结构系统在任意碰撞点考虑多个设计间隙宽度对系统概率的影响时，系统碰撞事件概率可表示为 $P_{\text{sys}}=C^{\text{T}}P$, P_{sys} 为系统概率矩阵，其中，矩阵中 i 行 j 列元素 $P_{\text{sys}}(i,j)$ 表示第 i 个事件在第 j 个条件下的概率。基于式(8-9)可以知道，只要确定 C 和 P 中各元素，就能方便得到碰撞系统事件概率，而系数矩阵 C 通过以下迭代方式得到：

$$C_{[1]}=\begin{bmatrix}1\\0\end{bmatrix},\quad C_{[i]}=\begin{bmatrix}C_{[i-1]} & 1\\ C_{[i-1]} & 0\end{bmatrix},\quad i=2,3,\cdots,n \tag{8-10}$$

其中，$C_{[n]}$ 中的第 i 列表示第 i 个事件向量，且 0 和 1 表示长度为 2^{i-1} 的列向量，记为 c^{E_i} 。c^{E_i} 有如下运算关系：

$$c^{\bar{E}}=1-c^{E} \tag{8-11}$$

$$c^{E_1\cdots E_n}=c^{E_1}.*c^{E_2}.*\cdots.*c^{E_n} \tag{8-12}$$

$$c^{E_1\cup\cdots\cup E_n}=1-(1-c^{E_1}).*(1-c^{E_2}).*\cdots.*(1-c^{E_n}) \tag{8-13}$$

同理，概率 P 也可由矩阵迭代计算得到：

$$P_{[1]}=\begin{bmatrix}P_1\\ \bar{P}_1\end{bmatrix},\quad P_{[i]}=\begin{bmatrix}P_{[i-1]}\cdot P_i\\ P_{[i-1]}\cdot \bar{P}_i\end{bmatrix},\quad i=2,3,\cdots,n \tag{8-14}$$

其中，P_i 为第 i 个事件发生的概率，且 $\bar{P}_i=1-P_i$ 。

8.2　工程数值算例

8.2.1　桥梁简介及模拟

本章采用文献[5]中的桥梁模型，具体参数介绍详见文献[5]。地震作用下桥梁碰撞点在梁体-梁体($\varDelta_2$)和梁体-桥台($\varDelta_1$ 和$\varDelta_3$)，如图 6-1 所示。按照实际场地分布情况(中场地、软场地、硬场地、中场地和软场地)考虑地震作用下超越各设计间隙宽度的系统碰撞概率。为了研究需要，假设设计间隙宽度$\varDelta_1$ 和$\varDelta_3$ 分别取 10cm 和 15cm，$\varDelta_2$ 取 20cm。间隙宽度值可根据设计需要进行调整，本方法无任何限制。

8.2.2　输入地震动参数确定

本章输入地震动的场地参数按照文献[5]中实际场地分布选择和取值。选用修正的 Kanai-Tajimi 功率谱模型，硬、中和软三种场地参数如表 8-1 所示。本章采用表 8-1 体现地震动输入的场地土体类型。

表 8-1　场地土体类型参数

土体类型	ω_g	ξ_g	ω_f	ξ_f
硬土	15.0	0.6	1.5	0.6
中土	10.0	0.4	1.0	0.6
软土	5.0	0.2	0.5	0.6

修正的 Kanai-Tajimi 功率谱模型中参数 $\varGamma$ 表示谱强度因子，采用刘恢先建议公式(8-15)建立 $\varGamma$ 与地震烈度的关系，且此处用表 8-2 考虑场地土与地震烈度的对应关系。

$$\varGamma=\frac{E^2[a_{\max}]}{K}=\frac{10^{2(I\lg 2-0.01)}}{K} \tag{8-15}$$

其中，$a_{\max}$ 和 I 分别为地震地面最大加速度和地震烈度；K 为场地系数，硬、中和软场地分别取 749.14、984.09 和 1058.06。

表 8-2　地震动谱强度因子 $\varGamma$　(单位：$\mathrm{cm^2/s}$)

土体类型	烈度									
	1	2	3	4	5	6	7	8	9	10
硬土	0.0036	0.0144	0.0578	0.2311	0.9243	3.6970	14.7880	59.1520	236.6081	946.4324
中土	0.0039	0.0155	0.0621	0.2484	0.9937	3.9749	15.8996	63.5982	254.3930	1017.5719
软土	0.0051	0.0204	0.0816	0.3263	1.3054	5.2215	20.8861	83.5443	334.1773	1336.7092

8.2.3　工况分析及设计

为了研究设计的间隙宽度对桥梁碰撞概率的影响，本节分析不同地震烈度作用下超出每一个设计梁体间隙宽度的概率分布情况；对于桥梁系统，分析桥梁系统中至少一个间隙处发生碰撞的条件超越概率、至少两个间隙处发生碰撞的系统条件超越概率、三个间隙都发生碰撞的系统条件超越概率。算例中发生碰撞的间隙数量 i=3；假设每一个间隙处仅设计有 1 个间隙宽度值，那么就有发生碰撞和不发生碰撞两个独立状态且 $d_i=2$；样本空间 S 被分为 $m=\prod_{i=1}^{n}d_i=8$ 个基本事件，则第 j 个基本事件 $p_j=P(e_j)$，j=1,2,⋯,8，桥梁碰撞事件样本空间如图 8-1 所示。桥梁碰撞系统事件的概率 E_{sys} 可表示为 e_j (j=1,2,⋯,8) 事件概率之和。设碰撞间隙 $\varDelta_1$ 处超过间隙宽度发生碰撞的概率事件分别为 $E_{\varDelta_1=10}=E_1$，同理，

$E_{\Delta_2=20}=E_2$ 和 $E_{\Delta_3=15}=E_3$。那么，对于每一个间隙宽度值，在地震作用下的条件超越概率可表示为 $P(E_i\,|\,M=m)$，　$i=1,2,\cdots,M$ 表示地震烈度。故本章工况(1～4)设置如下。

(1)任意一个间隙处发生碰撞的条件超越概率：

$$P(E_i\,|\,M=m)=E_i,\quad i=1,2,3 \tag{8-16}$$

(2)至少一个间隙处发生碰撞的条件超越概率：

$$P(E_{\text{one}}\,|\,M=m)=E_1\cup E_2\cup E_3 \tag{8-17}$$

(3)至少两个间隙处发生碰撞的条件超越概率：

$$P(E_{\text{two}}\,|\,M=m)=E_1E_2\cup E_1E_3\cup E_2E_3 \tag{8-18}$$

(4)三个间隙都发生碰撞的条件超越概率：

$$P(E_{\text{three}}\,|\,M=m)=E_1E_2E_3 \tag{8-19}$$

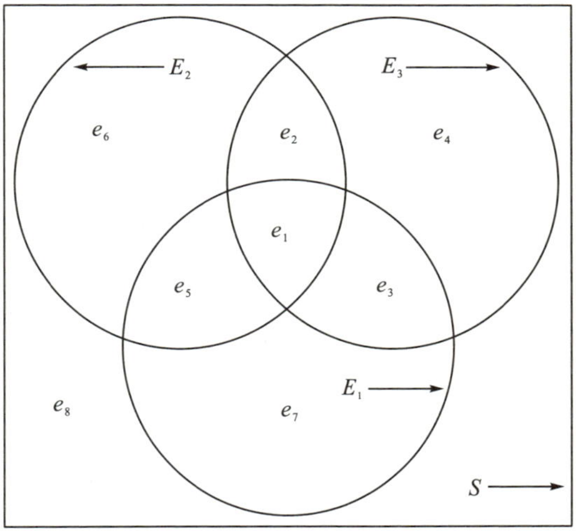

图 8-1　桥梁系统碰撞样本空间

1. 确定系数向量矩阵

工况 1～4 中系数向量矩阵可由式(8-11)～式(8-13)计算得到，假设 c^E 表示事件的系数向量，则工况 1 中系数向量表示为

$$c^{E_i},\quad i=1,2,3 \tag{8-20}$$

由图 8-1 可知，$c^{E_1}=[1\,0\,1\,0\,1\,0\,1\,0]^{\mathrm{T}}$，$c^{E_2}=[1\,1\,0\,0\,1\,1\,0\,0]^{\mathrm{T}}$，$c^{E_3}=[1\,1\,1\,1\,0\,0\,0\,0]^{\mathrm{T}}$。

工况 2 中系数向量表示为

$$c^{E_1\cup E_2\cup E_3}=1-(1-c^{E_1}).*(1-c^{E_2}).*(1-c^{E_3})=[1\ 1\ 1\ 1\ 1\ 1\ 1\ 0]^{\mathrm{T}} \tag{8-21}$$

工况 3 中系数向量表示为

$$c^{E_1E_2 \cup E_1E_3 \cup E_2E_3} = 1-(1-c^{E_1E_2}).*(1-c^{E_1E_3}).*(1-c^{E_2E_3}) = [1\ 1\ 1\ 0\ 1\ 0\ 0\ 0]^{\mathrm{T}} \tag{8-22}$$

工况 4 中系数向量表示为

$$c^{E_1E_2E_3} = c^{E_1}.*c^{E_2}.*c^{E_3} = [1\ 0\ 0\ 0\ 0\ 0\ 0\ 0]^{\mathrm{T}} \tag{8-23}$$

基于上述推导，简单的系统事件可以从图 8-1 直接得到系数向量，但是对于复杂的系统事件，系数向量的运算式(8-11)～式(8-13)就非常重要，且计算快速。为了验证式(8-21)～式(8-23)运算的正确性，本章给出由图 8-1 直接得出系统概率事件工况 2～4 的表达式分别为

$$P(E_{\text{one}} \mid M=m) = p(e_1)+p(e_2)+\cdots+p(e_7) \tag{8-24}$$

$$P(E_{\text{two}} \mid M=m) = E_1E_2 \cup E_1E_3 \cup E_2E_3 = p(e_1)+p(e_2)+p(e_3)+p(e_5) \tag{8-25}$$

$$P(E_{\text{three}} \mid M=m) = E_1E_2E_3 = p(e_1) \tag{8-26}$$

从式(8-24)～式(8-26)中容易看出基本事件概率前系数与式(8-21)～式(8-23)中系数一致，说明了本方法的正确性。

2. 确定概率向量矩阵

地震作用下，假设超过设计间隙宽度值桥梁就发生碰撞且相互独立。概率向量长度等于系统基本事件个数，那么当基本事件多而复杂时，如果逐个求解概率将是一个极其复杂的工作，而且效率极低，所以采用矩阵迭代方法且在具有矩阵运算优势的 MATLAB 中实现，方便快捷。设 $P_{E_1}=P_1$，$P_{\bar{E}_1}=\bar{P}_1$，同理：$P_{E_2}=P_2$，$P_{\bar{E}_2}=\bar{P}_2$，$P_{E_3}=P_3$，$P_{\bar{E}_3}=\bar{P}_3$。

$$P_{[1]} = \begin{bmatrix} P_1 \\ \bar{P}_1 \end{bmatrix} \tag{8-27}$$

$$P_{[2]} = \begin{bmatrix} P_{[1]}\cdot P_2 \\ P_{[1]}\cdot \bar{P}_2 \end{bmatrix} = \begin{bmatrix} P_1P_2 \\ \bar{P}_1P_2 \\ P_1\bar{P}_2 \\ \bar{P}_1\bar{P}_2 \end{bmatrix} \tag{8-28}$$

$$P_{[3]} = \begin{bmatrix} p_{[2]}\cdot P_3 \\ p_{[2]}\cdot \bar{P}_3 \end{bmatrix} = \begin{bmatrix} P_1P_2P_3 \\ \bar{P}_1P_2P_3 \\ P_1\bar{P}_2P_3 \\ \bar{P}_1\bar{P}_2P_3 \\ P_1P_2\bar{P}_3 \\ \bar{P}_1P_2\bar{P}_3 \\ P_1\bar{P}_2\bar{P}_3 \\ \bar{P}_1\bar{P}_2\bar{P}_3 \end{bmatrix} \tag{8-29}$$

8.2.4　计算结果及分析

为了研究桥梁系统的碰撞概率，基于 8.2.3 节推导分别得到系数向量 C 和概率向量 P，则系统事件概率就可根据 $P_{sys}=C^{T}P$ 得到。同时，也给出不同地震烈度水平下三个碰撞点的间隙宽度需求。

由图 8-2 可知，随着地震烈度增加，间隙宽度需求非线性增加；碰撞间隙Δ_1和碰撞间隙Δ_3 是桥梁桥台处间隙需求，这两线几乎重合，说明梁体-桥台碰撞需求基本一致，该桥两端桥台处间隙需求宽度可有相同设置；碰撞间隙Δ_2 为梁体-梁体的碰撞，此处需求比桥台处需求要约大 20%，需要考虑减震措施；该图也给出了各地震烈度下间隙宽度需求的均值，为桥梁抗震设计提供参考，但是此图未体现间隙宽度需求的概率特性。

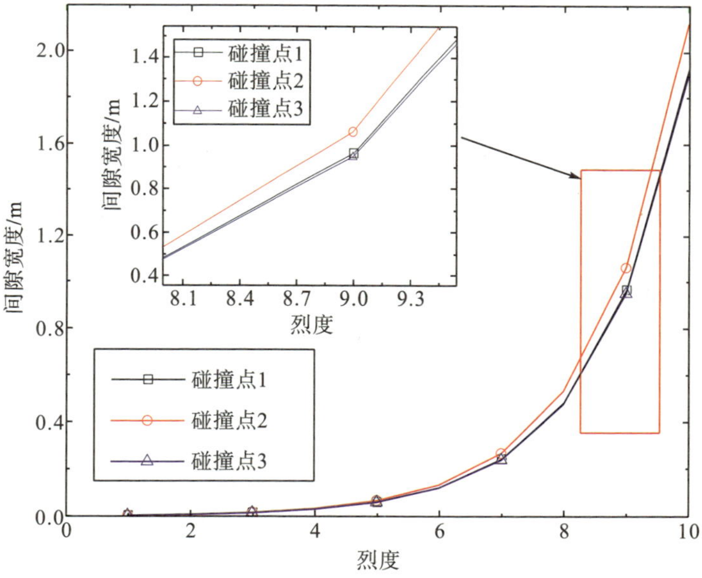

图 8-2　不同地震烈度需求间隙宽度

图 8-3 为间隙宽度Δ_1=10cm、Δ_2=20cm 和Δ_3=15cm 时在各地震烈度下的条件超越概率。碰撞间隙Δ_1 的条件碰撞概率比碰撞间隙Δ_2 和碰撞间隙Δ_3 要大，这是因为碰撞间隙Δ_1 处的间隙距离是 10cm 比其他碰撞点要小，所以不同水平地震作用下的条件超越概率大；碰撞间隙Δ_2 在小于烈度 7 时的条件超越概率较碰撞间隙Δ_3 小，在大于烈度 7 后，条件超越概率比碰撞间隙Δ_3 处大，因为随着烈度的增加，碰撞间隙Δ_2 的超过间隙宽度 20cm 的增加速度比碰撞间隙Δ_3 超过间隙宽度 15cm 要大。因此，此桥根据 7 级设防为分界点，需重视碰撞间隙Δ_2 和碰撞间隙Δ_3 的间隙宽度设置和减震措施。

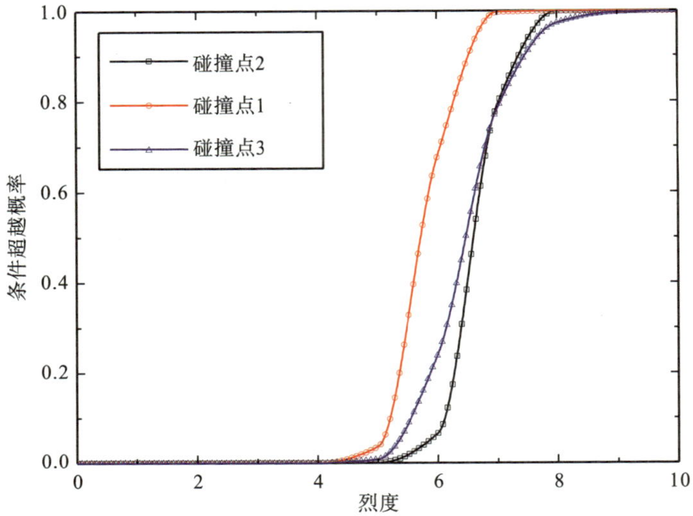

图 8-3 间隙宽度条件碰撞概率(工况 1)

图 8-4 中工况 2 为至少一个碰撞间隙处发生碰撞的条件超越概率，如桥梁系统有一个碰撞间隙处发生碰撞就认为该桥发生了碰撞破坏，则工况 2 表示桥梁系统碰撞破坏的条件超越概率曲线。由图 8-4 可知，系统条件超越概率(工况 2)比任意单个碰撞间隙的超越概率都要大。图 8-5 给出了工况 2、工况 3 和工况 4 的对比，参与碰撞的点越多，则系统碰撞超越概率越小。根据地震危害性分析报告，该桥的设防等级为 7 级。由图 8-4 可知，在地震烈度为 7 时，三个碰撞间隙处均发生碰撞的超越概率约为 63%，至少两处发生碰撞的概率为 95%，至少一处发生碰撞的概率为 100%。

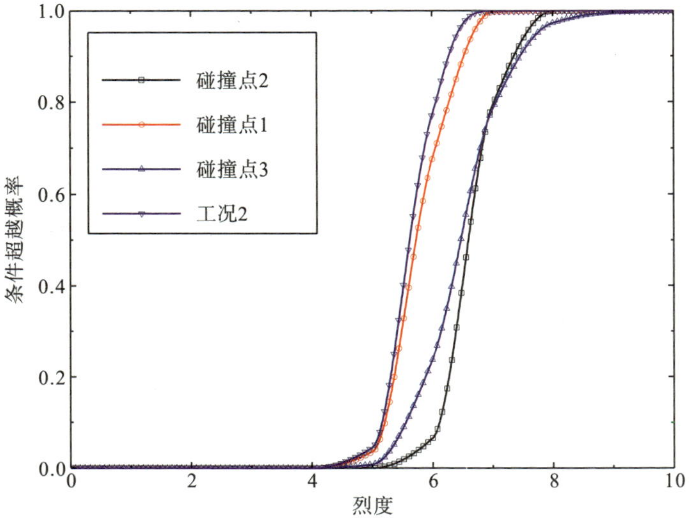

图 8-4 系统条件碰撞概率(工况 2)

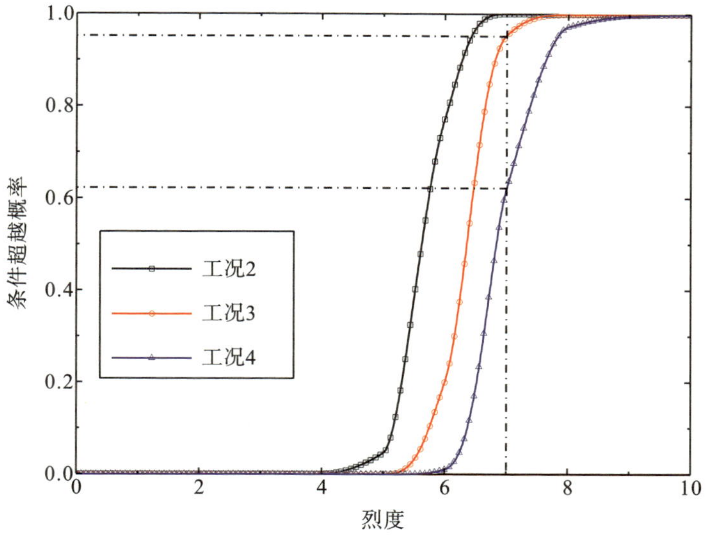

图 8-5　系统条件碰撞概率(工况 2～4)

8.3　结　　论

本章基于概率论提出了一套评价桥梁系统间隙需求宽度的概率方法，建立了不同地震烈度下桥梁系统超过间隙宽度值而发生碰撞的条件超越概率。分析了地震作用下，桥梁各间隙处发生碰撞和桥梁系统发生碰撞的条件超越概率，结论如下：

(1) 提出了评价桥梁系统间隙需求宽度的概率方法，可计算不同地震强度、不同间隙宽度下发生碰撞的条件超越概率，表征了地震作用下桥梁碰撞分析的概率特性。

(2) 引入矩阵运算方法从理论上提高系统条件超越概率的计算效率，只需改变系数矩阵 C 就可计算不同情况下的系统概率，而矩阵 P 则不需要任何改变。

(3) 随着地震烈度增加，选用桥梁的间隙宽度需求非线性增加，该桥在地震烈度为 7 时，三个碰撞间隙处均发生碰撞的条件超越概率约为 63%，至少两处发生碰撞的条件超越概率为 95%，至少一处发生碰撞的条件超越概率为 100%。

第9章　基于实际场地土层分布的高墩连续刚构桥梁端碰撞概率分析：非线性分析

地震作用下，桥梁上部结构的破坏大多数与桥梁碰撞有关，例如，圣费尔南多地震和神户大地震等均发生过因主梁与桥台之间相对位移过大而引起的碰撞灾害，如阪神高速立交桥等[133]；梁体碰撞小则引起梁体局部破坏，大则发生落梁，中断交通，影响抗震救灾的顺利进行。在洛马·普列塔大地震中，旧金山-奥克兰海湾大桥因支撑面设置不足，梁体碰撞后导致落梁事故。同时，主梁与桥台之间或梁体之间的碰撞会造成梁体局部破坏，而梁体下落所产生的巨大冲击力可能会造成桥墩破坏甚至全桥垮塌。碰撞导致的落梁会对桥梁造成极大损伤，同时增加了灾后桥梁修复的难度，甚至需要将受损桥梁推倒重建。

国内外学者对地震作用下桥梁梁体碰撞问题进行了系列研究，Westermo[134]的研究表明，强震作用下，地震动空间变化和相邻跨动力特性差异等因素均会导致梁体之间产生较大的相对位移而发生碰撞；Ruangrassamee 等[100]通过对桥梁碰撞相对位移响应谱的研究，获得了标准相对位移反应谱，为简单桥梁结构伸缩缝宽度设置提供了参考；Bi 等[75,111,112]基于随机振动理论，以两跨简支梁为研究对象，分析了场地土条件和桩-土作用对碰撞间隙宽度的影响，结果表明：桩-土相互作用使梁体间隙需求增加，特别是在软土场地条件下，更需考虑桩-土相互作用对间隙宽度的影响；Huo 等[135]以美国加利福尼亚州的典型三跨钢筋混凝土斜桥为研究对象，采用易损性分析方法研究了碰撞和斜度的相互作用对桥梁损伤概率的影响；王军文等[136]采用非线性时程方法研究了支座非线性和墩柱弹塑性对纵向地震作用下的连续梁桥碰撞反应；李忠献等[108]基于随机振动理论和虚拟激励法，建立了桥梁临界碰撞间隙的计算方法，并研究了地震动空间效应与土-基础相互作用对隔震梁桥临界碰撞间隙的影响；贾宏宇等[5]以实际高墩铁路桥梁为研究对象，研究了不同震级和不同场地分布对桥梁碰撞间隙宽度需求的影响，结果表明：一致场地分布时，软土场地对高墩桥梁碰撞间隙宽度需求的功率谱密度峰值最大，并且实际场地的碰撞间隙宽度需求均值比一致分布场地大。基于上述研究，得知土层对结构动力影响较小，但是土层的作用又是抗震分析中必须考虑的因素。当地震发生时，地震波通过基岩以最快的速度从震源到桥梁所处位置，然后由基岩向上穿过土层到达结构物的基础。实际土层的分布对地震波有过滤作用，可能对基岩地震波起放大或缩小作用。因此，土层对地震波强度的影响十分显著[137]。同时，高墩桥梁桥墩柔性较大，第一阶甚至前几阶振型为纵向振动，提高了地震作用下的纵向位移，从而使得梁体发生纵向碰撞的概率倍增。所以进行实际场地土层分布对高墩桥梁碰撞的相关研究是非常必要的，这对研究高墩桥梁伸缩缝宽度合理取值，降低桥梁碰撞概率具有重要意义。

本章以某高墩大跨度连续刚构桥梁为研究对象，基于非线性抗震分析软件 OpenSees，建立四个不同伸缩缝宽度取值的全桥有限元模型样本，并应用 DeepSoil 软件考虑实际场地土层对地震波的过滤作用，以基岩峰值加速度为强度指标，进行多点地震激励作用下的增量动力非线性分析，研究实际场地土层分布对不同伸缩缝宽度取值下高墩连续刚构桥梁碰撞概率的影响。研究成果可用于确定新建桥梁伸缩缝宽度的合理取值，也可判断既有桥梁的伸缩缝宽度是否合理，并可对既有桥梁是否选择减/隔震措施提供参考。

9.1　有限元模型及理论介绍

为了研究实际场地土层对高墩桥梁动力响应的影响，本章选择岔河大桥为研究对象，该桥主梁为单箱单室的变截面形式，顶板宽 12m、底板宽 8m，梁高从跨中到墩顶按二次抛物线变化；全桥共设有 2 号和 3 号两个主墩，且均采用变截面空心矩形薄壁墩，墩高分别为 75m 和 103m。全桥布置及桥位处地质情况如图 9-1 所示。

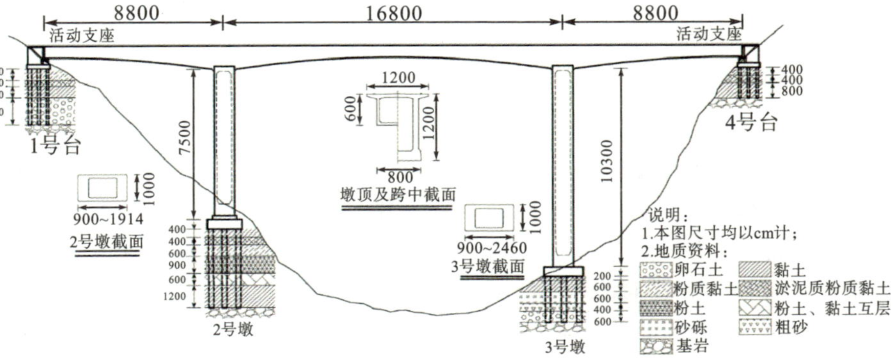

图 9-1　全桥布置

基于非线性有限元软件 OpenSees 建立的数值有限元模型如图 9-2 所示。主梁采用基于位移的梁柱单元(displacement-based beam-column element，DBE)和 OpenSees 中的弹性截面(elastic section)联合模拟，并通过对同一单元两端节点赋予不同截面属性的方法来模拟主梁的变截面特征；地震荷载作用下，桥墩需要承受上部结构的惯性力，梁体振动会对桥墩底部产生非常大的弯矩，使得桥墩根部进入弹塑性变形。因此，采用基于力的梁柱单元(force-based beam-column element，FBE)和纤维截面(fiber section)来模拟桥墩的弹塑性效应，更能体现实际高墩桥梁在地震作用下的非线性行为；桥墩底部采用固结约束模拟；梁端处盆式橡胶支座采用连接单元(link element)模拟，支座滑动向的非线性行为采用双线性滞回材料(bilinear hysteretic material)模拟，并按照《公路桥梁抗震设计细则》确定相关参数取值。桥墩纤维截面的划分如图 9-2 所示，其中无约束混凝土和约束混凝土的材料特性均采用 Concrete02 模型模拟，Concrete02 模型的相关参数取值可参见文献[138]；钢筋的材料特性采用单元 Steel02 模型模拟。

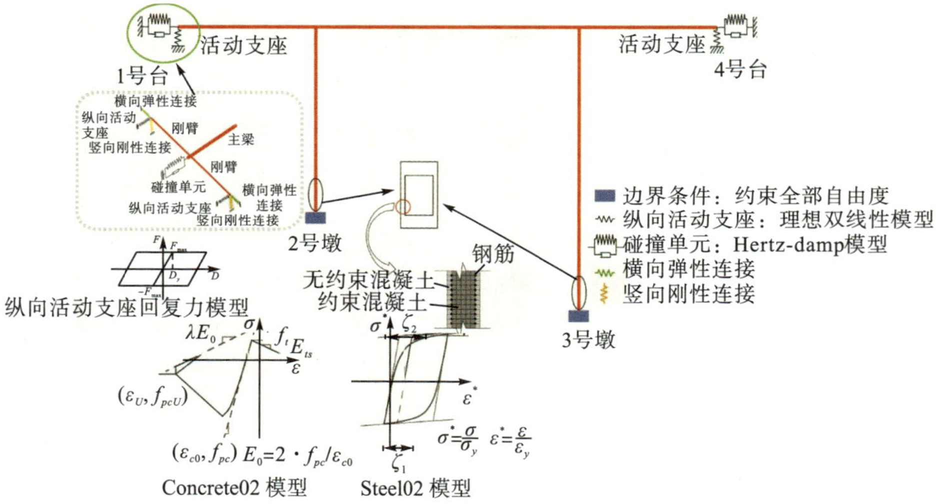

图 9-2 有限元模型图

地震作用引起的桥梁梁体之间的碰撞作用是一个非常复杂的动力学问题，而模拟碰撞的方法很多，各有优缺点。本章采用 Hertz-damp 模型(图 9-3)模拟主梁-桥台之间的碰撞。Hertz-damp 模型基于非线性弹簧和非线性黏滞阻尼器的组合来模拟碰撞，非线性弹簧和非线性黏滞阻尼器分别模拟碰撞过程中的非线性刚度和能量的损失。为便于实际应用，将 Hertz-damp 模型简化为双线性刚度接触模型，简化后碰撞力-位移关系如图 9-4 所示，碰撞力为

$$F=\begin{cases}k_h(u_1-u_2-g_p)^n+c_h\upsilon, & u_1-u_2-g_p\geqslant 0\\ 0, & u_1-u_2-g_p<0\end{cases} \tag{9-1}$$

其中，c_h 为阻尼系数；k_h 为碰撞刚度，一般典型取值为碰撞结构物的轴向刚度（EA/L）[133,134]；u_1、u_2 为碰撞体位移；g_p 为相邻碰撞体之间的间距；n 为 Hertz 系数，通常取 3/2。

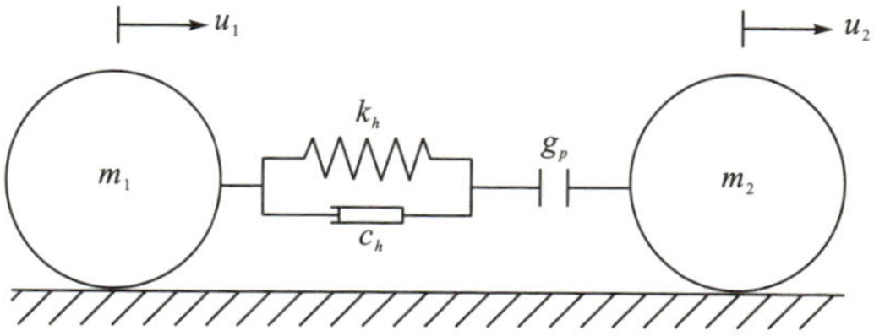

图 9-3　结构碰撞分析模型

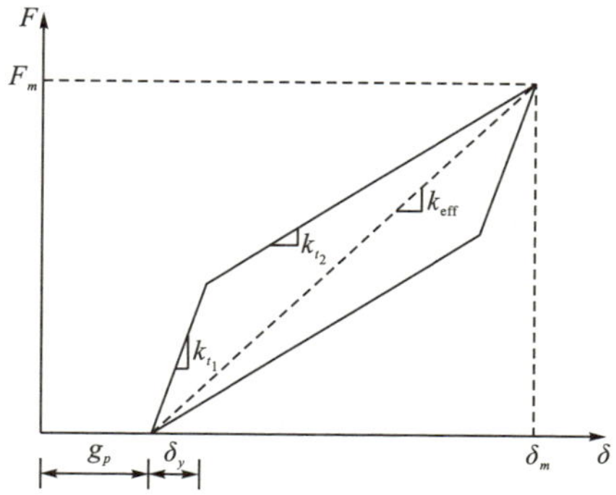

图 9-4　Hertz-damp 模型

在图 9-4 所示双折线模型中，假设 Hertz-damp 模型和简化模型的最大碰撞力 F_m 相等，则等效刚度 k_{eff} 可表示为

$$k_{\text{eff}} = k_h\sqrt{\delta_m} \tag{9-2}$$

其中，δ_m 为碰撞时两接触面最大入侵位移。

同时，用初始刚度 k_{t_1} 和应变强化刚度 k_{t_2} 表示等效刚度 k_{eff} 的另一种形式为

$$k_{\text{eff}}\delta_m = k_{t_1}\delta_y + k_{t_2}\left(\delta_m - \delta_y\right) \tag{9-3}$$

其中，δ_y 为屈服位移。

碰撞力和位移所围成的区域面积可表示为

$$A_m = \left(k_{t_1} - k_{t_2}\right)\delta_y\left(\delta_m - \delta_y\right) \tag{9-4}$$

碰撞过程中所耗散的能量 ΔE 为

$$\Delta E = \frac{k_h\delta_m^{n+1}\left(1-e^2\right)}{n+1} \tag{9-5}$$

其中，e 为回归系数，一般取值为 0.6～0.8。

屈服位移 δ_y 与最大侵入位移 δ_m 之间有如下关系：

$$\delta_y = a\delta_m \tag{9-6}$$

其中，a 为屈服系数，一般取值为 0.1。

在碰撞过程中，碰撞模型耗散的能量 ΔE 与碰撞力-位移所围双折线区域面积 A_m 相等，即 $A_m = \Delta E$，并结合式(9-1)～式(9-6)，可得

$$\begin{cases} k_{t_1} = k_{\text{eff}} + \dfrac{\Delta E}{a\delta_m^2} \\ k_{t_2} = k_{\text{eff}} - \dfrac{\Delta E}{(1-a)\delta_m^2} \end{cases} \tag{9-7}$$

由式(9-7)可知，只要确定碰撞刚度 k_h、回归系数 e、最大侵入位移 δ_m 和屈服系数 a，就可以计算得出 Hertz-damp 模型的各参数值，本章所取特征参数如表 9-1 所示。

表 9-1　Hertz-damp 简化模型特征参数

特征参数	取值
碰撞刚度 k_n	868kN/mm$^{3/2}$
Hertz 系数 n	3/2
回归系数 e	0.8
最大侵入位移 δ_m	16mm
屈服系数 a	0.1
屈服位移 δ_y	1.6mm
等效刚度 k_{eff}	3472kN/mm
初始刚度 k_{t_1}	8472kN/mm
应变强化刚度 k_{t_2}	2916kN/mm

9.2　基岩地震波选取及土层过滤作用分析

9.2.1　基岩地震波的选取

基岩地震波的选取是考虑场地土层过滤作用的分析基础，根据美国地质勘探局(United States Geological Survey，USGS)规范中的相关规定，当土层地震波剪切波速 V_{s30} 大于 750m/s 时，为基岩地震波，基于这一标准从 PEER 地震波数据库(PEER ground motion database)中选取了 20 条基岩地震波，如表 9-2 所示。

由表 9-2 可知，所选取基岩地震波的震级为 6.20～7.62；最大地震动峰值加速度为 0.862g，最小为 0.018g，涵盖了大、中、小三级地震动。图 9-5 中给出了阻尼比为 5%、峰值加速度为 1.0g 时基岩地震波的绝对加速度反应谱，其离散性反映了选取基岩地震波的不确定性。

表 9-2　选取地震波信息

序号	地点	台站	年份	场地类型	V_{s30}/(m/s)	震级	震距/km	峰值加速度/g
1	集集	HWA003	1999	A	1525.85	7.62	56.14	0.138
2	集集	ILA001	1999	B	909.09	7.62	103.20	0.025
3	集集	ILA063	1999	B	996.51	7.62	61.06	0.095
4	集集	TAP077	1999	B	1022.77	7.62	119.00	0.034
5	集集	TCU085	1999	B	999.66	7.62	58.09	0.063
6	集集	CHY102	1999	B	804.36	6.20	39.30	0.059
7	集集	TAP065	1999	B	1023.45	7.62	122.48	0.038
8	新潟	FKSH07	2004	B	828.95	6.63	52.30	0.143
9	新潟	TCGH17	2004	B	1432.75	6.63	77.50	0.065
10	岩手	AKTH05	2008	B	829.46	6.90	39.41	0.085
11	赫克托矿区	格里菲斯公园天文台	1999	B	1015.88	7.13	185.92	0.018
12	洛马・普列塔	林康山庄	1989	B	873.10	6.93	74.14	0.093
13	洛马・普列塔	小皮埃蒙特高中	1989	B	895.36	6.93	73.00	0.084
14	圣费尔南多	帕萨迪纳地震实验室	1971	B	969.07	6.61	21.50	0.205
15	北岭-01	华斯克巨岩公园	1994	B	996.43	6.69	23.64	0.151
16	北岭-01	旺德兰大道	1994	B	1222.52	6.69	20.29	0.159
17	北岭-01	帕科马大坝下游	1994	A	2016.13	6.69	7.01	0.434
18	洛马・普列塔	吉罗伊台阵#1	1989	B	1428.14	6.93	9.64	0.485
19	洛马・普列塔	加托斯-列克星敦大坝	1989	B	1070.34	6.93	5.02	0.443
20	塔巴斯	塔巴斯	1978	B	766.77	7.35	2.05	0.862

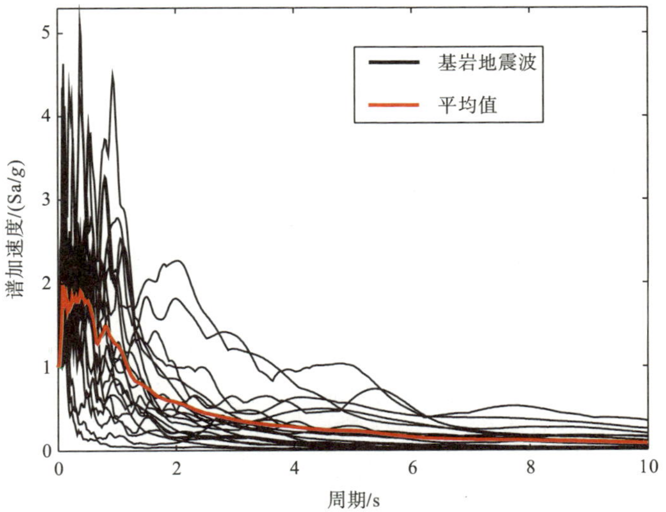

图 9-5　基岩地震波反应谱

9.2.2 土层过滤作用分析

DeepSoil 是美国伊利诺伊大学香槟分校哈沙什(Hashash)等开发的一款用于一维场地地震响应分析的软件，包括线性、等效线性化和时域非线性等多种分析方法，并可考虑孔隙水压力的影响。DeepSoil 软件可以通过对土层非线性参数的拟合直接得到时域非线性分析所需的参数[139]，降低了参数确定的难度，并且提供了交互式输入方式，使用方便、简单易学，在土层地震响应分析中得到应用。

在地震过程中，从基岩传递到土层的剪切地震波引起土体交变应力，使土体表现出非线性特性，引起地震波的峰值加速度和频谱特性的变化。因此，考虑土层对基岩地震波的过滤作用是确定结构抗震分析地震动输入是否准确的基础。目前，频域等效线性化方法和时域直接积分的非线性方法是两种考虑土层过滤作用的常用方法。在实际工程中，地震作用下土层非线性效应明显，并对基岩传播上来的地震波影响显著[140]，而等效线性化方法分析土层对地震波的过滤作用还不够完善。因此，本节基于 DeepSoil 软件，选用时域直接积分的非线性方法来考虑土层的非线性效应。本章采用 Matasovic 等[141]提出的修正双曲线本构模型，如图 9-6 所示，其初始骨架曲线为

$$\tau = \frac{\gamma G_{m0}}{1+\beta(\gamma/\gamma_\tau)^s} \tag{9-8}$$

其中，τ 为剪应力；G_{m0} 为初始剪切模量；γ 为已知剪应变；γ_τ 为参考剪应变；β、s 为拟合参数。

参考剪应变γ_τ与土层特性有关，按式(9-9)计算：

$$\gamma_\tau = \text{REFstrain}\cdot\left(\frac{\sigma_\upsilon}{\text{REFstress}}\right)^b \tag{9-9}$$

其中，σ_υ 为竖向有效应力；REFstrain 为参考有效应变；REFstress 为参考压应力，通常取 0.18MPa；b 为拟合参数。

小应变阻尼 λ 为

$$\lambda = \text{Dampingratio}\cdot\left(\frac{1}{\sigma_\upsilon}\right)^d \tag{9-10}$$

其中，Dampingratio、d 为小应变阻尼比和拟合参数。此处未考虑孔隙水压力的影响，则选用马森(Masing)法构造土层滞回曲线。

采用图 9-6 修正双曲线本构模型可以考虑土层深度对土层非线性参数的影响，但是进行时域非线性分析时，除土层的厚度、剪切波速、密度等参数，还有其他参数需要确定或拟合，如表 9-3 所示。DeepSoil 软件可以通过对剪切模量变化曲线($G/G_{\max}$-γ 曲线)和阻尼比变化曲线(λ-γ 曲线)的拟合得到表 9-3 中的拟

合参数。这里选择模量折减阻尼曲线拟合(modulus reduction and damping curve fitting procedure，MRD)法综合考虑 G/G_{max}-γ 曲线和 λ-γ 曲线的影响，对 G/G_{max}-γ 曲线和 λ-γ 曲线都进行拟合得到计算参数，依托桥梁的 1 号桥台、2 号桥墩、3 号桥墩和 4 号桥台处场地土层构成及各类土的土层厚度(图 9-1)，并通过钻孔资料获得土样资料(表 9-4)，G/G_{max}-γ 曲线和 λ-γ 曲线如表 9-5 所示。

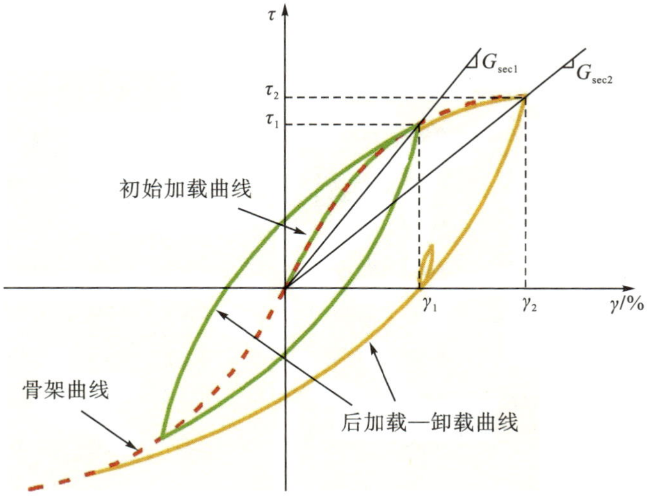

图 9-6　双曲线本构模型

表 9-3　DeepSoil 所需拟合参数

参数名称	Dampingratio	REFstress	REFstrain	β	s	b	d
参数含义	小应变阻尼比(%)	参考压应力	参考有效应变	拟合参数	拟合参数	拟合参数	拟合参数

表 9-4　土样试验参数

序号	土层描述	剪切波速/(m/s)	密度/(kg/m^3)
1	粉质黏土	150	1950
2	淤泥质粉质黏土	88	1850
3	黏土	190	1950
4	粉土	160	2010
5	砂砾	309	2150
6	粗砂	256	2000
7	卵石	380	2050
8	粉土、黏土互层	220	1950

表 9-5 土样非线性参数

序号	名称	参数	剪应变 $r_d/10^{-4}$							
			0.05	0.1	0.5	1	5	10	50	100
1	粉质黏土	G/G_{max}	0.994	0.988	0.943	0.892	0.622	0.452	0.241	0.136
		λ	0.029	0.037	0.063	0.077	0.106	0.114	0.122	0.123
2	淤泥质粉质黏土	G/G_{max}	0.860	0.790	0.600	0.470	0.165	0.090	0.015	0.010
		λ	0.030	0.035	0.055	0.077	0.137	0.165	0.220	0.235
3	黏土	G/G_{max}	0.995	0.990	0.953	0.910	0.670	0.504	0.260	0.139
		λ	0.032	0.043	0.083	0.105	0.154	0.168	0.182	0.184
4	粉土	G/G_{max}	0.994	0.988	0.943	0.893	0.625	0.455	0.246	0.138
		λ	0.011	0.016	0.036	0.050	0.084	0.095	0.107	0.109
5	砂砾	G/G_{max}	0.993	0.985	0.924	0.858	0.544	0.374	0.107	0.056
		λ	0.004	0.005	0.021	0.031	0.074	0.094	0.124	0.129
6	粗砂	G/G_{max}	0.965	0.935	0.775	0.660	0.300	0.250	0.105	0.090
		λ	0.006	0.010	0.030	0.045	0.088	0.103	0.124	0.130
7	卵石	G/G_{max}	0.990	0.970	0.900	0.850	0.700	0.550	0.320	0.200
		λ	0.004	0.006	0.019	0.030	0.075	0.090	0.110	0.120

注：r_d 为土体剪应变幅值，G/G_{max} 为动剪切模量比，λ 为阻尼比；粉土、黏土互层非线性参数与黏土相同。

为获得 1 号桥台、2 号桥墩、3 号桥墩和 4 号桥台处考虑土层过滤作用后的地表地震波，首先按照场地土层分布和各层土样特征值建立土层过滤效应的计算模型，非线性参数采用 MRD 法拟合；然后，将所选的 20 条基岩地震波峰值加速度均按比例调整为 0.05g、0.1g、0.2g、0.3g、0.4g、0.5g、0.6g、0.7g、0.8g、0.9g 和 1.0g 后得到 220 条不同峰值加速度的基岩地震波；最后，基于时域非线性方法将调整后的基岩地震波分别考虑土层对其的过滤作用。此处仅列出 1 号桥台、2 号桥墩、3 号桥墩和 4 号桥台处地表地震波的平均反应谱与基岩地震波的平均反应谱对比图，如图 9-7 所示。总体上看，3 号桥墩处的土层对基岩地震波的平均反应谱峰值放大了 1.5 倍，而 1 号桥台、2 号桥墩和 4 号桥台则是缩小为原来的 1/4，因为 3 号桥墩处土层以卵石、砂砾和粗砂分布为主要成分，根据其剪切波速(表 9-4)可以判断该处土层较硬，其振动频率与基岩地震波频率相近，容易产生共振，故对基岩地震波有放大作用，反之，1 号桥台、2 号桥墩和 4 号桥台处对基岩地震波又有缩小作用。

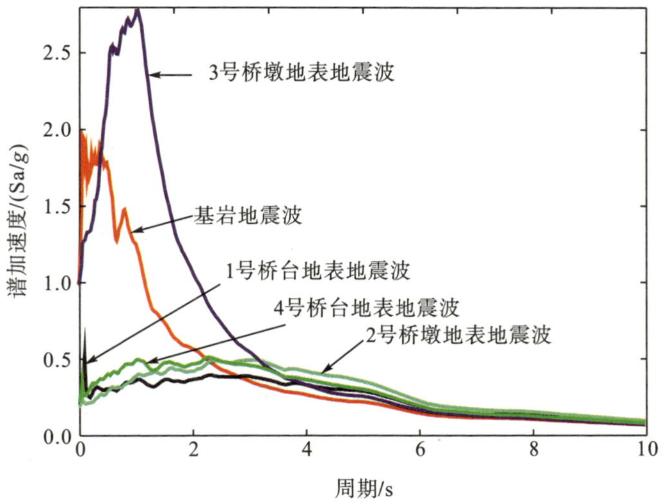

图 9-7　反应谱平均值对比

为了避免土层厚度的取值对地震波峰值加速度和反应谱值的影响，根据土层允许地震波传播的最大频率 $f_{\max}$ 确定土层厚度取值：

$$f_{\max} = \frac{V_s}{4h} \tag{9-11}$$

其中：V_s 为土层剪切波速；h 为土层厚度；$f_{\max}$ 为土层的地震波传播最大频率，通常要求每层土的地震波最大传播频率不得小于 25Hz。

9.3　分 析 流 程

本章研究的高墩连续刚构桥梁，主梁和桥墩之间采用墩梁固结，主梁和桥台间均设有横向限位装置，则在有限元模型中主梁和桥墩(台)之间的横向位移均被约束，并假定碰撞发生在桥梁纵向上。因此，在考虑场地土层过滤作用和碰撞效应的基础上，对高墩大跨度连续刚构桥梁的碰撞概率进行计算分析，分析流程如下：

(1) 基于 OpenSees，建立伸缩缝宽度(即碰撞单元的参数 g_p)分别取 0.1m、0.2m、0.3m 和 0.4m 的有限元模型样本。

(2) 将 9.2.2 节中考虑场地土层过滤效应后生成的 1 号桥台、2 号桥墩、3 号桥墩和 4 号桥台处地表地震波输入有限元模型，进行多点激励作用下的增量动力非线性分析(简称多点激励)；同时，直接将不同峰值加速度的基岩地震波输入有限元模型，进行一致激励作用下的增量动力非线性分析(简称一致激励)。

(3)进行一致激励和多点激励作用下主梁-桥台相对位移峰值计算，并统计分析，确定其概率分布形式。

(4)根据(3)中确定的相对位移峰值概率分布形式，计算1号桥台和4号桥台不同地震强度指标下伸缩缝宽度需求值，并分析伸缩缝宽度取值和场地土层过滤作用对需求值的影响。

(5)以基岩地震强度指标为随机变量，计算1号桥台和4号桥台处发生碰撞的概率和全桥系统碰撞概率。

9.4 相对位移峰值概率分布形式

地震荷载作用下，桥台与主梁端部之间的相对位移峰值随地震波的峰值加速度和频谱特性等变化。在碰撞概率分析时，通常将相对位移峰值假定为极值分布、对数正态分布和正态分布等。为了确定相对位移峰值的概率分布形式，本节对一致激励和多点激励下桥台-主梁相对位移响应峰值取自然对数，并进行统计分析。经分析后相对位移峰值的自然对数服从正态分布，即相对位移响应峰值服从对数正态分布。限于篇幅，此处列出伸缩缝宽度取值为0.1m时有限元模型在一致激励和多点激励下相对位移峰值概率分布，如图9-8所示。

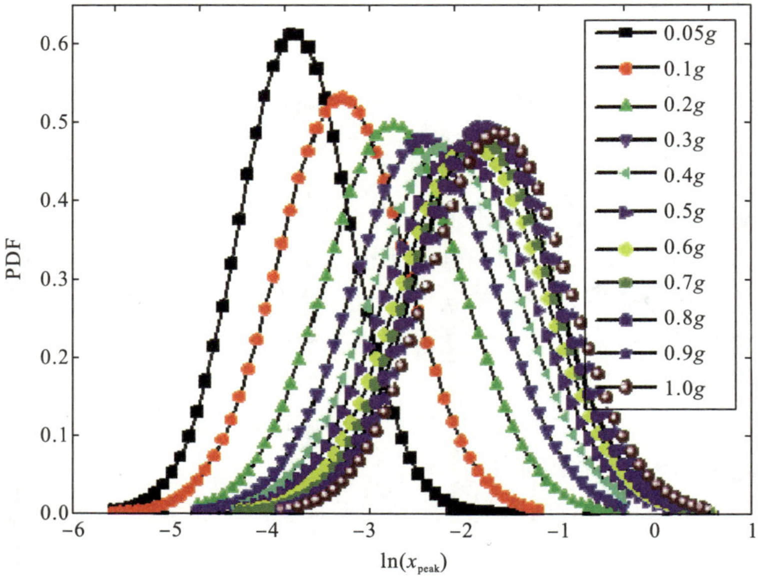

(a)1号A-U

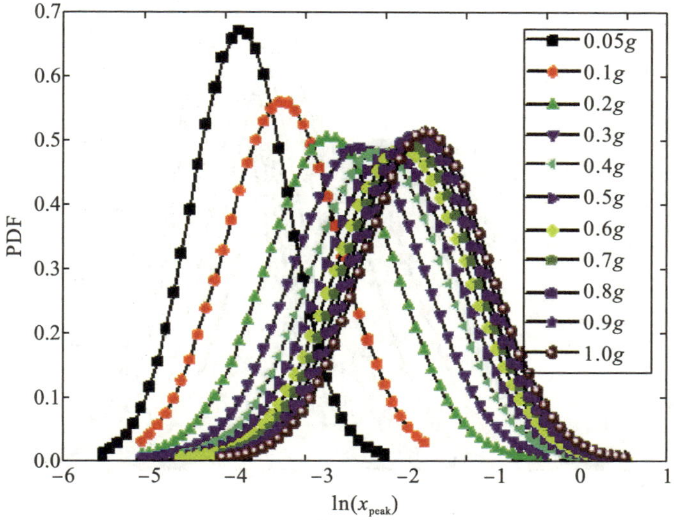
0.7
0.6
0.5
0.4
0.3
0.2
0.1
0.0
PDF
−6
−5
−4
−3
−2
−1
0
1
ln(x_{peak})
0.05g
0.1g
0.2g
0.3g
0.4g
0.5g
0.6g
0.7g
0.8g
0.9g
1.0g

(b)4号A-U

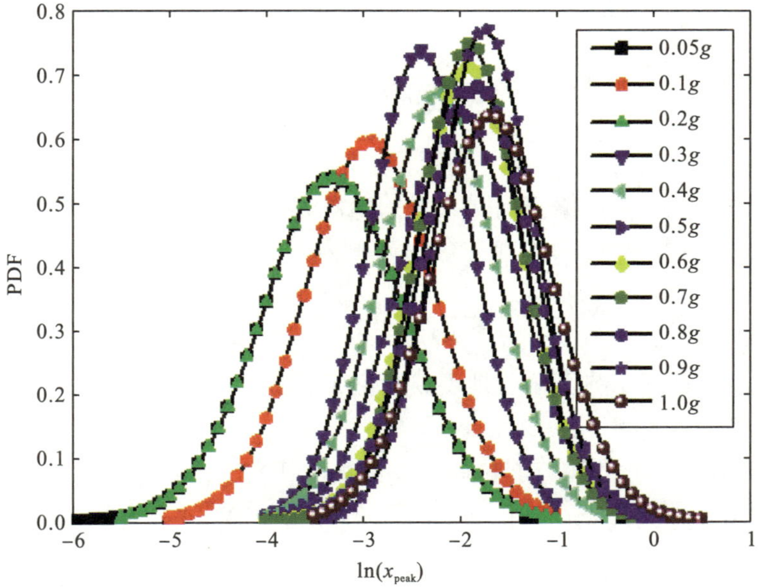
0.8
0.7
0.6
0.5
0.4
0.3
0.2
0.1
0.0
PDF
−6
−5
−4
−3
−2
−1
0
1
ln(x_{peak})
0.05g
0.1g
0.2g
0.3g
0.4g
0.5g
0.6g
0.7g
0.8g
0.9g
1.0g

(c) 1号A-M

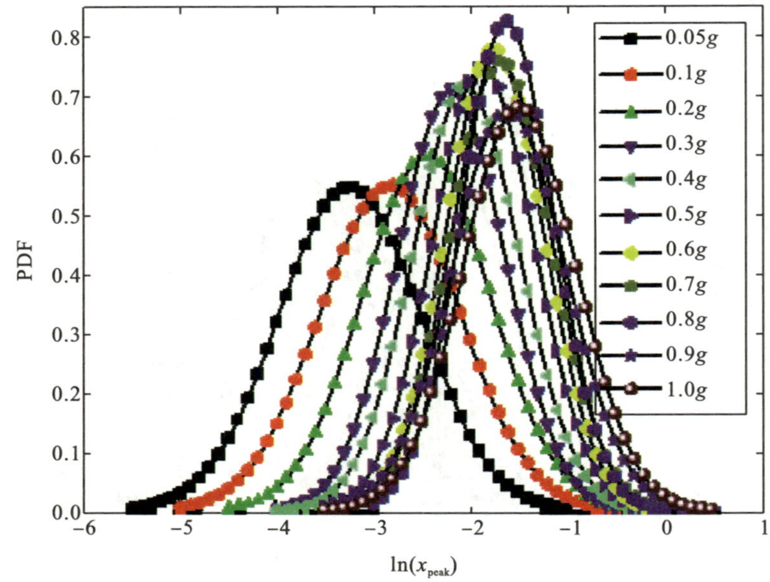

(d) 4号A-M

图 9-8 相对位移峰值概率密度

PDF 表示概率密度分布；ln(x_{peak}) 为相对位移峰值的自然对数；A 表示桥台；U 表示一致激励；M 表示多点激励

9.5 伸缩缝宽度需求值分析

由 9.4 节可知，同一峰值加速度基岩地震波作用下，桥台-主梁相对位移峰值 x_{peak} 服从对数正态分布，则其概率密度函数为

$$f(x_{peak})=\frac{1}{x_{peak}\sigma_{PGA}\sqrt{2\pi}}\exp\left(-\frac{(\ln x_{peak}-\mu_{PGA})^2}{2\sigma_{PGA}^2}\right) \tag{9-12}$$

其中，μ_{PGA}、σ_{PGA} 分别为基岩地震波峰值加速度为 PGA 时，相对位移峰值的对数均值和对数标准差。

基于对数正态分布函数的特征，可预测相对位移峰值 x_{peak} 有 99.74%的概率在区间 $\left[\exp(\mu_{PGA})/[\exp(\sigma_{PGA})]^3,\exp(\mu_{PGA})\cdot[\exp(\sigma_{PGA})]^3\right]$ 内，则将该区间的上限值作为伸缩缝宽度的需求值。这里给出了伸缩缝宽度取不同值时，一致激励与多点激励作用下，1 号桥台和 4 号桥台的伸缩缝宽度需求值对比(图 9-9)。

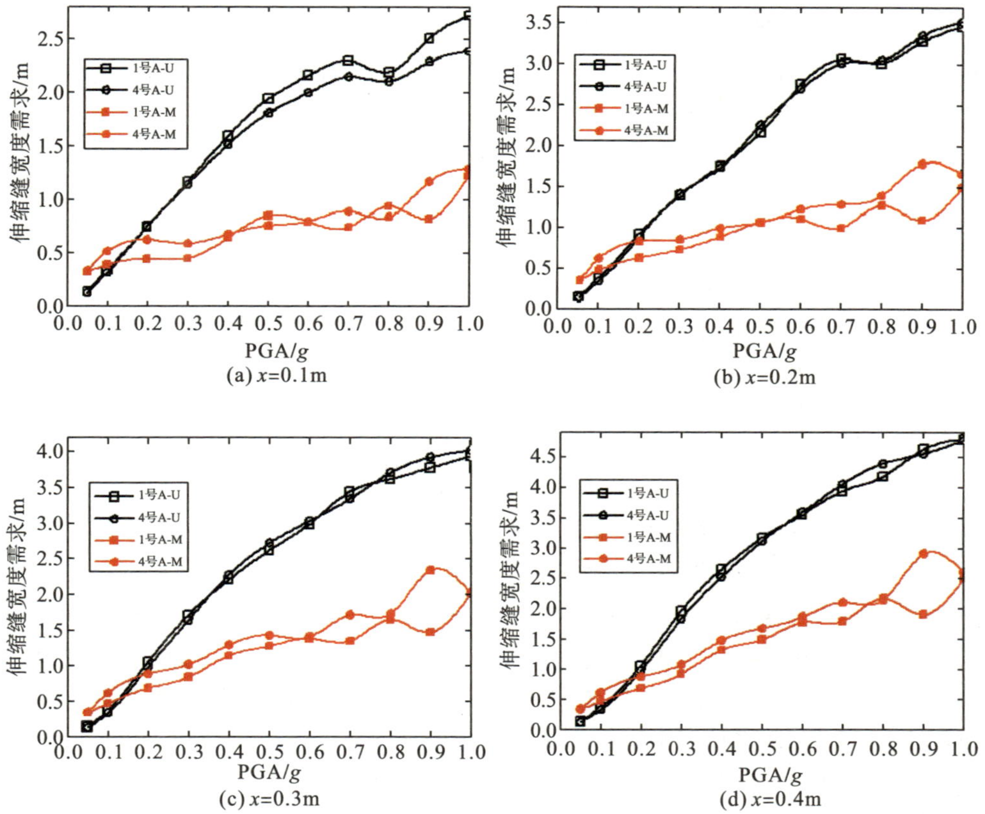

(a) x=0.1m　(b) x=0.2m　(c) x=0.3m　(d) x=0.4m

图 9-9　伸缩缝宽度需求值对比

x 表示伸缩缝宽度

由图 9-9 可见，随着伸缩缝宽度取值的增加，各强度指标下的需求值随之增加。同时，随基岩地震波峰值加速度和伸缩缝宽度取值的同时增加，伸缩缝宽度需求值均非线性增加；一致激励作用下 1 号桥台和 4 号桥台的伸缩缝宽度需求值相差较小，而多点激励作用下 1 号桥台和 4 号桥台的伸缩缝宽度需求值相差较大，并且当伸缩缝宽度取 0.4m、基岩地震波峰值加速度为 0.9g 时，多点激励作用下 1 号桥台和 4 号桥台的伸缩缝宽度需求值差值最大，约差 1.0m。这是因为一致地震激励各墩底采用的都是一致的基岩地震波，使得各点激励振动一致，激起了桥梁结构反对称的变形响应，而多点激励则是考虑了土层对基岩地震波的过滤作用，各墩底土层分布不同，那么过滤后地震波频谱特性发生改变，使得各点激励不一致，这激起了结构的反对称和正对称变形，各种振动之间有相互抵消部分，使得多点激励条件下伸缩缝需求值变小；当峰值加速度达到 0.2g 后，一致激励作用下的伸缩缝宽度需求值开始大于多点激励作用下的需求值，并且差值随峰值加速度的增加而增大；当伸缩缝宽度取 0.4m、基岩地震波峰值加速度为 0.9g 时，一致激励与多点激励作用下的伸缩缝宽度需求值差值最大，为 2.71m。因此，也说明了随着地震强度的增加，一致激励会高估伸缩缝宽度需求值。

9.6 碰撞概率分析

假设地震荷载作用下，当桥台-主梁相对位移值超过伸缩缝宽度时，桥台和主梁之间便会发生碰撞。那么，相同强度指标地震作用下，桥台-主梁发生碰撞的概率可表示为

$$P(x|\mathrm{PGA}) = 1 - \Phi\left(\frac{\ln(\Delta_i) - \mu_{\mathrm{PGA}}}{\sigma_{\mathrm{PGA}}}\right) \tag{9-13}$$

其中，Δ_i 为伸缩缝宽度取值；$\Phi(\bullet)$ 为标准正态分布函数。

为研究伸缩缝宽度取值和场地土层过滤作用对桥台-主梁碰撞概率的影响，本节研究伸缩缝宽度在不同取值时，一致激励与多点激励作用下 1 号桥台和 4 号桥台的碰撞概率，如图 9-10 所示。同时，按照文献[142]中对桥梁系统碰撞概率分析的方法，假设 1 号桥台和 4 号桥台的碰撞相互独立，分析了文献[142]中的工况 1 和工况 2 两种情况下，桥梁系统发生碰撞的概率，如图 9-11 所示。

工况 1：1 号桥台和 4 号桥台至少有一个发生碰撞。

工况 2：1 号桥台和 4 号桥台同时发生碰撞。

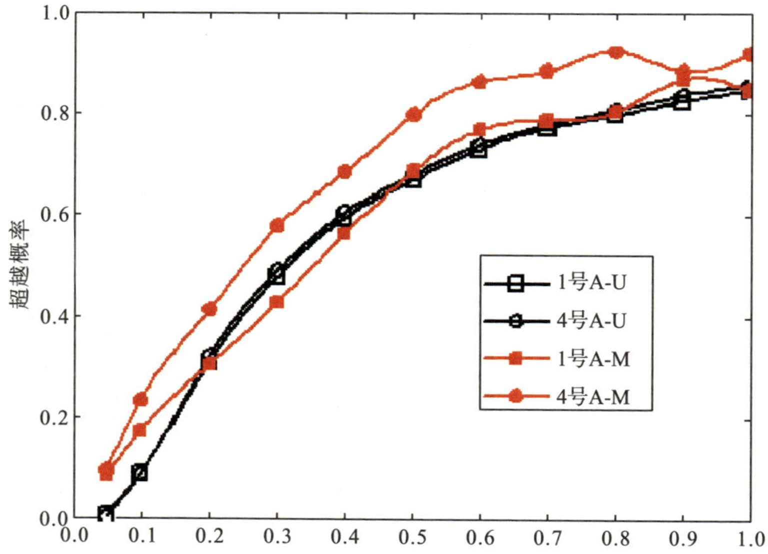

(a) x=0.1m

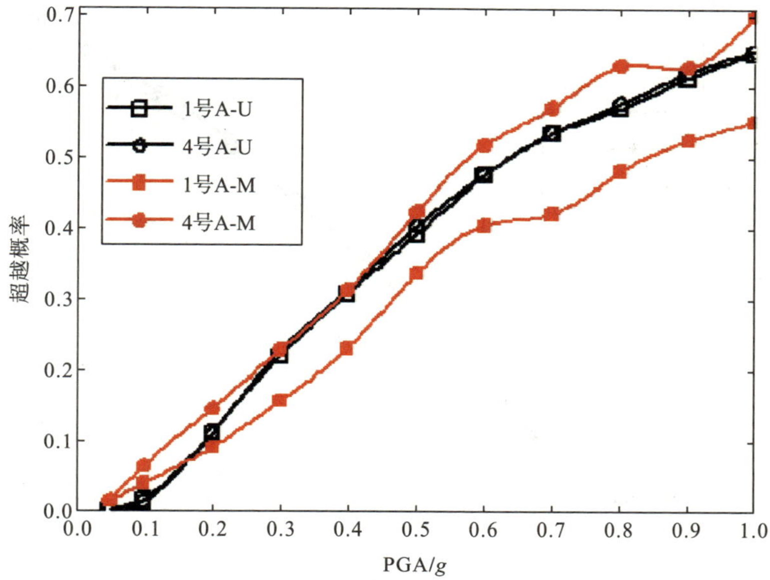
0.7
0.6
0.5
0.4
0.3
0.2
0.1
0.0
超越概率
0.0
0.1
0.2
0.3
0.4
0.5
0.6
0.7
0.8
0.9
1.0
PGA/g
1号A-U
4号A-U
1号A-M
4号A-M

(b) x=0.2m

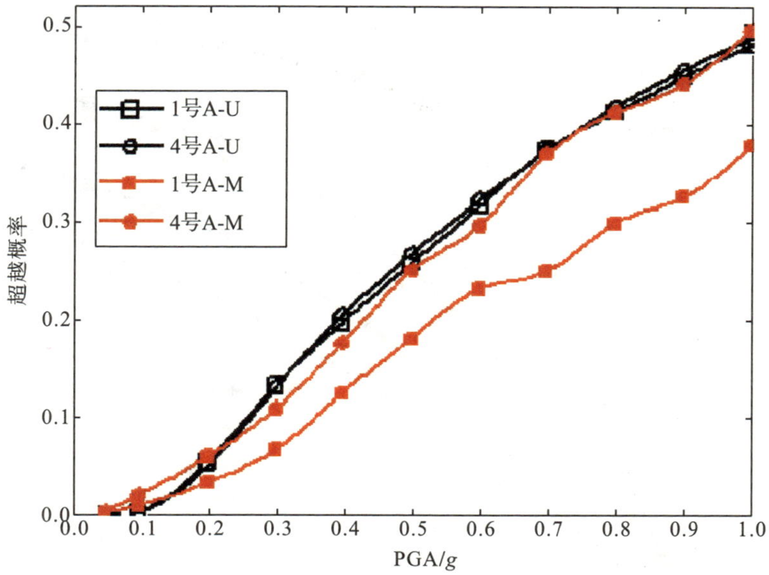
0.5
0.4
0.3
0.2
0.1
0.0
超越概率
0.0
0.1
0.2
0.3
0.4
0.5
0.6
0.7
0.8
0.9
1.0
PGA/g
1号A-U
4号A-U
1号A-M
4号A-M

(c) x=0.3m

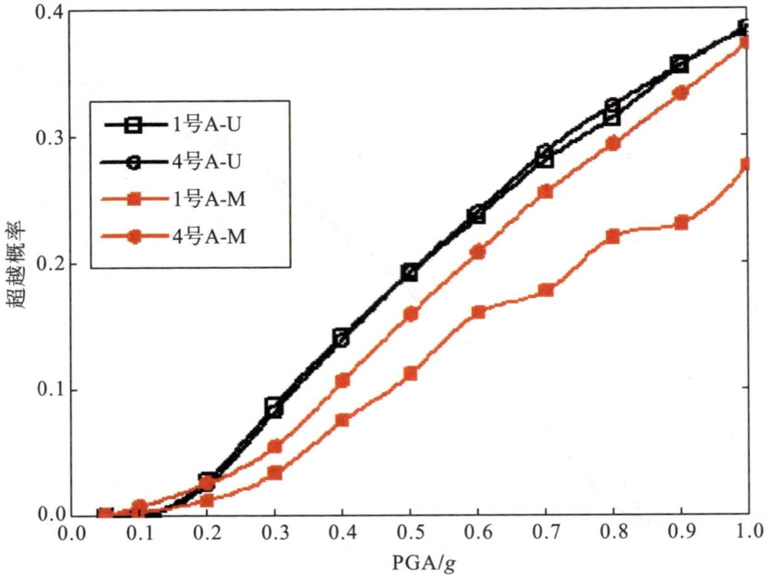

(d) x=0.4m

图 9-10 碰撞概率对比

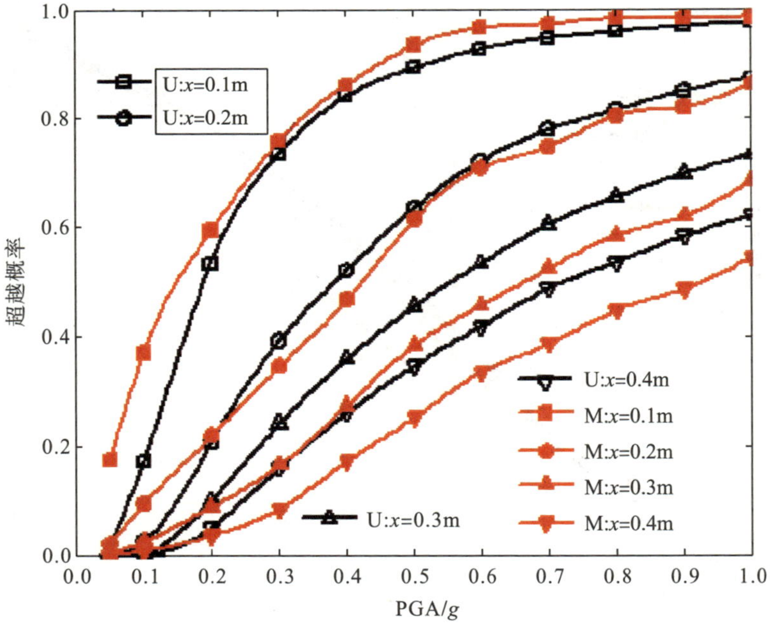

(a)工况1

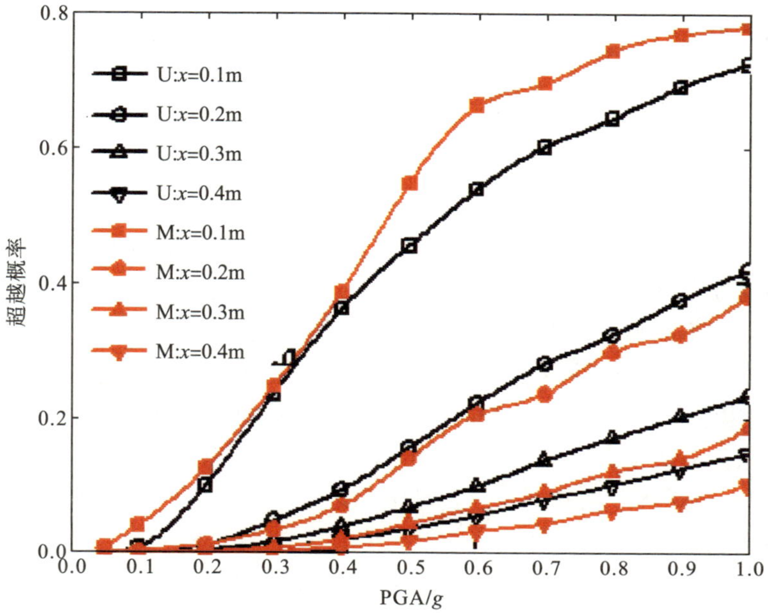

(b)工况2

图 9-11　系统碰撞概率对比

由图 9-10 可见，一致激励作用下 1 号桥台和 4 号桥台的碰撞概率曲线基本重合，但是多点激励作用下 1 号桥台和 4 号桥台的碰撞概率相差较大，4 号桥台比 1 号桥台处的碰撞概率大。这是因为 4 号桥台靠近最高墩(3 号桥墩)，而高墩对桥端位移限制相对矮墩(2 号桥墩)较弱。由于土层作用而导致的多点激励对结构动力响应的影响没有统一的规律，因此具体桥梁需要具体分析，如随伸缩缝宽度取值的增加，1 号桥台和 4 号桥台的碰撞概率逐渐减小；当伸缩缝宽度取 0.1m 时，多点激励作用下 1 号桥台的碰撞概率大于一致激励作用，但是随伸缩缝宽度取值的增加，多点激励作用下 1 号桥台的碰撞概率逐渐小于一致激励作用，并且当伸缩缝宽度取 0.4m、峰值加速度超过 0.2g 后，多点激励作用下 1 号桥台的碰撞概率完全小于一致激励作用；当伸缩缝宽度取 0.1m 时，多点激励作用下 4 号桥台的碰撞概率在部分峰值加速度下大于一致激励作用，但是当伸缩缝宽度取值大于 0.2m、峰值加速度大于 0.2g 后，多点激励作用下 4 号桥台的碰撞概率均小于一致激励作用。

由图 9-11 可见，工况 1 的系统碰撞概率大于工况 2 的系统碰撞概率；当伸缩缝宽度取 0.1m 时，多点激励作用下工况 1 和工况 2 的系统碰撞概率均大于一致激励作用下的系统碰撞概率，但当伸缩缝宽度取值超过 0.2m 且基岩地震波峰值加速度超过 0.2g 后，多点激励作用下工况 1 和工况 2 的系统碰撞概率均小于一致激励作用下的系统碰撞概率，并且多点激励作用下工况 1 的系统碰撞概率和一致激励作用下的系统碰撞概率最大相差 0.06，工况 2 最大相差 0.1。

9.7 结　　论

以某高墩大跨度连续刚构桥为研究对象，采用 OpenSees 建立不同伸缩缝宽度的有限元模型样本，并考虑实际场地土层分布对基岩地震波的过滤作用，通过多点激励作用下的增量动力分析(incremental dynamic analysis，IDA)，采用概率方法对比多点激励与一致激励的分析结果，结论如下：

(1) 提出了一种以基岩峰值加速度为强度指标的多点地震激励下梁体碰撞概率分析方法，解决了多点激励抗震分析强度指标难以确定的问题。

(2) 同一地震强度指标下，一致激励和多点激励时桥台-主梁相对位移峰值均服从对数正态分布。

(3) 一致激励作用下 1 号桥台和 4 号桥台的伸缩缝宽度需求相差较小，而多点激励作用下伸缩缝宽度需求相差较大，最大差值为 1.0m；当峰值加速度达到 0.2g 后，一致激励作用下的伸缩缝宽度需求值逐渐大于多点激励作用下的需求值，并且一致激励与多点激励作用下的伸缩缝宽度需求值最大差值为 2.71m，一致激励高估了伸缩缝宽度需求值。

(4) 就碰撞概率而言，一致激励作用下 1 号桥台和 4 号桥台的碰撞概率基本一致，但是多点激励作用下的碰撞概率相差较大；随伸缩缝宽度取值的增加，多点激励作用下 1 号桥台的碰撞概率逐渐小于一致激励作用，并且当伸缩缝宽度取 0.4m 且峰值加速度超过 0.2g 后，多点激励作用下 1 号桥台的碰撞概率完全小于一致激励作用；当伸缩缝宽度取值大于 0.2m 且峰值加速度大于 0.2g 后，多点激励作用下 4 号桥台的碰撞概率全部小于一致激励作用。

(5) 随伸缩缝宽度和基岩地震波峰值加速度的增加，土层过滤作用使得多点激励作用下工况 1 和工况 2 的系统碰撞概率逐渐全部小于未考虑土层作用的一致激励情况，并且多点激励作用下工况 1 的系统碰撞概率和一致激励作用下的系统碰撞概率最大相差 0.06，工况 2 最大相差 0.1。

第 10 章　本书结论与展望

本书第 6～8 章在频域内对非一致激励下高墩桥梁碰撞及碰撞系统可靠度进行了分析，也为地震激励下高墩铁路桥梁抗震规范草拟提供了一套概率计算方法；另外，第 9 章非线性碰撞概率分析弥补了前几章频域内分析难以考虑非线性的缺点，其中的大量参数分析为未来此规范的草拟奠定了基础。提出的理论计算方法与大量的参数分析结论对未来多点地震激励下高墩铁路桥梁基于概率的抗震规范的实现具有重要意义。

(1) 第 1 章介绍了大跨度高墩桥梁的发展和随机振动理论在大跨度桥梁中的应用。目前国内外对大跨度高墩铁路桥梁的抗震性能研究甚少，这也一直是工程界关注的热点问题，运用随机振动理论对山区大跨度高墩铁路桥梁进行抗震分析是抗震发展的必然趋势。

(2) 第 2 章进行了多维多点地震激励下结构的平稳随机响应的理论分析及数值模拟计算。运用 ANSYS 分析多维多点虚拟激励部分相干效应，方便快捷，不用编制专业的计算程序，便于工程师所接受，为虚拟激励法在工程中的应用起到了推动作用。基于 APDL 的 ANSYS 的二次开发实现多维多点虚拟激励法的相干效应的计算能够实现且能达到非常高的精度，满足工程要求。

(3) 第 3 章进行了理论分析及数值模拟计算。相比于传统的多维多点虚拟激励法，不必将绝对位移分解为拟静力位移项和相对动力位移项，避免了求解静力影响矩阵的烦琐，将传统虚拟激励法的虚拟荷载项由 $3(m+n)$ 次降为只由支撑处加载的 $3m$ 次（一般情况下 m 远小于 n），使得计算的输入得到简化，能更高效地实现多自由度大跨度结构多维多点非平稳虚拟激励荷载在通用有限元软件中的输入与分析，不需要编制专门的计算程序。

(4) 第 4 章介绍了一个理论的非平稳随机振动计算方法，运用该方法分析了非一致场地分布对大跨度高墩铁路桥梁地震响应的影响。考虑地震动的非平稳性体现了一个更详细、更合适的地震荷载模拟，如果不考虑地震动的非平稳性，地震响应将被高估 20%～30%。场地的空间分布变化对结构响应影响非常大，特别是最高墩处场地条件的变化对结构地震响应的影响最大，否则会严重低估地震作用下结构的响应。高墩桥梁设计时首先需要详细的地质勘探资料，然后进行地震动空间场地条件分布计算，找出最不利的工况，在设计过程中尽量避免由于场地的空间分布而造成对地震响应的放大作用。

(5) 第 5 章解决了快速模拟多维多点非均匀调制非平稳随机振动在 ANSYS 中的实现问题，为多维多点非平稳地震激励下结构的随机振动计算提高了计算效率，是一种精确、高效的方法，也不需要自编程序，为随机振动法在工程中的应用起到了巨大的推动作用。

(6) 第 6 章提出了地震烈度-间隙宽度的计算方法，建立了场地条件分布类型与梁体间隙宽度需求的关系，将多点激励地震动空间模型简化为仅考虑场地分布类型对高墩桥梁间隙宽度需求的影响，分析了场地分布类型对高墩铁路桥梁碰撞间隙宽度需求影响的机理。不同地震烈度下间隙宽度需求的峰值均值比一致场地分布大，硬、中、软场地分别为 76%、71%和 42%，峰值均方差分别为 85%、82%和 58%，且碰撞次数增多，强度增大。故对于高墩铁路桥梁，需要专门考虑场地分布类型对间隙宽度需求的影响。

(7) 第 7 章提出了基于虚拟激励法的动力碰撞可靠度的计算方法。该方法在理论上具有高效性和准确性，避免了耗时的时程分析，节约了计算时间，便于可靠度计算方法在实际工程中的推广应用。通过快速计算不同谱强度下相邻梁体之间动力响应的峰值与其对应的碰撞可靠度，为判断现有桥梁在不同地震作用下是否发生碰撞以及碰撞概率提供参考。

(8) 第 8 章提出了评价桥梁系统间隙需求宽度的概率方法，计算不同地震强度和不同间隙宽度下发生碰撞的条件超越概率，表征了地震作用下桥梁碰撞分析的概率特性。引入了矩阵运算方法，该方法从理论上提高系统条件超越概率的计算效率，只需改变系数矩阵 C 就可计算不同情况下的系统概率，而矩阵 P 则不需要任何改变。

(9) 第 9 章在时域内对高墩铁路桥梁进行非线性碰撞分析，提出了一种以基岩峰值加速度为强度指标的多点地震激励下梁体碰撞概率分析方法，解决了多点激励抗震分析强度指标难以确定的问题；研究发现同一地震强度指标下，一致激励和多点激励时桥台-主梁相对位移峰值均服从对数正态分布；随伸缩缝宽度和基岩地震波峰值加速度的增加，土层过滤作用使得多点激励作用下工况 1 和工况 2 的系统碰撞概率逐渐全部小于未考虑土层作用的一致激励情况，并且多点激励作用下工况 1 的系统碰撞概率和一致激励作用下系统的碰撞概率最大相差 0.06，工况 2 最大相差 0.1。

对于大跨度复杂结构，考虑地震动的空间效应和非平稳性更符合实际地震激励。随机振动法是未来抗震分析方法发展的必然趋势，本书主要解决了平稳和非平稳随机激励时计算效率低下的问题，利用强大的通用有限元软件快速模拟多维多点平稳和非平稳地震激励时大跨度复杂结构的响应，不局限于任何结构，为随机振动法在工程中的应用起到了推动作用。本书取得的研究成果主要有以下几个方面：

(1) 运用绝对位移直接求解的方法，避免了计算静力影响矩阵的烦琐，从理论上将一维的多点地震激励扩展到三维地震激励模型，提出了多维多点平稳地震激励在 ANSYS 中的快速模拟方法，并通过数值算例验证了其计算准确性和精度，基于 ANSYS 二次开发，可详细地考虑地震动的行波效应、场地效应、相干效应(完全相干、部分相干和完全不相干)和多维性对山区高墩桥梁地震响应的影响，克服了 ANSYS 自身平稳随机振动模块的计算限制(10 个不同激励、视波速为确定值和相干值为确定定值)，有利于推动平稳随机振动理论在抗震分析中的应用。

(2) 在平稳随机地震激励的基础上，进一步研究非平稳随机地震激励对高墩铁路桥梁抗震性能的影响，首先，从理论上推导在 ANSYS 中模拟实现非平稳随机地震激励的可行性，并用数值算例验证其计算准确性和精度，提出了 ANSYS 模拟多维多点非平稳地震作用下大跨度复杂结构随机响应的快速方法，推动了随机振动理论在工程中的应用，同时研究了山区大跨度高墩铁路桥梁非平稳地震激励作用下的抗震性能，包括地震动的空间效应(行波效应、场地效应、相干效应)和多维性对大跨度高墩桥梁抗震性能的影响。

(3) 山区地质条件的复杂性，一般情况下，大跨度高墩桥梁各墩底场地土特性均不相同，不同的场地土对地震波进行的幅值放大或过滤是不一样的，故会引起各墩的地震响应不同进而影响结构抗震性能，根据场地土特性参数的不同，不同墩底的不同参数场地土类型组合对山区高墩桥梁的抗震性能影响较大，详细全面地研究场地效应对大跨度高墩桥梁随机响应的影响，为了避免空间分布的场地效应对地震动响应的放大作用，山区高墩桥梁设计时需要做到尽量避免最高墩下出现软场地条件分布、尽量避免高墩与其他墩处场地条件类型相差太大。

(4) 提出了精细积分法与多维多点激励直接求解的虚拟激励法相结合，并在 ANSYS 中实现快速模拟的方法，迅速地提高了计算效率。同时，将该方法用通用有限元软件来实现，这样既提高了计算效率，又传承了直接求解多维多点非平稳虚拟激励法的所有优点，节约了自编程序的时间和计算时间，进一步促进了随机振动抗震分析方法在实际工程中的应用。同时，首次正确地给出了单自由度结构，受非均匀调制的非平稳随机振动激励时的解析解，可为以后学者研究非均匀调制的非平稳随机振动验证计算精度所用。以山区高墩桥梁为例，建立了高墩桥梁三维空间模型，分析了非一致场地空间分布及地形对结构碰撞响应的影响。结果表明：考虑地震动的非一致场地分布，非平稳性对高墩桥梁结构具有重要意义，合理地选择场地分布可以减小地震对结构带来的破坏。

综上所述，本书提出了将非平稳随机振动理论的虚拟激励法由原来自编程序实现的抗震分析转变为由强大的通用有限元软件来实现的新方法，利用通用有限元软件强大的前处理和后处理功能，节约了编制专门计算程序的时间。将绝对位移直接求解多维多点虚拟激励法与精细积分法相结合并在 ANSYS 中实现，只需要对每一个支撑处每一个方向进行两次时程计算就能得到结构的所有响应，将计算效率提高了上千倍，为虚拟激励法在实际工程中的应用起到了巨大的推动作用。

但是，由于作者水平和研究时间有限，本书在以下几个方面的研究还不够完善或需要进一步研究：

(1) 本书研究内容均在弹性范围内，对于大跨度复杂结构塑性方面的分析需做进一步研究。

(2) 直接选用了现成的地震动加速度激励模型，而未与规范规定的抗震设计烈度结合起来，也未与常用的反应谱法结合，需进一步研究。

(3) 地震动分量相关系数的取值需进一步研究，因为同一点相同方向和不同方向的相关系数、不同点相同方向和不同方向的相关系数一直是学术界争议的话题，还没有形成统一的意见。

(4) 完全非平稳地震激励下结构响应峰值的计算需要进一步探讨，以寻找一种合理的非平稳峰值计算方法。

参 考 文 献

[1] 武晓娟. 习近平关于交通强国建设的重要论述研究[J]. 现代商贸工业, 2019, 40(17): 126-127.

[2] 孙家庆, 李晓媛, 韩朝阳. 交通强国评价指标体系[J]. 大连海事大学学报, 2019, 45(2): 36-43.

[3] 贾宏宇. 非平稳地震激励下山区高墩桥梁随机响应计算理论及应用研究[D]. 成都: 西南交通大学, 2013.

[4] 贾宏宇, 郑史雄. 基于场地效应的山区高墩桥梁随机地震响应分析[J]. 公路交通科技, 2012, 29(6): 93-97, 121.

[5] 贾宏宇, 杜修力, 李晰, 等. 地震作用下高墩铁路桥梁梁体碰撞间隙宽度需求机理分析[J]. 工程力学, 2017, 34(2): 207-215.

[6] 贾宏宇, 郑史雄. 直接求解多维多点地震动方程的虚拟激励法[J]. 工程力学, 2013, 30(3): 341-346.

[7] 范立础. 桥梁工程[M]. 北京: 人民交通出版社, 2001.

[8] 范立础. 预应力混凝土连续梁桥[M]. 北京: 人民交通出版社, 1988.

[9] 鄢勇. 艰险困难山区高速铁路桥梁关键技术研究——山区高速铁路桥梁高墩结构设计技术研究[R]. 成都: 中铁二院工程集团有限责任公司，西南交通大学，重庆大学, 2010.

[10] 范立础. 桥梁抗震[M]. 上海: 同济大学出版社, 2001.

[11] 胡聿贤. 地震工程学[M]. 北京: 地震出版社, 2006.

[12] Eurocode8: Structures in Seismic Regions-Design Part 2: Bridge [S]. Brussels: European Committee for Standardization, 1998.

[13] 中华人民共和国交通运输部. 公路桥梁抗震设计细则[S]. JTG/T B02-01—2008. 北京: 人民交通出版社, 2008.

[14] 胡聿贤, 周锡元. 弹性体在平稳和平稳化地面运动下的反应[M]. 北京: 科学出版社, 1962.

[15] 刘季, 王前信. 多维与多支座地震输入及结构扭转反应[M]. 北京: 地震出版社, 1989.

[16] 王光远. 建筑结构的振动[M]. 北京: 科学出版社, 1978.

[17] 李国豪. 工程结构抗震动力学[M]. 上海: 上海科学技术出版社, 1980.

[18] 李杰, 李建华. 多点激励下结构随机地震反应分析的反应谱方法[J]. 地震工程与工程振动, 2004, 24(3): 21-29.

[19] 薛素铎, 曹资, 王雪生, 等. 多维地震作用下网壳结构的随机分析方法[J]. 空间结构, 2002, (1): 44-51.

[20] Krenk S, Madsen H O, Madsen P H. Stationary and transient response envelope[J]. Journal of Engineering Mechanics, 1983, 109(1): 263-277..

[21] Gasparini D A. Response of MDOF systems to non-stationary random excitation[J]. Engineering Mechanics, 1979, 105: 13-28.

[22] Zerva A, Ang A H S, Wen Y K. Lifeline response to spatially variable ground motions[J]. Earthquake Engineering and Structural Dynamics, 2010, 16(3): 361-379.

[23] Dumandglu A A, Severn R T. Stochastic response of suspension bridges to earthquake forces[J]. Earthquake Engineering and Structural Dynamics, 2010, 19(1): 133-152.

[24] Ronald S, Harichandran E, et al. Stochastic variation of earthquake ground motion in space and time[J]. Journal of Engineering Mechanics, 1986, 112(2): 154-175

[25] Lee M C, Penzien J. Stochastic analysis of structures and piping systems subjected to stationary multiple support excitations[J]. Earthquake Engineering and Structural Dynamics, 2010, 11(1): 91-110.

[26] Masri S F. Response of a multi-degree-of-freedom system to non-stationary random excitation[J]. Journal of Applied Mechanics, 1978, 45(3): 649-656.

[27] Kiureghian A D, Neuenhofer A. Response spectrum method for multi-support seismic excitations[J]. Earthquake Engineering and Structural Dynamics, 1992, 21(8): 713-740.

[28] Ernesto H Z, Vanmarcke E H. Seismic random vibration analysis of multi-support structural systems[J]. Engineering Mechanics, 1994, 120(5): 1107-1128.

[29] Hao H, Oliveira C S, Penzien J. Multiple-station ground motion processing and simulation based on smart-1 array data[J]. Nuclear Engineering and Design, 1989, 111(3): 293-310.

[30] Zanardo G, Hao H, Modena C. Seismic response of multi-span simply supported bridges to a spatially varying earthquake ground motion[J]. Earthquake Engineering and Structural Dynamics, 2010, 31(6): 1325-1345.

[31] Clough R W, Penzien J. Dynamics of Structures[M]. 2nd ed. New York: McGraw-Hill, 1993.

[32] Crandall S H, Mark W D. Random Vibration in Mechanical Systems[M]. New York: Academic Press, 1963.

[33] Newland D E. An Introduction to Random Vibration and Spectral Analysis[M]. London: Longman, 1975.

[34] Nigam N C. Introduction to Random Vibrations[M]. Cambridge: The MIT Press, 1983

[35] 林家浩, 张亚辉. 随机振动的虚拟激励法[M]. 北京: 科学出版社, 2004.

[36] 曹资, 薛素铎. 空间结构抗震理论与设计[M]. 北京: 科学出版社, 2005.

[37] 范立础, 王君杰, 陈玮. 非一致地震激励下大跨度斜拉桥的响应特征[J]. 计算力学学报, 2001, 18(3): 358-363.

[38] Li Q S, Zhang Y H, Wu J R, et al. Seismic random vibration analysis of tall buildings[J]. Engineering Structures, 2004, 26(12): 1767-1778.

[39] Lin J H, Zhang Y H, Li Q S, et al. Seismic spatial effects for long-span bridges, using the pseudo excitation method[J]. Engineering Structures, 2004, 26(9): 1207-1216.

[40] Lin J H, Lin S P, Zhong W X. Strategies for developing dynamic program DASOS-J(D) of offshore structures[C]. Proceedings of the 1st World Conference on Computational Mechanics, 1986: 1-6.

[41] Lin J H, Lu X, Zhong W X. Dynamic response of jacket platform to random waves[C]. Computer Modeling in Ocean Engineering, 1988: 539-545.

[42] Xu Y L, Zhang W S, Ko J M, et al. Pseudo-excitation method for vibration analysis of wind-excited structures[J]. Journal of Wind Engineering and Industrial Aerodynamics, 1999, 83(1): 443-454.

[43] Lu F, Lin J H, Kennedy D, et al. An algorithm to study non-stationary random vibrations of vehicle-bridge systems[J]. Computers and Structures, 2009, 87(3-4): 177-185.

[44] Zhang Z C, Lin J H, Zhang Y H, et al. Non-stationary random vibration analysis for train-bridge systems subjected to horizontal earthquakes[J]. Engineering Structures, 2010, 32(11): 3571-3582.

[45] Zhang Z C, Zhang Y H, Lin J H, et al. Random vibration of a train traversing a bridge subjected to traveling seismic waves[J]. Engineering Structures, 2011, 33(12): 3546-3558.

[46] 丁阳, 林伟, 李忠献, 等. 大跨度空间网格结构多维多点随机地震反应分析[J]. 福州大学学报(自然科学版), 2005, 33(S1): 50-55.

[47] 丁阳, 张笈玮, 李忠献. 部分相干效应对大跨度空间结构随机地震响应的影响[J]. 工程力学, 2009, 26(3): 86-92.

[48] 丁阳, 张笈玮, 李忠献. 地震动非平稳性对大跨度空间结构随机地震响应的影响[J]. 天津大学学报, 2008, 41(8): 984-990.

[49] Li H N, Xiao S Y, Wang S Y. Model of transmission tower-pile-soil dynamic interaction under earthquake: In-plane[J]. American Society of Mechanical Engineers, Pressure Vessels and Piping Division, 2002, 445(2): 143-147.

[50] Li H N, Shi W L, Wang G X, et al. Simplified models and experimental verification for coupled transmission tower line system to seismic excitations[J]. Journal of Sound and Vibration, 2005, 286(3): 569-585.

[51] 赵灿晖, 周志祥. 大跨度钢管混凝土拱桥在多维多点地震激励作用下的平稳随机响应[J]. 世界地震工程, 2007, 23(4): 66-71.

[52] 赵灿晖, 周志祥. 多分量多点平稳随机地震响应的快速算法[J]. 西南交通大学学报, 2007, 42(1): 55-60.

[53] 赵灿晖, 周志祥. 多维非平稳随机地震响应分析的快速算法[J]. 振动与冲击, 2006, 25(5): 62-66, 73, 192.

[54] 陈兵. 桥梁抗震分析的随机理论及应用研究[D]. 成都: 西南交通大学, 2008.

[55] 石永久, 江洋, 王元清. 直接求解法在结构多点输入地震响应计算中的应用与改进[J]. 工程力学, 2011, 28(1): 75-81.

[56] 王成博, 史志利, 李忠献. 随机地震动场多点激励下大跨度连续刚构桥的地震反应分析[J]. 地震工程与工程振动, 2003, 23(6): 57-62.

[57] 李建俊, 林家浩, 张文首, 等. 大跨度结构受多点随机地震激励的响应[J]. 计算结构力学及其应用, 1995, 12(4): 445-452.

[58] 叶继红, 孙建梅. 多点激励反应谱法的理论研究[J]. 应用力学学报, 2007, 24(1): 47-53, 172.

[59] 孙建梅, 叶继红, 程文瀼. 考虑空间相干的虚拟激励法在大跨度空间结构随机振动分析中的应用[J]. 铁道科学与工程 学报, 2007, 4(5): 11-21.

[60]刘春城, 张哲, 石磊. 虚拟激励法在自锚式悬索桥竖向地震反应分析中的应用[J]. 东南大学学报(自然科学版), 2003, 33(4): 522-525.

[61] 张文首, 林家浩, 刘婷婷, 等. 结构非平稳随机响应的增维精细时程积分[J]. 振动与冲击, 2006, 25(5): 18-20, 188.

[62] 江洋, 石永久, 王元清. 实用多点输入虚拟激励法在通用有限元软件中的实现[J]. 地震工程与工程振动, 2010, 30(1): 46-52.

[63] 李永华, 李思明. 绝对位移直接求解的虚拟激励法[J]. 振动与冲击, 2009, 28(10): 185-190, 234.

[64] 苏成, 徐瑞, 刘小璐, 等. 大跨度空间结构抗震分析的非平稳随机振动时域显式法[J]. 建筑结构学报, 2011, 32(11): 169-176.

[65] 贾宏宇, 郑史雄, 陈冠桦. 多维多点虚拟激励法在 ANSYS 中的应用[J]. 地震工程与工程振动, 2012, 32(4): 7-12.

[66] 林家浩. 随机地震响应功率谱快速算法[J]. 地震工程与工程振动, 1990, 10(4): 38-46.

[67] 林家浩, 张亚辉, 赵岩. 大跨度结构抗震分析方法及近期进展[J]. 力学进展, 2001, 31(3): 350-360.

[68] Lin J H. A fast CQC algorithm of PSD matrices for random seismic responses[J]. Computer and Structures, 1992, 44(3): 683-687.

[69] Chopra A K. Dynamics of Structures (Theory and Application to Earthquake Engineering) [M]. 3rd ed. Berkeley: University of California, 2007.

[70] Davenport A G. Note on the distribution of the largest value ofa random function with application to gust loading[C]. Proceedings of the Institution of Civil Engineers, 1964, 28(2): 187-196.

[71] 贾宏宇, 郑史雄, 张金, 等. 直接求解多维多点非平稳激励的虚拟激励法[J]. 工程力学, 2014, 31(1): 85-91.

[72] Caughey T K, Stumpf H J. Transient response of a dynamic system under random excitation[J]. Journal of Applied Mechanics, 1961, 28(4): 563-566.

[73] 屈铁军, 王君杰, 王前信. 空间变化的地震动功率谱的实用模型[J]. 地震学报, 1996, 18(1): 55-62.

[74] Lin J H, Zhao Y, Zhang Y H. Accurate and highly efficient algorithms for structural stationary/non-stationary random responses[J]. Computer Methods in Applied Mechanics and Engineering, 2001, 191(1): 103-111.

[75] Bi K M, Hao H. Modeling and simulation of spatially varying earthquake ground motions at sites with varying conditions[J]. Probabilistic Engineering Mechanics, 2012, 29: 92-104.

[76] Housner G W. Characteristic of strong-motion earthquakes[J]. Bulletin of the Seismological Society of America, 1947, 37(1): 17-31.

[77] Kanai K. An empirical formula for the spectrum of strong earthquake motions[J]. Bulletin Earthquake Research Institution, 1961, 39(1): 85-95.

[78] 史志利, 李忠献. 随机地震动场多点激励下大跨度桥梁地震反应分析方法[J]. 地震工程与工程振动, 2003, 23(4): 124-130.

[79] Ruiz P, Penzien J. Probabilistic study of the behavior of structures during earthquakes[R]. Earthquake Engineering Research Center, UCB, CA, Report No. EERC 69-03, 1969.

[80] 欧进萍, 牛荻涛, 杜修力. 设计用随机地震动的模型及其参数确定[J]. 地震工程与工程振动, 1991, 11(3): 45-54.

[81] 杜修力, 陈厚群. 地震动随机模拟及其参数确定方法[J]. 地震工程与工程振动, 1994, 14(4): 1-5.

[82] 杜修力. 水工建筑物抗震可靠度设计和分析用的随机地震输入模型[J]. 地震工程与工程振动, 1998, 18(4): 76-81.

[83] Oliveira C S, Hao H, Penzien J. Ground motion modeling for multiple-input structural analysis [J]. Structural Safety, 1991, 10(1-3): 79-93.

[84] Zerva A. Spatial Variation of Seismic Ground Motions: Modeling and Engineering Application[M]. Boca Raton: CRC Press, 2009.

[85] Zhang D Y, Li X, Yan W M, et al. Stochastic seismic analysis of a concrete-filled steel tubular (CFST) arch bridge under tridirectional multiple excitations[J]. Engineering Structures, 2013, 52: 355-371.

[86] Jia H Y, Zhang D Y, Zheng S X, et al. Local site effects on a high-pier railway bridge under tridirectional spatial

excitations: Nonstationary stochastic analysis[J]. Soil Dynamics and Earthquake Engineering, 2013, 52: 55-69.

[87] Lin J H, Shen W P, Williams F W. Accurate high-speed computation of non-stationary random structural response[J]. Engineering Structures, 1997, 19(7): 586-593.

[88] Lin J H, Wang X, Williams F W. Asynchronous parallel computing of structural non-stationary random seismic responses[J]. International Journal for Numerical Methods in Engineering, 1997, 40(12): 2133-2149.

[89] Lin J H, Sun D K, Sun Y, et al. Structural responses to non-uniformly modulated evolutionary random seismic excitations[J]. International Journal for Numerical Methods in Biomedical Engineering, 1997, 13(8): 605-616.

[90] Dumanogluid A A, Soyluk K. A stochastic analysis of long span structures subjected to spatially varying ground motions including the site-response effect[J]. Engineering Structures,2003, 25(10): 1301-1310.

[91] Bi K, Hao H, Chouw N. Influence of ground motion spatial variation, site condition and SSI on the required separation distances of bridge structures to avoid seismic pounding[J]. Earthquake Engineering and Structural Dynamics, 2011, 40(9): 1027-1043.

[92] Davis R O. Pounding of buildings modelled by an impact oscillator[J]. Earthquake Engineering and Structural Dynamics, 1992, 21(3): 253-274.

[93] CEN. Eurocode 8: Design Provisions of Structures for Earthquake Resistance, Part 1: General Rules, Seismic Actions and Rules for Building[S]. EN 1998-1: 2004. Brussels: European Committee for Standardization, 2004.

[94] CEN. Eurocode 8: Design Provisions of Structures for Earthquake Resistance, Part 2: Bridges[S]. EN1998-2: 2005. Brussels: European Committee for Standardization, 2005.

[95] 中国建筑科学研究院. 建筑抗震设计规范[S]. GB 50011—2010. 北京: 中国建筑工业出版社, 2010.

[96] 中华人民共和国交通运输部. 公路桥梁抗震设计细则[S]. JTG/T 2231-01—2020. 北京: 人民交通出版社, 2020.

[97] 林家浩, 李建俊, 张文首. 结构受多点非平稳随机地震激励的响应[J]. 力学学报, 1995, 27(5): 567-576.

[98] Zhong W X, Williams F W. A precise time step integration method[J]. Archive Proceedings of the Institution of Mechanical Engineers, Part C: Journal of Mechanical Engineering Science, 1994, 208(6): 427-430.

[99] Lin J H, Shen W P, Williams F W. A high precision direct integration scheme for structures subjected to transient dynamic loading[J]. Computer and Structures, 1995, 56(1): 113-120.

[100] Ruangrassamee A, Kawashima K. Relative displacement response spectra with pounding effect[J]. Earthquake Engineering & Structural Dynamics, 2001, 30(10): 1511-1538.

[101] Priestley M B. Evolutionary spectra and non-stationary processes[J]. Journal of the Royal Statistical Society: Series B (Methodological), 1965, 27(2): 204-237.

[102] FEMA. Earthquake-resistant design concepts: An introduction to the NEHRP recommended seismic provisions for new buildings and other structures[S]. FEMA P-749. 2010.

[103] Kawashima K, Takahashi Y, Ge H, et al. Reconnaissance report on damage of bridges in 2008 Wenchuan, China, earthquake[J]. Journal of Earthquake Engineering, 2009, 13(7): 965-996.

[104] Wang F, Zhou Y, Wang S, et al. Investigation and assessment of seismic geologic hazard triggered by the Yushu earthquake using geo-spatial information technology[J]. Disaster Advances, 2010, 3(4): 72-76.

[105] Xu X W, Wen X Z, Han Z J, et al. Lushan M S7. 0 earthquake: A blind reserve-fault event[J]. Chinese Science

Bulletin, 2013, 58(28): 3437-3443.

[106] 陆新征，林旭川，田源，等. 汶川、芦山、鲁甸地震极震区地面运动破坏力对比及其思考[J]. 工程力学，2014, 31(10): 1-7, 20.

[107] Hao H. Parametric study of the required seating length for bridge decks during earthquake[J]. Earthquake Engineering and Structural Dynamics, 1998, 27(1): 91-103.

[108] 李忠献，周莉，岳福青. 地震动空间效应与土-基础相互作用效应对隔震桥梁临界碰撞间隙的影响[J]. 土木工程学报, 2010, (7): 85-90.

[109] 李忠献，岳福青，周莉，等. 基于随机振动理论确定桥梁地震碰撞的临界间隙[J]. 地震工程与工程振动，2006, 26(4): 156-161.

[110] Kaiming B, Hong H. Influence of ground motion spatial variations and local soil conditions on the seismic responses of buried segmented pipelines[J]. Structural Engineering and Mechanics, 2012, 44(5): 663-680.

[111] Bi K, Hao H, Chouw N. Required separation distance between decks and at abutments of a bridge crossing a canyon site to avoid seismic pounding[J]. Earthquake Engineering and Structural Dynamics, 2010, 39(3): 303-323.

[112] Bi K, Hao H. Numerical simulation of pounding damage to bridge structures under spatially varying ground motions[J]. Engineering Structures, 2013, 46(1): 62-76.

[113] Zhang D Y, Jia H Y, Zheng S X, et al. A highly efficient and accurate stochastic seismic analysis approach for structures under tridirectional nonstationary multiple excitations[J]. Computers and Structures, 2014, 145(12): 23-35.

[114] 柳春光. 桥梁结构地震响应与抗震性能分析[M]. 北京：中国建筑工业出版社, 2009.

[115] Larose G L. The spatial distribution of unsteady loading due to gusts on bridge decks[J]. Journal of Wind Engineering and Industrial Aerodynamics, 2003, 91(12-15): 1431-1443.

[116] 李永华，桂国庆，廖宇. 绝对位移直接求解虚拟激励法采用附加振型求解的理论研究[J]. 振动与冲击，2015, 34(8): 12-19.

[117] Jankowski R, Mahmoud S. Earthquake-induced Structural Pounding[M]. New York: Springer, 2015.

[118] 李桂青，曹宏. 结构动力可靠性理论及其应用[M]. 北京：地震出版社, 1993.

[119] Lin J H. Separation distance to avoid seismic pounding of adjacent buildings[J]. Earthquake Engineering and Structural Dynamics, 1997, 26(3): 395-403.

[120] Lin J H, Weng C C. Probability analysis of seismic pounding of adjacent buildings[J]. Earthquake Engineering and Structural Dynamics, 2001, 30(10): 1539-1557.

[121] Chouw N, Hao H. Study of SSI and non-uniform ground motion effect on pounding between bridge girders[J]. Soil Dynamics and Earthquake Engineering, 2005, 25(7-10): 717-728.

[122] Li B, Bi K, Chouw N, et al. Experimental investigation of spatially varying effect of ground motions on bridge pounding[J]. Earthquake Engineering and Structural Dynamics, 2012, 41(14): 1959-1976.

[123] Hao H, Zhang S R. Spatial ground motion effect on relative displacement of adjacent building structures[J]. Earthquake Engineering and Structural Dynamics, 1999, 28(4): 333-349.

[124] Chouw N, Hao H. Significance of SSI and non-uniform near-fault ground motions in bridge response II: Effect on response with modular expansion joint[J]. Engineering Structures, 2008, 30(1): 154-162.

[125] Chouw N, Hao H. Significance of SSI and nonuniform near-fault ground motions in bridge response I: Effect on response with conventional expansion joint[J]. Engineering Structures, 2008, 30(1): 141-153.

[126] Kaul M K. Stochastic characterization of earthquakes through their response spectrum[J]. Earthquake Engineering and Structural Dynamics, 1978, 6(5): 497-509.

[127] Kiureghian A D, Neuenhofer A. A discussion on seismic random vibration analysis of multi-support structural system [J]. Journal of Engineering Mechanics , 1995, 121(9): 1037-1038.

[128] 李青宁, 尹俊红, 张瑞杰, 等. 桥梁碰撞振动台试验及参数敏感性分析[J]. 长安大学学报(自然科学版), 2016, 36(4): 58-65.

[129] Dezfuli F H, Alam M S. Effect of different steel-reinforced elastomeric isolators on the seismic fragility of a highway bridge[J]. Structural Control and Health Monitoring, 2016, 24(2): 1-15.

[130] Rao A S, Lepech M D, Kiremidjian A S, et al. Simplified structural deterioration model for reinforced concrete bridge piers under cyclic loading[J]. Structure and Infrastructure Engineering, 2016, 13(1): 55-66.

[131] Castaldo P, Palazzo B, Mariniello A. Effects of the axial force eccentricity on the time-variant structural reliability of aging r.c. cross-sections subjected to chloride-induced corrosion[J]. Engineering Structures, 2017, 130(1): 261-274.

[132] 贾宏宇, 郑史雄, 阳栋, 等. 非平稳多维多点虚拟激励法的快速模拟方法[J]. 振动与冲击, 2013, 32(18): 108-112.

[133] 申林. 基于碰撞效应的混凝土斜拉桥地震响应特征研究[D]. 西安: 长安大学, 2016.

[134] Westermo D W. The dynamic of inter structural connection to prevent pounding[J]. Earthquake Engineering and Structural Dynamics, 2010, 18(5): 687-699.

[135] Huo Y L, Zhang J. Effects of pounding and skewness on seismic responses of typical multispan highway bridges using the fragility function method[J]. Journal of Bridge Engineering, 2013, 18(6): 499-515.

[136] 王军文, 李建中, 范立础. 连续梁桥纵向地震碰撞反应参数研究[J]. 中国公路学报, 2005, 18(4): 42-47.

[137] 李兆焱, 袁晓铭. 2016 年台湾高雄地震场地效应及砂土液化破坏概述[J]. 地震工程与工程振动, 2016, 36(3): 1-7.

[138] 赵金钢, 杜斌, 占玉林, 等. OpenSees 中混凝土本构模型用于模拟结构滞回性能的对比[J]. 桂林理工大学学报, 2017, 37(1): 59-67.

[139] 张海, 王震, 周泽辉, 等. 基于 DeepSoil 的软土场地地震反应研究[J]. 震灾防御技术, 2015, 10(2): 291-304.

[140] 李小军, 彭青. 不同类别场地地震动参数的计算分析[J]. 地震工程与工程振动, 2001, 21(1): 29-36.

[141] Matasovic N, Vucetic M. Cyclic characterization of liquefiable sands[J]. Journal of Geotechnical Engineering, 1993, 199(11): 1085-1822.

[142] 贾宏宇, 杜修力, 李兰平, 等. 地震作用下梁体碰撞间隙宽度的概率分析方法[J]. 工程力学, 2018, 35(8): 39-45.